Gestão da Qualidade:
tópicos avançados

Dados Internacionais de Catalogação na Publicação (CIP)
(Câmara Brasileira do Livro, SP, Brasil)

Gestão da qualidade : tópicos avançados / Otávio J. Oliveira (org.) – São Paulo : Cengage Learning, 2024.

9. reimpr. da 1. ed. de 2004.
Vários autores
ISBN 978-85-221-0386-7

1. Controle de qualidade 2. Qualidade total – Gerenciamento I. Oliveira, Otávio J.

03-4273 CDD–658.4013

Índice para catálogo sistemático:
1. Gestão da qualidade : Administração de empresas 658.4013
2. Qualidade : Gestão : Administração de empresas 658.4013

Gestão da Qualidade:
tópicos avançados

• Otávio J. Oliveira (Org.) •
• Antonio Vico Mañas •
• Angelo Palmisano • Esther Cabado Modia •
• Márcio Cardoso Machado • Márcio Minto Fabrício •
• Mariluci Alves Martino •
• Paulo Tromboni de Souza Nascimento •
• Raquel S. Pereira • Roberto de Souza •
• Rosana Barroco • Rosângela Calixto •
• Sheyla Mara Baptista Serra •
• Silvio Burrattino Melhado •
• Valter Rodrigues de Carvalho •
• Walter dos Reis Pedreira Filho •

Cengage

Austrália • Brasil • Canadá • México • Cingapura • Reino Unido • Estados Unidos

Cengage

Gestão da Qualidade: Tópicos Avançados

Otávio J. Oliveira (Org.)

Gerente Editorial: Adilson Pereira

Editor de Desenvolvimento: Marcio Coelho

Produtora Editorial: Ada Santos Seles

Produção Gráfica: Patricia La Rosa

Copidesque: Emília Raquel de Azevedo

Revisão: Iná Lúcia Carvalho dos Santos

Maria Alice da Costa

Diagramação: Segmento & Co. Produções Gráficas Ltda.

Capa: Ana Lima

© 2004 Cengage Learning, Inc.

Todos os direitos reservados. Nenhuma parte deste livro poderá ser reproduzida, sejam quais forem os meios empregados, sem a permissão, por escrito, da Editora. Aos infratores aplicam-se as sanções previstas nos artigos 102, 104, 106 e 107 da Lei nº 9.610, de 19 de fevereiro de 1998.

Esta editora empenhou-se em contatar os responsáveis pelos direitos autorais de todas as imagens e de outros materiais utilizados neste livro. Se porventura for constatada a omissão involuntária na identificação de algum deles, dispomo-nos a efetuar, futuramente, os possíveis acertos.

A Editora não se responsabiliza pelo funcionamento dos sites contidos neste livro que possam estar suspensos.

> Para informações sobre nossos produtos, entre em contato pelo telefone **+55 11 3665-9900**.
>
> Para permissão de uso de material desta obra, envie seu pedido para
> **direitosautorais@cengage.com**.

ISBN-13: 978-85-221-0386-7
ISBN-10: 85-221-0386-0

Cengage
WeWork
Rua Cerro Corá, 2175 - Alto da Lapa
São Paulo - SP - CEP 05061-450
Tel.: +55 (11) 3665-9900

Para suas soluções de curso e aprendizado, visite
www.cengage.com.br.

Impresso no Brasil.
Printed in Brazil.
9. reimpr. – 2024

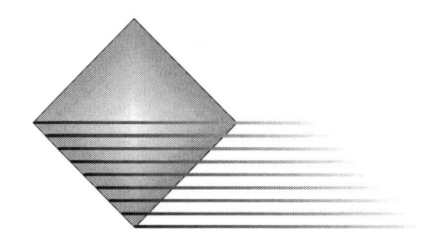

Sobre os Autores

ANGELO PALMISANO – Administrador, Mestre em Administração e Doutor em Ciências Sociais pela PUC-SP. Diretor do Centro de Educação Tecnológica e Formação Específica do Centro Universitário Nove de Julho. Atuou como consultor de informática, sistema de informações e qualidade total.

ANTONIO VICO MAÑAS – Administrador e contabilista, Mestre em Administração pela PUC-SP e Doutor em Ciências Sociais pela mesma Universidade. Professor de graduação e pós-graduação da PUC-SP, coordenador do Curso de Administração Geral da Universidade São Judas Tadeu e diretor-superintendente da Associação Comercial de São Paulo – distrital Mooca.

ESTHER CABADO MODIA – Psicóloga e Mestre em Psicologia pela PUC-SP. Professora em vários cursos de graduação e pós-graduação na Uniban e Unip, e pesquisadora da área de estresse. Autora do livro *Prazer e agonia: o **stress** e o **coping** na tomada de decisão gerencial*.

MÁRCIO CARDOSO MACHADO – Administrador, Mestre em Administração pela PUC-SP e Doutorando em Engenharia de Produção na Poli-USP. Professor do curso de Administração da Universidade Santana e do Centro Universitário Nove de Julho.

MÁRCIO MINTO FABRÍCIO – Engenheiro civil pela UFSCar, Mestre em Arquitetura pela USP-São Carlos e Doutor em Engenharia Civil pela Escola Politécnica da USP. Professor de graduação e pós-graduação da USP-São Carlos.

MARILUCI ALVES MARTINO – Administradora, Mestre em Administração e Doutoranda em Educação e Currículo pela PUC-SP. Professora de graduação e pós-graduação do Centro Universitário Nove de Julho e da Faculdade São Luís, e responsável pelo desenvolvimento de projetos no Centro de Educação Paula Souza.

OTÁVIO J. OLIVEIRA – Engenheiro civil formado pela Universidade São Judas Tadeu, Mestre em Administração pela PUC-SP e Doutorando em Tecnologia e Gestão da Produção na Construção Civil pela Poli-USP. Professor pesquisador do curso de graduação em Administração e coordenador dos cursos de especialização *lato sensu* em Gestão da Qualidade e Consultoria Organizacional da Universidade São Judas Tadeu e consultor organizacional na área de Gestão da Qualidade.

PAULO TROMBONI DE SOUZA NASCIMENTO – Engenheiro-eletrônico formado pelo ITA, Mestre em Análise e Sistemas de Aplicações pelo Inpe e Doutor em Administração pela FEA-USP. Professor de graduação e pós-graduação do curso de Administração da FEA-USP, e secretário-adjunto dos Transportes do Estado de São Paulo.

RAQUEL S. PEREIRA – Administradora formada pela Universidade São Judas Tadeu, Mestre em Administração e Doutora em Ciências Sociais pela PUC-SP. Diretora do Departamento de Ciências Gerenciais do Centro Universitário Nove de Julho.

ROBERTO DE SOUZA – Engenheiro civil formado pela Poli-USP, com Mestrado e Doutorado em Engenharia Civil pela mesma Universidade. Diretor do Centro de Tecnologia de Edificações (CTE) e ex-diretor do Instituto de Pesquisas Tecnológicas de São Paulo (IPT-SP).

ROSANA BARROCO – Química, especialista em Farmacologia e Microbiologia pela UNG, atua no mercado farmacêutico em atividades de controle da qualidade.

ROSÂNGELA CALIXTO – Economista, Mestre em Economia pela PUC-SP e Doutoranda em História da Economia pela USP. Professora de graduação e pós-graduação da Uniban e da Faculdade Paulistana.

SHEYLA MARA BAPTISTA SERRA – Engenheira civil formada pela Universidade Federal de Juiz de Fora, Mestre em Engenharia de Estruturas pela USP-São Carlos e Doutora em Engenharia Civil pela Poli-USP. Professora de graduação e pós-graduação da UFSCar.

SILVIO BURRATTINO MELHADO – Engenheiro civil com Mestrado e Doutorado em Engenharia Civil pela Poli-USP e Pós-doutorado pela Université Pierre de Mendes, França. Livre-docente da Poli-USP, professor de graduação e pós-graduação do Programa de Construção Civil da Poli-USP, e coordenador do MBA em Tecnologia e Gestão da Produção na Construção de Edifícios da Poli-USP.

VALTER RODRIGUES DE CARVALHO – Economista e administrador formado pela Universidade São Judas Tadeu, Mestre em Administração pela Universidade Mackenzie e Doutorando em Ciências Sociais pela PUC-SP. Professor de graduação e pós-graduação, e coordenador de Estágio Curricular do Curso de Administração Geral do Centro Universitário Nove de Julho.

WALTER DOS REIS PEDREIRA FILHO – Engenheiro químico industrial, Mestre em Química Analítica Industrial pela UFBA e Doutor em Química Analítica pelo Ipen/CNEN/USP. Pós-doutorando em Química pela Universidade de Brasília e professor de graduação e pós-graduação do curso de Farmácia/Biológicas da Uniban e Centro Universitário Nove de Julho.

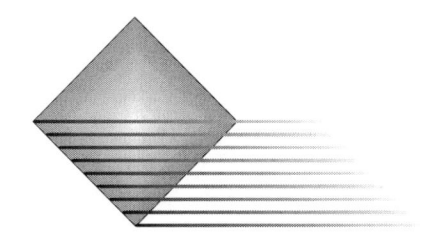

Prefácio

Escrever um livro é uma tarefa árdua e de muita persistência, demandando dedicação extrema e determinação. Sua elaboração torna-se ainda mais desafiadora e difícil quando nos propomos a unir nessa empreitada profissionais de renome e com grande experiência, cujas agendas estão sempre cheias de importantes compromissos e novos projetos. Porém, não podemos negar que, a despeito de todas as dificuldades existentes, ao acompanhar suas etapas de amadurecimento e ao imaginar o papel que esse "ente" pode representar enquanto instrumento de informação, educação e formação de opinião, todo e qualquer esforço nos parece incrivelmente pequeno. No fundo, é uma obrigação de todo profissional empenhar-se na democratização do conhecimento, deixando de lado toda e qualquer visão puramente mercantil, para que, como em uma espécie de vocação sacerdotal, possamos contribuir para o desenvolvimento contínuo das mais diversas áreas do saber.

A idéia de conceber um livro de autoria coletiva surgiu a partir da necessidade latente dos meios técnico e acadêmico em obter visões multidisciplinares a respeito do tema "qualidade", pois, o que se verifica nas publicações nacionais da área, até então, é uma visão unilateral do assunto, ou seja: as diversas publicações que abordam o tema qualidade até possuem vários enfoques e diferentes níveis de profundidade, porém refletem sempre a experiência de apenas um ou dois autores. Em face disso, o que se pretendeu neste livro foi a exposição do conhecimento e das opiniões de profissionais de áreas diversas sobre o tema qualidade. Procurou-se contemplar as experiências pessoais, obtendo visões de ordens variadas: concordantes com a filosofia da qualidade e críticas a ela, visões genéricas e também específicas, que tratam de funções administrativas, da empresa e de setores produtivos, visões voltadas para garantia da qualidade (preocupação com conformidade) e também para gestão da qualidade no seu sentido mais amplo (administração de todos os recursos e setores da empresa, visando à conquista da excelência).

Esperamos que este livro contribua, mesmo que limitadamente, para o aprofundamento do estudo da qualidade e nos possibilite dar pelo menos um pequeno passo em direção ao amadurecimento dessa disciplina, seja por meio da discussão teórica de alguns de seus principais conceitos, da apresentação de metodologias e instrumentos para aplicações pragmáticas, seja por meio do estudo de alguns setores produtivos brasileiros.

Gostaria de expressar meus sinceros agradecimentos a todos os colegas autores que, comigo, aceitaram o desafio de levar adiante este projeto e dispuseram seu escasso tempo na elaboração de seus capítulos, acreditando na nobre missão de possibilitar que o leitor tenha acesso ao mais distinto legado que o homem pode deixar: o conhecimento. Por fim, gostaria de agradecer também ao mais importante integrante deste projeto, sem o qual este trabalho não teria razão de ser: você, leitor.

Otávio J. Oliveira
Organizador

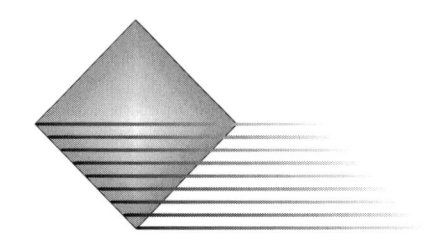

Apresentação

Este livro tem como principal objetivo discutir e aprofundar o estudo de áreas específicas da administração sob o enfoque da qualidade, a partir da visão e de experiências de diversos especialistas.

O texto, estruturado de forma sistêmica, possibilita que os conceitos e as especificidades de cada área sejam apresentados gradativamente, de maneira que os leitores, especialmente aqueles que ainda não possuem grande conhecimento sobre gestão da qualidade, possam ter acesso lógico e de forma paulatina ao desenvolvimento dos conteúdos. Porém, apesar dessa preocupação, o livro também pode ser consultado de forma compartimentada – dependendo da necessidade e do interesse do leitor. Ou seja, não há obrigatoriedade de uma leitura contínua, pois os capítulos foram elaborados por autores distintos e tratam de temas em que foi possível fazer uma delimitação de seu escopo de maneira a permitir sua leitura isolada, sem comprometer seu entendimento.

Por acreditar que grande parte dos leitores ainda não possua o domínio da teoria geral sobre gestão da qualidade, estruturou-se a *Parte I – Revisão de Conceitos e Fundamentação* de modo a possibilitar o primeiro contato com os principais conceitos e a fundamentação da gestão da qualidade. Ela é composta por cinco capítulos: Capítulo 1 – Gestão da Qualidade: Introdução à História e Fundamentos, Capítulo 2 – Inovação e Competitividade – Um Enfoque na Qualidade, Capítulo 3 – Custos e Desperdícios na Qualidade, Capítulo 4 – Nova Norma ISO 9000 Versão 2000 e Capítulo 5 – Uma Visão Sociológica dos Programas de Qualidade.

As grandes áreas da gestão foram objeto de atenção na *Parte II – Qualidade Aplicada às Grandes Áreas de Gestão*, na qual foram privilegiados tópicos que contemplam os grandes subsistemas organizacionais ou que os influenciam significativamente, abordados nos capítulos a seguir: Capítulo 6 – Qualidade no Desenvolvimento de Produtos, Capítulo 7 – Qualidade no Processo de Projeto, Capítulo 8 – Qualidade na Gestão de Suprimentos, Capítulo 9 – Gestão da Qualidade sob o Enfoque da Administração de Recursos Humanos, Capítulo 10 – Qualidade na Terceirização, Capítulo 11 – Qualidade de Vida no Trabalho e Capítulo 12 – Inovações Tecnológicas e Qualidade: Considerações Éticas.

Na *Parte III – Estudo Setorial da Qualidade*, procurou-se mostrar como alguns setores produtivos estão tratando as questões da qualidade e quais suas reais dificuldades e perspectivas. Nela, são privilegiados os setores que vêm se destacando na aplicação e implantação, com maior ou menor intensidade e/ou sucesso, dos conceitos e técnicas da qualidade. Os quatro capítulos que compõem esta terceira parte são: Capítulo 13 – Qualidade na Indústria Aeronáutica, Capítulo 14 – Qualidade no Setor da Construção, Capítulo 15 – Gestão da Qualidade na Indústria Farmacêutica e Capítulo 16 – Evolução Qualitativa na Educação Superior. Há, ainda, no final do livro, uma lista de *sites* consultados e um glossário.

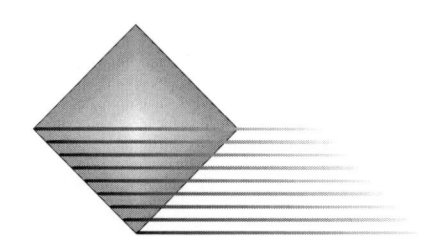

Sumário

PARTE I   Revisão de Conceitos e Fundamentação

Capítulo 1   Gestão da Qualidade: Introdução à História e Fundamentos
Otávio J. Oliveira 3

Introdução 3
1   Evolução da Qualidade 4
2   Abordagens da Qualidade 9
3   Qualidade em Serviços 10
4   Gestão Estratégica da Qualidade 14
5   Sistemas de Gestão da Qualidade 15

Considerações Finais 19
Questões para Discussão 20
Referências Bibliográficas 20

Capítulo 2   Inovação e Competitividade – Um Enfoque na Qualidade
Antonio Vico Mañas 21

Introdução 21
1   A Qualidade nas Organizações 21
2   Afinal, o que é Qualidade? 26
3   Medidas de Qualidade 29
4   A Inovação e a Competição 31
5   Qualidade, Liderança, Estratégia e Cultura 34
6   Por que Inovar? 34
7   A Procura Efetiva da Inovação 37

Considerações Finais 38
Questões para Discussão 40
Referências Bibliográficas 40

Capítulo 3 Custos e Desperdícios na Qualidade
Rosângela Calixto e Otávio J. Oliveira 43

Introdução 43
1 Custos da Qualidade 45
2 Desperdícios na Produção 48
3 Produção Enxuta 51
4 *Just-in-Time (JIT)* 52
5 Gestão de Perdas (GP) 53
Considerações Finais 55
Questões para Discussão 55
Referências Bibliográficas 56

Capítulo 4 Nova Norma ISO 9000 Versão 2000
Otávio J. Oliveira e Silvio B. Melhado 57

Introdução 57
1 Normalização 57
2 International Organization for Standardization 60
3 As Normas da Série ISO 9000 61
4 Fundamentos da ISO 9000 Versão 1994 63
5 Fundamentos da ISO 9000 Versão 2000 66
6 Principais Evoluções e Diferenças da ISO 9000:2000 em Relação à ISO 9000:1994 71
Referências Bibliográficas 74

Capítulo 5 Uma Visão Sociológica dos Programas de Qualidade
Esther Cabado Modia 77

Introdução 77
1 Qualidade × Taylor × Práticas Japonesas 78
2 A Psicopatologia do Trabalho 83
Considerações Finais 85
Questões para Discussão 87
Referências Bibliográficas 87

PARTE II Qualidade Aplicada às Grandes Áreas de Gestão

Capítulo 6 Qualidade no Desenvolvimento de Produtos
Paulo Tromboni de Souza Nascimento 91

Introdução 91
1 Definições de Qualidade 92
2 O Processo de Desenvolvimento de Produtos 94
3 Um Processo Bem-Concebido 96

4	Qualidade na Execução	98
5	As Revisões de Projeto	100
6	Estratégia no Desenvolvimento de Produtos	101
7	O Sistema de Inovação Natura	103

Considerações Finais 105
Questões para Discussão 105
Referências Bibliográficas 106

Capítulo 7 Qualidade no Processo de Projeto
Márcio Minto Fabrício e Silvio Burrattino Melhado 107

Introdução 107

1	Desenvolvimento Histórico do Processo de Projeto	107
2	O Processo de Projeto na Indústria	110
3	A Qualidade no Processo de Projeto	113
4	Engenharia Simultânea	116

Considerações Finais 120
Questões para Discussão 120
Referências Bibliográficas 121

Capítulo 8 Qualidade na Gestão de Suprimentos
Sheyla Mara Baptista Serra 123

Introdução 123

1	Setor de Suprimentos	123
2	Estratégias de Integração Vertical	124
3	Gestão Integrada da Cadeia de Suprimentos	126
4	Estratégias de Relacionamento	128
5	Desenvolvimento dos Fornecedores	130
6	Seleção e Avaliação de Fornecedores	131
7	Certificação de Fornecedores	133

Considerações Finais 134
Questões para Discussão 135
Referências Bibliográficas 135

Capítulo 9 Gestão da Qualidade sob o Enfoque da Administração de Recursos Humanos
Mariluci Alves Martino 137

Introdução 137

1	A Gestão do Trabalho	137
2	A Experiência do Japão	138

3   Qualidade e Gestão de Recursos Humanos 139
4   Um Novo Paradigma de Gestão de Recursos Humanos 141

Considerações Finais 142
Questões para Discussão 144
Referências Bibliográficas 144

Capítulo 10   Qualidade na Terceirização
           Sheyla Mara Baptista Serra 147

Introdução 147
1   Definições 147
2   Objetivos da Terceirização 150
3   Fases de Desenvolvimento da Terceirização 151
4   Organização da Terceirização 152
5   Vantagens e Desvantagens da Terceirização 153
6   A Formalização dos Contratos de Prestação de Serviços 155

Considerações Finais 157
Questões para Discussão 158
Referências Bibliográficas 158

Capítulo 11   Qualidade de Vida no Trabalho
           Valter Rodrigues de Carvalho 159

Introdução 159
1   Gênese e Evolução 159
2   Abordagem Clássica da Administração 161
3   As Teorias Psicológicas 162
4   O Trabalho e a Qualidade de Vida 163

Considerações Finais 166
Questões para Discussão 167
Referências Bibliográficas 167

Capítulo 12   Inovações Tecnológicas e Qualidade: Considerações Éticas
           Angelo Palmisano 169

Introdução 169
1   Qualidade de Vida e Trabalho 170
2   Produtividade Empresarial e Qualidade da Mão-de-obra 171
3   Tecnologia de Informação e Privacidade do Indivíduo 172
4   As Métricas da Qualidade 174
5   Qualidade no Contexto Mercadológico e Tecnológico 174
6   Implicações Éticas no Uso de Novas Tecnologias 176

Considerações Finais 177
Questões para Discussão 178
Referências Bibliográficas 178

PARTE III Estudo Setorial da Qualidade

Capítulo 13 Qualidade na Indústria Aeronáutica
Márcio Cardoso Machado 181

Introdução 181

1 Alguns Conceitos e Definições de Qualidade 183
2 A Qualidade na Indústria Aeronáutica 186
3 O Instituto de Fomento e Coordenação Industrial – IFI 194

Considerações Finais 194
Questões para Discussão 195
Referências Bibliográficas 196

Capítulo 14 Qualidade no Setor da Construção
Roberto de Souza 199

1 Características do Setor da Construção que Influem na Qualidade 199
2 Os Fatores Indutores da Competitividade e da Qualidade no Setor da Construção 201
3 O PBQP-H (Programa Brasileiro da Qualidade e Produtividade no Habitat) 203
4 Resultados Obtidos com o Movimento da Qualidade na Construção 206

Considerações Finais 209
Questões para Discussão 209
Referências Bibliográficas 210

Capítulo 15 Gestão da Qualidade na Indústria Farmacêutica
Walter dos Reis Pedreira Filho e Rosana Barroco 211

Introdução 212

1 Melhoria da Qualidade 212
2 Conscientização para a Qualidade 213
3 Formação e Treinamento do Pessoal da Qualidade 214
4 Produção: As Metas 215
5 Objetivos do Programa de Controle de Qualidade 215
6 As Boas Práticas de Fabricação (BPF) como Ferramenta na Indústria Farmacêutica 216
7 As Boas Práticas de Fabricação no Brasil, a partir de 13 de Julho de 2001 218
8 O Controle de Mudanças na Indústria Farmacêutica 220
9 Controle de Qualidade nas Operações de Fabricação 221

Considerações Finais 222
Questões para Discussão 223
Referências Bibliográficas 223

Capítulo 16 Evolução Qualitativa na Educação Superior
Raquel da Silva Pereira 225
1 Educação Superior 225
2 A Importância da Avaliação para a Melhoria da Qualidade 228
3 A Utilização da Tecnologia na Educação 230
Considerações Finais 234
Questões para Discussão 235
Referências Bibliográficas 236

Glossário 239

Parte I

Revisão de Conceitos e Fundamentação

Capítulo 1

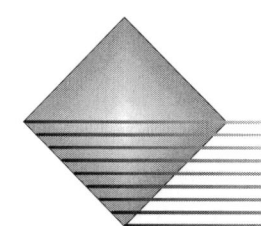

Gestão da Qualidade: Introdução à História e Fundamentos

Otávio J. Oliveira

INTRODUÇÃO

Percebe-se hoje um intenso movimento em busca da qualidade. As organizações têm de produzir produtos de qualidade, não mais como uma estratégia de diferenciação no mercado, mas como uma condição de preexistência. Engana-se quem pensa que a preocupação com a qualidade dos produtos oferecidos aos clientes é coisa recente. Por volta de 2150 a.C., o código de Hamurabi já demonstrava uma preocupação com a durabilidade e funcionalidade das habitações produzidas na época, de tal forma que, se um construtor negociasse um imóvel que não fosse sólido o suficiente para atender à sua finalidade e desabasse, ele, construtor, seria imolado.[1]

Os fenícios amputavam a mão do fabricante de determinados produtos que não fossem produzidos, segundo as especificações governamentais, com perfeição. Já os romanos desenvolveram técnicas de pesquisa altamente sofisticadas para a época e as aplicavam principalmente na divisão e mapeamento territorial para controlar as terras rurais incorporadas ao império. Desenvolveram padrões de qualidade, métodos de medição e ferramentas específicas para execução desses serviços.

Podem-se citar, também, os avançados procedimentos adotados pela França durante o reinado de Luís XIV, que detalhava critérios para escolha de fornecedores e instruções para supervisão do **processo** de fabricação de embarcações.

Pelo exposto, pode-se perceber que foi percorrido um "longo" caminho para que as teorias e práticas da **gestão** da qualidade chegassem até o estágio em que se encontram. Porém ainda há um longo caminho a ser percorrido, principalmente em países menos desenvolvidos – entre os quais podemos incluir o Brasil –, em virtude do atraso no acesso e implantação desses conceitos, que se justifica por razões históricas e econômicas.

---

[1] Sacrificado, prejudicado.

1 EVOLUÇÃO DA QUALIDADE

A evolução da qualidade passou por três grandes fases: era da inspeção, era do controle estatístico e era da qualidade total.

Na era da inspeção, o produto era verificado (inspecionado) pelo produtor e pelo cliente, o que ocorreu pouco antes da **Revolução Industrial**, período em que atingiu seu auge. Os principais responsáveis pela inspeção eram os próprios "artesãos". Nessa época, o foco principal estava na detecção de eventuais defeitos de fabricação, sem haver metodologia preestabelecida para executá-la.

Na era seguinte (controle estatístico), o controle da inspeção foi aprimorado por meio da utilização de técnicas estatísticas. Em função do crescimento da demanda mundial por produtos manufaturados, inviabilizou-se a execução da inspeção produto a produto, como na era anterior, e a técnica da amostragem passou a ser utilizada. Nesse novo sistema, que obedecia a cálculos estatísticos, certo número de produtos era selecionado aleatoriamente para ser inspecionado, de forma que representasse todo o grupo e, a partir deles, verificava-se a qualidade de todo o **lote**. No início dessa era, o enfoque também recaía sobre o produto, como no caso anterior. Porém, com o passar do tempo, foi se deslocando para o controle do processo de produção, possibilitando o surgimento das condições necessárias para o início da era da qualidade total.

Na era da qualidade total, na qual se enquadra o período em que estamos vivendo, a ênfase passa a ser o cliente, tornando-se o centro das atenções das organizações que dirigem seus esforços para satisfazer às suas necessidades e expectativas. A principal característica dessa era é que "toda a empresa passa a ser responsável pela **garantia da qualidade** dos produtos e serviços" – todos os funcionários e todos os setores. Para tanto, é necessário que se pense sobre os processos relacionados à gestão da qualidade de forma sistêmica, de tal modo que os inter-relacionamentos e interdependências sejam considerados entre todos os níveis da empresa.

ERA DA INSPEÇÃO	ERA DO CONTROLE ESTATÍSTICO	ERA DA QUALIDADE TOTAL
❑ Produtos são verificados um a um ❑ Cliente participa da inspeção ❑ Inspeção encontra defeitos, mas não produz qualidade	❑ Produtos são verificados por amostragem ❑ Departamento especializado faz inspeção da qualidade ❑ Ênfase na localização de defeitos	❑ Processo produtivo é controlado ❑ Toda empresa é responsável ❑ Ênfase na prevenção de defeitos ❑ Qualidade assegurada

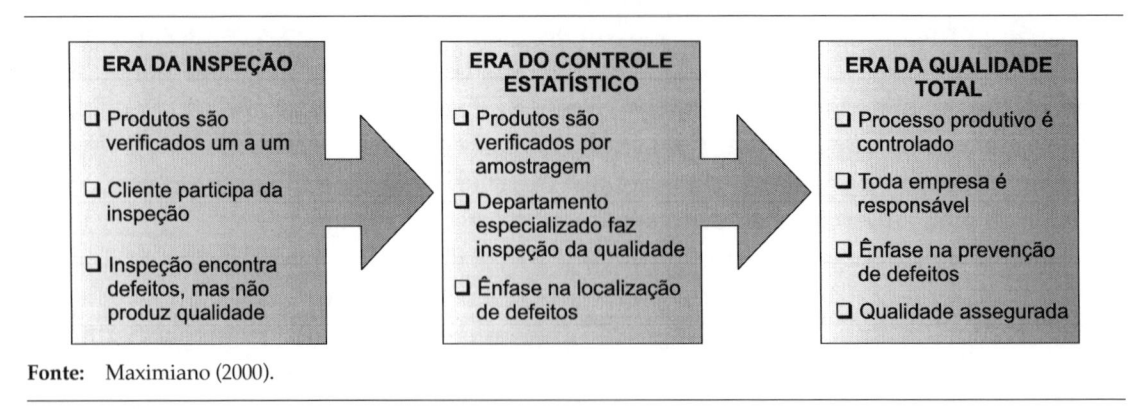

Fonte: Maximiano (2000).

Figura 1.1 Eras da qualidade.

A gestão da qualidade total está embasada em alguns conceitos e teorias, dentre os quais destacam-se: custos da qualidade, engenharia da **confiabilidade** e **zero defeito**.

> Por muito tempo associou-se melhoria da qualidade ao aumento de custos dos produtos. Porém, quando há aumento significativo da qualidade, paralelamente tem-se aumento de produtividade e ganhos relativos. Os custos da qualidade, ilustrando de maneira mais didática, são, na verdade, os decorrentes da falta de qualidade. São classificados em custos de prevenção (identificação de problemas potenciais com os processos e produtos), de avaliação (checagem de erros durante e após a fabricação do produto), de falhas internas (defeitos e falhas ocorridos nos produtos ainda na fábrica) e de falhas externas (resultantes de problemas após a entrega dos produtos no mercado).

A teoria da Engenharia da Confiabilidade reconhece que as taxas de falhas não são constantes nem variam regularmente. Em vez disso, há um período de adaptação (quando as taxas de falhas são altas), de operação normal (quando as taxas de falhas são constantes e relativamente baixas) e uma fase de desgaste (quando as falhas aumentam constantemente e o produto se deteriora). A análise dessas relações foi associada a programas de testes meticulosos, visando simular condições extremas de operação para estimar níveis de confiabilidade, mesmo antes de os produtos atingirem uma produção a plena escala.

Já a teoria do Zero Defeito parte do princípio de que o ser humano tem capacidade para executar tarefas sem a incidência de erros, o que está estritamente relacionado com treinamento técnico e capacitação psicológica do funcionário. Segundo Garvin (1992), muitas vezes a perfeição não é alcançada por não se acreditar que possa ser realmente conseguida e, portanto, uma das principais atitudes responsáveis pelo sucesso dessa teoria é a "conscientização". Exemplos reais da aplicabilidade desses conceitos foram conseguidos na indústria bélica norte-americana (Oliveira, 2001).

Para que a qualidade total seja desenvolvida e implantada com sucesso em organizações empresariais, é necessário desenvolver os seguintes princípios:

1.1 Total Satisfação do Cliente

O cliente é a figura principal de todo processo organizacional. É necessário que as decisões empresariais e tarefas operacionais levem em consideração as necessidades e expectativas do consumidor e tentem superá-las, para atender ao **requisito** de satisfazer completamente o cliente.

1.2 Gerência Participativa

Não há uma cultura, principalmente nas organizações brasileiras, de se considerar a opinião dos funcionários nas decisões gerenciais, atitude que traz sérias conseqüências para o desempenho dos processos e produtos, pois quem é encarregado de determinada tarefa tem mais condições de identificar as principais dificuldades na sua execução e até de propor soluções locais para sua melhoria, o que certamente aumentaria sua eficiência e eficácia.

1.3 Desenvolvimento de Recursos Humanos

Os funcionários são a alma da empresa e deles depende o sucesso de toda a organização. Deve haver uma preocupação constante com capacitação, a fim de possibilitar ao quadro de pessoal o contínuo desenvolvimento e aprimoramento. Devem-se praticar remunerações justas, que motivem os funcionários a buscarem melhora pessoal e profissional, dando-lhes condições de contribuir para os propósitos do sistema da qualidade implantado.

1.4 Constância de Propósitos

Uma das maiores dificuldades encontradas na introdução dos conceitos da qualidade em uma organização é a resistência de seus funcionários, que agem em **conformidade** com a cultura da empresa. Para que a implantação e manutenção de um sistema de gestão pela qualidade tenha sucesso, é necessário que a organização, pelo compromisso da alta direção, despenda grande esforço no sentido de modificar a cultura organizacional de maneira que haja persistência, continuidade e convergência de atitudes para conquista de objetivos previamente traçados.

1.5 Aperfeiçoamento Contínuo do Sistema

Empresas de sucesso têm, obrigatoriamente, de estar acompanhando as mudanças do mercado e da sociedade como um todo. Essa postura possibilita o monitoramento das tendências do comportamento do consumidor, que deve ser o centro de suas atenções, e permite que os objetivos e atitudes das organizações estejam alinhados com os anseios dos clientes. Para que isso possa acontecer, as empresas têm de aperfeiçoar continuamente seu sistema da qualidade. Isso exige que se institua um sistema de medição por parâmetros, caso contrário, não será possível verificar se as mudanças implementadas de fato estão possibilitando a evolução desejada.

É importante ressaltar uma filosofia do Japão – país onde foram dados os primeiros passos da gestão da qualidade – denominada *Kaizen*, que preconiza um sistema contínuo de aprimoramento nas organizações, onde todos os funcionários – alta administração, gerentes e operários – devem se envolver com o desenvolvimento e a melhoria do sistema.

Um importante conceito da gestão da qualidade total, idealizado por Deming (1982), é o ciclo *PDCA*: P significa *plan* (planejar), D quer dizer *do* (fazer), C significa *control* (controlar) e A, *action* (ação). Esse mecanismo prega que todos os processos devem ser continuamente estudados e planejados (inclusive modificações e melhorias), ter suas mudanças implementadas e controladas (medição e observação dos efeitos) e, depois desses passos, deve-se realizar uma avaliação dos resultados obtidos. Esse ciclo deve desenvolver-se de forma contínua e indefinidamente a fim de que depois de idealizado, implantado, medido e tendo estudado os resultados, possa novamente ser utilizado para outra melhoria, permitindo que o processo não se estagne e esteja sempre evoluindo. A figura a seguir permite uma compreensão mais inteligível desse conceito.

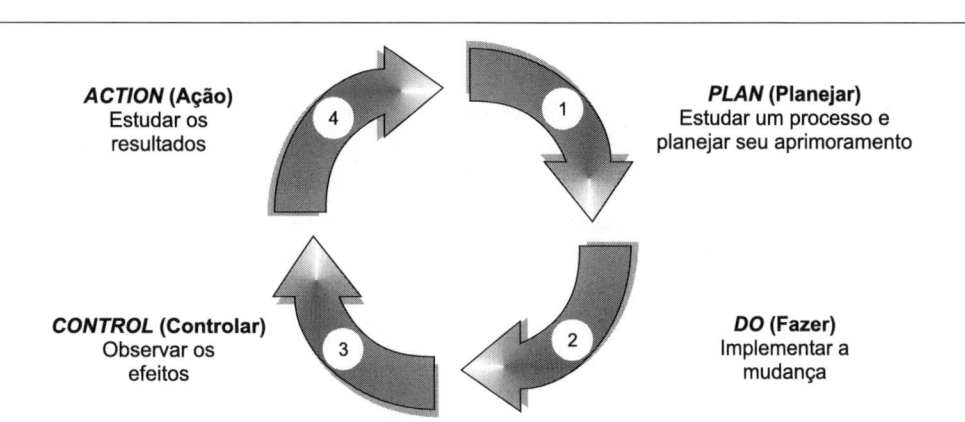

Figura 1.2 Ciclo PDCA.

1.6 Gestão e Controle de Processos

A gestão da qualidade prevê a eliminação ou a simplificação de processos que não adicionam valor ao produto. Muitas tarefas nas empresas são mal dimensionadas, podendo, muitas vezes, ser definitivamente eliminadas por um rearranjo no mecanismo de execução do processo maior a que pertencem. Existem diversas ferramentas na administração da produção que podem auxiliar na otimização e análise dos processos: fluxograma, carta de análise de tempos e movimentos, carta de controle estatístico do processo etc. Esses instrumentos possibilitam gerir, controlar e otimizar os processos executados tanto nas empresas industriais como nas de serviços.

1.7 Disseminação de Informações

A disponibilização eficiente e sistematizada de informações nas organizações que se propõem a adotar um sistema de gestão da qualidade é condição fundamental para o alcance dos resultados preestabelecidos. Os funcionários devem saber e entender qual o negócio da empresa, bem como sua missão, objetivos e grandes propósitos, assegurando, dessa forma, seu compromisso com a busca constante da qualidade. Também deve ser considerada a comunicação externa à empresa, com seus fornecedores e clientes, para que se estabeleça um processo de **retroalimentação** do desempenho dos produtos junto a esses agentes que são importantes componentes da cadeia produtiva, e se efetive a melhoria contínua do processo de concepção e fabricação do produto.

1.8 Delegação

A aplicação de um estilo gerencial que privilegie a transferência consciente e planejada de decisões para escalões inferiores possibilita inúmeros benefícios às organizações: tomada de decisões por pessoal que possua maior conhecimento do problema;

incentivo ao real envolvimento com os problemas da empresa; desenvolvimento de liderança e responsabilidade em funcionários que ficariam à margem das decisões administrativas etc. Porém, para que seja possível o maior aproveitamento das possibilidades advindas desse instrumento, é necessário que a empresa possua um sistema eficaz de informações, ao qual todos tenham acesso rápido e de forma descomplicada às informações que lhe dizem respeito, além da existência de orientações escritas e claras sobre os principais procedimentos e decisões a serem executados, garantindo homogeneidade nos princípios que a norteiam.

1.9 Assistência Técnica

Mesmo utilizando todas as técnicas e ferramentas disponíveis na teoria da qualidade, é possível que alguns produtos apresentem problemas na sua utilização, em razão de imprevisibilidades que fogem ao controle dos gerentes. Esse fato, se não considerado de forma séria, pode trazer sérios prejuízos à imagem da organização, pois um cliente divulga com muito mais intensidade sua insatisfação do que sua boa impressão sobre o produto e a empresa. Portanto, é necessário que as organizações desenvolvam uma metodologia para lidar com essas situações, criando um setor exclusivo para atender ao consumidor nas dúvidas e solicitações de serviços pós-venda (período de garantia), retroalimentando todo o sistema de forma que a origem do problema seja eliminada.

1.10 Gestão das Interfaces com Agentes Externos

Uma das maiores dificuldades encontradas no gerenciamento de sistemas da qualidade é a gestão da relação de interesses, objetivos e visões distintas dos muitos agentes que intervêm na cadeia produtiva, como os fornecedores, os órgãos públicos de aprovação dos produtos, os distribuidores, os intermediários etc. Um bom produto é aquele que proporciona benefícios para todos os envolvidos nessa cadeia. Portanto, deve-se pensar multidisciplinarmente na sua concepção e produção, de modo que esses agentes participem de todas as etapas de decisões sobre a criação do produto e de seus processos de fabricação, proporcionando ganhos para todos os envolvidos.

1.11 Garantia da Qualidade

A garantia da qualidade se dá pela utilização de todos os princípios anteriores, sendo necessários um processo produtivo controlado, um quadro de pessoal treinado e consciente dos objetivos da organização, a existência de um sistema de informações eficiente, a adoção de procedimentos de assistência técnica que minimizem impactos negativos para a imagem da empresa, advindos de eventuais problemas ocorridos com o produto durante sua utilização e a busca incessante da melhoria em todos os processos que compõem a empresa, para garantir um produto com o nível de qualidade que atenda e, se possível, supere as expectativas do cliente.

2 ABORDAGENS DA QUALIDADE

> O conceito de qualidade depende do contexto em que é aplicado, podendo-se considerar diversas percepções em relação à qualidade, em face da subjetividade e complexidade de seu significado. Garvin (1992) identifica cinco abordagens para a definição da qualidade: transcendental, fundamentada no produto, fundamentada no usuário, fundamentada na produção e fundamentada no valor.

2.1 Abordagem Transcendental

Sob a visão transcendente, a qualidade é sinônimo de excelência absoluta e universalmente reconhecível, marca de padrões irretorquíveis e de alto nível de realização. Há algo de intemporal e duradouro nas obras de alta qualidade. Percebe-se com essa visão que a qualidade não é passível de análise e que aprendemos a reconhecê-la apenas pela experiência. Essa definição não vai além, qualquer que seja a natureza da qualidade, do entendimento das pessoas, pois elas reconhecem-na quando a vêem. Garvin salienta que "(...) embora não se possa definir qualidade, sabe-se o que ela é".

2.2 Abordagem Fundamentada no Produto

Em relação à abordagem fundamentada no produto, a qualidade é considerada uma variável precisa e mensurável. As diferenças de qualidade refletem nas diferenças da quantidade de algum ingrediente ou atributo do produto. Essa abordagem confere uma dimensão vertical ou hierárquica à qualidade, pois os produtos podem ser classificados de acordo com a quantidade do atributo desejado. Entretanto, uma classificação sem ambigüidade só se torna possível se os atributos em questão forem classificados com o mesmo critério praticamente por todos os usuários. As primeiras pesquisas sobre a qualidade, segundo esse referencial, concentram-se na durabilidade, por ser uma característica de fácil mensuração. Produtos de alta qualidade podem ser apenas diferentes: em vez de possuírem mais de um determinado atributo, fundamentam-se em conceitos inteiramente diferentes. Quando a qualidade é uma questão de estética, a abordagem fundamentada no produto deixa a desejar, pois não consegue levar em conta as diferenças pessoais inerentes ao ser humano.

2.3 Abordagem Fundamentada no Usuário

A premissa básica da abordagem fundamentada no usuário é que a qualidade está diante dos olhos de quem a observa. Admite-se que cada consumidor tenha diferentes desejos e necessidades e que o produto que atenda melhor às suas preferências seja o que ele considera como o de melhor qualidade. Também se trata de uma visão pessoal e, portanto, subjetiva da qualidade. Esse conceito enfrenta dois problemas: como agregar preferências individuais variáveis ao produto de forma que se possa definir qualidade para o mercado e como distinguir atributos do produto que sejam um sinal real da qualidade daqueles que simplesmente maximizam intuitivamente a **satisfação do cliente**. A abordagem fundamentada no usuário iguala a qualidade à satisfação máxima, pois, embora estejam ligadas, não são, de modo algum, idênticas. Um produto que maximize a satisfação é preferível a um que satisfaça menos; mas será necessariamente melhor? Exemplificando: os livros da lista dos mais vendidos são claramente preferidos pela maioria dos leitores, muito embora pouca gente argumente que representem o que há de mais elevado na literatura.

2.4 Abordagem Fundamentada na Produção

A abordagem fundamentada na produção se interessa basicamente pelas práticas relacionadas diretamente com a engenharia e a produção. Identifica a qualidade conforme as especificações: uma vez estabelecido o projeto, qualquer desvio implica queda de qualidade. A partir daí surge o conceito: fazer certo da primeira vez. Nesses termos, um Audi pode ser um carro de qualidade tanto como um Ford Ka. A mesma abordagem vale para a prestação de serviços. Seu enfoque básico é interno, porque supõe que um produto ou serviço que se desvie das especificações provavelmente será malfeito e não-confiável, proporcionando menos satisfação ao consumidor. Essa premissa leva a uma fraqueza grave, pois dá pouca importância ao elo entre produto e consumidor e às suas características além da conformidade. Em relação ao produto, observamos a engenharia da confiabilidade, que analisa os componentes básicos, identificando possíveis falhas de projetos e propondo alternativas. Já com relação ao controle da produção, temos a ênfase no controle do processo, que utiliza técnicas estatísticas para saber quando ele está fora dos limites aceitáveis. Observa-se que essas técnicas estão voltadas principalmente para a redução de custos, pois as melhorias da qualidade (diminuição do número de desvios) levam a menores custos: impedir defeitos é comprovadamente mais barato que corrigir falhas.

2.5 Abordagem Fundamentada no Valor

A visão da qualidade fundamentada no valor, tida como um passo adiante em relação às anteriores, define qualidade em termos de custo e preço. Dessa forma, um produto de qualidade oferece desempenho ou conformidade a preço ou custo aceitável. Pelo fato de trabalhar com dois conceitos relacionados, mas distintos, essa abordagem também é de difícil aplicação prática, pois seus limites não são bem-definidos além de depender da variabilidade das necessidades de cada cliente.

3 QUALIDADE EM SERVIÇOS

A qualidade total aplicada ao setor de serviços está relacionada com o fornecimento do produto "serviço" com qualidade superior aos clientes, proprietários e funcionários. Com esse conceito, percebe-se que a análise não deve-se limitar aos clientes externos. É necessário levar em consideração todos os indivíduos da cadeia administrativa – funcionários e administradores –, ressaltando a importância de cada um na conquista do objetivo comum, que é a qualidade.

Paladini (2000) salienta que a área de prestação de serviços envolve a produção de serviços propriamente dita e a estruturação de métodos. Ao contrário do caso industrial, não há possibilidade aqui de se separar, com nitidez, o processo produtivo da prestação do serviço – ambos se confundem. Dessa forma, no ambiente de prestação de serviços, a gestão da qualidade centra-se fundamentalmente na interação com o usuário. É nesse processo interativo que a qualidade aparece.

Gianesi e Corrêa (1996) ressaltam que, no Brasil (como em muitos outros países), os consumidores acostumaram a se conformar com serviços de baixa qualidade, tanto no setor público como no setor privado, com raras e honrosas exceções. Ainda não temos uma cultura bem-estabelecida, tanto em termos de prestar um bom serviço como de exigir um padrão mínimo do serviço pelo qual pagamos.

Esses autores citam como principais motivos, para a generalizada baixa qualidade no setor de serviços, os seguintes fatores:

❑ Freqüentemente os trabalhadores da indústria de serviços são considerados mão-de-obra temporária e, como tal, merecedores de baixos níveis de atenção gerencial para motivação e treinamento.

❑ Excessiva ênfase em corte de custos e busca míope por produtividade de recursos, causando degradação no nível de personalização e qualidade de atendimento.

❑ Clientes, em geral acostumados com um nível pobre de serviços, não têm o hábito de exigir mais. Estudos mostram que apenas a média de 4% de clientes insatisfeitos reclamam dos serviços de baixa qualidade.

❑ É normalmente difícil padronizar serviços, principalmente os intensivos em mão-de-obra, pela variabilidade de clientes e suas necessidades, de prestadores de serviço e de situações típicas que realmente ocorrem.

❑ O serviço normalmente é produzido e consumido simultaneamente, não havendo tempo para inspeções de qualidade e correções de possíveis defeitos.

❑ A qualidade do pacote de serviços ofertada é freqüentemente intangível e, portanto, difícil de medir e controlar.

Os serviços apresentam as características de intangibilidade, inseparabilidade, heterogeneidade e simultaneidade. A característica de intangibilidade significa que os serviços são abstratos, impondo um tratamento especial ao compará-los com outras atividades. O aspecto da inseparabilidade refere-se à impossibilidade de se produzir ou estocar serviços como se faz com os bens. Geralmente, os serviços são prestados quando vendedor e comprador estão frente a frente. Por isso é necessária uma capacidade de prestação de serviços antecipada. A heterogeneidade trata da impossibilidade de se manter a qualidade constante dos serviços, pois são produzidos pelo ser humano, que é de natureza instável. É difícil manter uma empresa de serviços com o mesmo padrão de qualidade, pois em uma mesma equipe pode haver diferenças na qualidade da prestação do serviço, devido à capacidade diferenciada de cada indivíduo. A característica simultaneidade está relacionada ao fato de a produção e o consumo do serviço ocorrerem ao mesmo tempo; assim, é necessário sempre considerar o momento de contato com o cliente como fator principal de qualquer esforço mercadológico. Esses contatos com os clientes são também chamados de **momentos da verdade**. São situações em que o cliente entra em contato com algum aspecto da organização e obtém uma impressão de seus serviços. Logo, deve-se envidar o máximo empenho para que essa experiência transcorra de modo a superar as expectativas do cliente e impressioná-lo positivamente, para manter a relação já existente e possibilitar novo relacionamento comercial.

A percepção do cliente ao interagir com o ambiente físico, processos e procedimentos de uma organização formará sua opinião final sobre a transação comercial e fará que se decida se a experiência é ou não satisfatória. Por esse motivo, deve-se buscar constantemente a perfeição nos momentos da verdade, fazendo da qualidade em serviços uma responsabilidade de toda a organização, pois o cliente é a força propulsora da empresa.

Conforme Paladini (2000), as principais características da gestão da qualidade no ambiente de serviço são:

- Produção e consumo são simultâneos e não há como definir onde termina uma e começa o outro.
- Os processos produtivos não possuem informações objetivas a respeito de suas operações, que nem sempre se repetem com freqüência. Por isso, a gestão desses processos deve ser altamente flexível e adaptável a momentos, situações, contextos etc.
- A gestão da qualidade é notadamente direcionada para ações que busquem maior contato com o cliente, definição de seus interesses, preferências, exigências, necessidades, conveniências, enfim, tudo o que é considerado relevante no processo de prestação do serviços. Em um primeiro momento, portanto, a gestão da qualidade prioriza a eficácia; a seguir, a eficiência e a produtividade. O conceito elementar da qualidade nesse ambiente é o de perfeita adaptação do processo ao cliente.
- A avaliação da qualidade centra-se apenas em elementos – não há pontos de controle específicos que possam ser identificados. Os elementos envolvem sempre a interação com o usuário. Não há como empregar ações corretivas, apenas preventivas, com base em situações análogas ocorridas no passado. A gestão da qualidade, dessa forma, prioriza um projeto de avaliação global que envolve qualquer aspecto da interação com o cliente. Enfatiza também a busca de um aprimoramento contínuo, sempre mais próximo do que efetivamente o cliente deseja.
- Nesse ambiente, a gestão da qualidade enfatiza o direcionamento da empresa para um modelo específico de relacionamento com o cliente. Esse aspecto confere ao modelo de atendimento uma característica específica, que diferenciará a empresa no mercado e possibilitará a obtenção da fidelidade do usuário. A qualidade resulta do modelo de interação com o cliente. Por isso, concentra-se nele a atenção da gestão da qualidade.
- O serviço não pode dispor da propriedade da estocagem. Isso requer um modelo de gestão que torne a oferta adequada à demanda. O serviço não tem como ser produzido antecipadamente nem pode ser utilizado em momentos posteriores a sua geração. Se ocorrerem excessos de oferta, haverá perdas – da mesma forma que haverá falta de atendimento se houver maior consumo que o esperado. Em ambos os casos, há aumento de custos. Cabe à gestão da qualidade evitar que ele ocorra, por meio de um processo de flexibilização.

É importante enfatizar o aspecto de continuidade do programa de qualidade, tendo em vista que o conceito de excelência pressupõe uma prestação de serviços bem-feita e que, dentro das atividades humanas, não é fácil de se obter. A maior dificuldade está na modificação constante do comportamento apresentado pelo consumidor. Seus desejos e necessidades mudam constantemente e o esforço de aperfeiçoamento diante de alvos que se modificam torna mais difícil a conquista da excelência na área de prestação de serviços.

Para auxiliar o desenvolvimento da cultura da qualidade é necessário elevar o grau de autoridade e, conseqüentemente, de responsabilidade dos funcionários com relação às tarefas desenvolvidas, permitindo que certos problemas sejam resolvidos no próprio local de prestação de serviços e, portanto, mais rapidamente. Deve-se criar uma política de retroalimentação do sistema pelo aproveitamento das reclamações dos consumidores, de forma a melhorar cada vez mais o padrão de desempenho dos serviços prestados.

Quadro 1.1 Diferenças básicas entre a gestão da qualidade em ambiente industrial e ambiente de prestação de serviços

Gestão da Qualidade em Ambientes Industriais	Gestão da Qualidade em Ambientes de Serviços
O esforço pela qualidade aparece no produto	O esforço aparece na interação com o cliente
Interação com clientes via produtos	Interação direta com clientes
Elevado suporte	Baixo suporte
Baixa interação	Intensa interação
Suporte ao produto (qualidade de produto)	Suporte ao cliente (qualidade de serviço)
Cliente atua ao final do processo produtivo	Cliente presente ao longo do processo produtivo
Produção e consumo em momentos bem distintos	Produção e consumo simultâneos
Feedback (retorno do usuário sobre o produto adquirido) pode demorar	*Feedback* imediato
Expectativas menos sujeitas a mudanças abruptas	Expectativas dinâmicas
Cliente tende a não influenciar o processo produtivo	Cliente participa do processo produtivo
Resulta de um conjunto de elementos (máquinas e pessoas)	Resulta mais do desempenho dos recursos humanos
Condições favoráveis à padronização	Difícil padronizar
Tende a uniformizar-se a médio prazo	Difícil ter um modelo uniforme de execução
Bens tangíveis podem ser patenteados	Serviços não podem ser patenteados
Bens tangíveis podem ser protegidos em relação a seus processos de fabricação e à forma final como são disponibilizados para comercialização	Serviços não podem ser protegidos

Fonte: Paladini (2000).

4 GESTÃO ESTRATÉGICA DA QUALIDADE

Pode-se observar que um número cada vez maior de empresas, por intermédio de seus principais diretores, passou a enfocar a qualidade de uma nova perspectiva, que vincula a lucratividade ao ponto de vista do cliente. A qualidade passa, então, a ser vista como arma agressiva de concorrência.

As mudanças não ocorrem rapidamente e são reações a estímulos externos variados. Porém a perda de rentabilidade ou de participação no mercado abriu os olhos dos administradores para o potencial do fator qualidade como arma estratégica. Além desses fatores, o cliente também tem papel decisivo, pois passou a ter uma postura muito mais ativa no processo. Com elevado nível de problemas de não-conformidade, os custos aumentaram vertiginosamente. Com a reputação, a participação no mercado e a rentabilidade de suas companhias em risco, o assunto não podia mais ser ignorado, tampouco relegado aos níveis mais baixos da organização, sob pena de não ser devidamente resolvido. O resultado dessa situação é a adoção de uma abordagem da qualidade influenciada pelas preocupações da administração superior.

Na gestão estratégica da qualidade, a postura da alta direção tem de considerar que a qualidade é um conceito abrangente, com quatro pontos principais:

- ❑ Os clientes ou quem os representa devem ter a última palavra sobre até que ponto um produto atende às suas necessidades e satisfaz às suas expectativas.
- ❑ A satisfação relaciona-se com o que a concorrência oferece.
- ❑ A satisfação, relacionada com o que a concorrência oferece, é conseguida durante a vida útil do produto e não apenas na ocasião da compra.
- ❑ É preciso um conjunto de atributos para proporcionar o máximo de satisfação a quem o produto atende.

> A qualidade, na gestão estratégica, é definida em relação aos concorrentes e não a padrões fixos e internos. São os clientes e não os departamentos internos que determinam se um produto é aceitável ou não. Assim, a preocupação com as especificações passou a ser secundária e só pode ser tratada após cuidadosa identificação das necessidades dos usuários. E se assim não fosse, a excelência do controle de processo teria pouca vantagem, pois ficaria facilmente desviada do seu real foco: necessidades dos clientes.

Com essa nova perspectiva, algumas exigências passam a ser mais observadas. A pesquisa de mercado para se avaliar a qualidade exigida pelo cliente é incrementada. Alguns métodos incluem exames cuidadosos dos produtos dos concorrentes, além de levantamentos para se estabelecer exatamente o que os clientes querem dizer quando afirmam que um produto é de melhor qualidade que outro. A atenção se desvia dos preços iniciais, por ocasião da compra, para os custos do ciclo de vida, que incluem gastos com atendimento e manutenção durante o uso, refletindo nos custos totais junto aos usuários. As reclamações dos clientes passam a ter novo papel como valiosa fonte de informação de mercado, sendo tratadas não como más notícias potencialmente prejudiciais e sim como informações valiosas.

Apesar do significativo custo que geralmente demanda a implantação de sistemas da qualidade, muitas empresas os têm implementado, pois está cada vez mais clara e forte a correlação existente entre qualidade e lucratividade. Admite-se que a qualidade mais elevada pode conduzir à maior lealdade do consumidor e, conseqüentemente, traduzir-se em seu retorno efetivo à compra do produto ou serviço.

Essas evidências levaram à conclusão de que a qualidade é uma arma poderosa contra a concorrência, pois suplantar seus níveis de excelência exige uma postura diferenciada em relação à qualidade, para a qual a melhoria contínua é essencial. As metas de qualidade são alvos móveis em função da modificação das necessidades do consumidor e devem ser sempre reformulados em níveis cada vez mais altos na organização. A dedicação ao processo de melhoria deve ser constante e partir de todos os elementos da empresa com particular apoio da alta cúpula, para garantir seriedade de propósito e dedicação a longo prazo. A seqüência natural desse processo deve levar a uma mudança de atitude em todos os níveis da empresa e, se não ocorrer, certamente os empregados e chefes continuarão a ver a qualidade como uma função isolada do departamento de controle da qualidade.

5 SISTEMAS DE GESTÃO DA QUALIDADE

A produção de produtos e serviços com qualidade não é uma fácil tarefa de ser conseguida. Faz-se necessário o desenvolvimento e implantação de sistemas de gestão da qualidade nas organizações, para que se garanta o comprometimento de todos com o objetivo de conquistar a excelência nos processos e produtos da empresa, possibilitando seu aprimoramento contínuo.

A seguir, será definido o tradicional conceito de sistema, para que o leitor entenda as interdependências entre os diversos itens que compõem os sistemas de gestão da qualidade e, na seqüência, serão comentados alguns dos seus mais importantes elementos.

5.1 Conceito de Sistema

> Sistema é um conjunto de partes que interagem e se interdependem, formando um todo único com objetivos e propósitos em comum, efetuando sinergicamente determinada função. É composto por outros sistemas menores, denominados subsistemas, que estão seqüencialmente dependentes uns dos outros, como se fossem elos de uma corrente. O desempenho de cada uma dessas partes define o sucesso do sistema maior e, se um deles falhar, compromete-se o desempenho de todos eles.

Os sistemas são compostos pelos seguintes elementos: entradas (*inputs*), processamento, saídas (*outputs*) e retroalimentação. No caso das empresas, possuem a seguinte configuração:

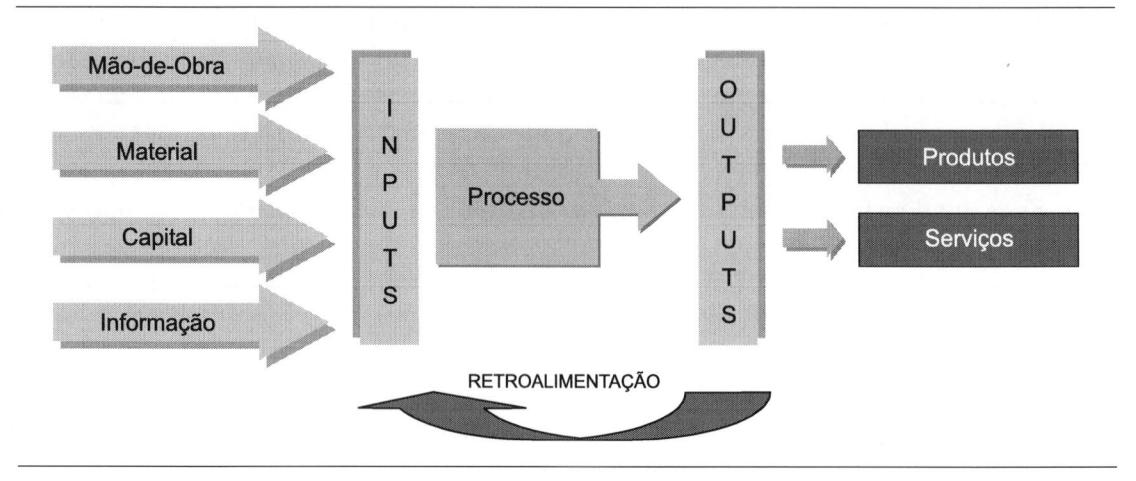

Figura 1.3 Sistema empresarial.

Os sistemas da qualidade são um conjunto de elementos dinamicamente inter-relacionados, formando uma atividade que opera sobre entradas e, após processamento, transforma-as em saídas, visando sempre ao objetivo de assegurar que seus produtos e diversos processos satisfaçam às necessidades dos usuários e às expectativas dos clientes externos e internos.

5.2 Política da Qualidade

O primeiro passo para implantação de um sistema da qualidade é a formalização, pela alta direção, de sua **Política da Qualidade**, ou seja, a definição do sistema de qualidade adotado pela empresa, deixando claros os objetivos pretendidos. A Política da Qualidade é um documento que deve explicitar, de forma sintética, o compromisso da alta administração com a qualidade, servindo como guia filosófico para as ações gerenciais, técnicas e operacionais. Além disso, o referido documento possibilitará a divulgação para os clientes externos do comprometimento da empresa para com a qualidade.

A Política da Qualidade deve transmitir a identidade da organização e ser largamente difundida e debatida com todos os seus colaboradores. As atividades da função qualidade não devem estar centralizadas em um Departamento da Qualidade, mas ser exercidas com o apoio e a intervenção direta dos níveis inferiores da empresa.

A descrição geral da Política da Qualidade adotada pela empresa deve estar delineada em um **Manual da Qualidade** que é o documento consolidador do sistema de gestão da qualidade, descrevendo a maneira pela qual a empresa procura atingir os objetivos da qualidade expressos em sua política. É, portanto, um documento de caráter geral, aplicável à empresa como um todo e não a um ou outro setor especificamente. Serve como referência permanente para fornecedores e clientes internos e externos.

5.3 Documentação

A documentação tem um papel fundamental na implementação e, principalmente, na manutenção de um sistema da qualidade. Fundamenta-se no Sistema de Normas da empresa, que abrange procedimentos administrativos, técnicos e de controle da qualidade. A confecção e a distribuição dessa documentação deve sim ser controlada para garantir que estejam nos locais adequados no momento certo.

Um bom gerenciamento da documentação permite a melhora da integração entre os setores da empresa, o **registro** da cultura produtiva (diminuição da importância de pessoas-chave na organização) e maior capacidade de inovar e melhorar continuadamente os processos em função da retroalimentação dos procedimentos.

5.4 Auditorias

É importante salientar a relevância e as principais características das Auditorias da Qualidade, importantes instrumentos de aperfeiçoamento e retroalimentação do sistema da qualidade, pelos quais é avaliado o grau de implementação dos procedimentos, orientando-se os responsáveis pelos respectivos setores auditados a corrigir eventuais falhas. Essas auditorias devem ser feitas periodicamente e obedecer a um plano preestabelecido.

Fundamentadas nas normas da série ISO 9000, as auditorias devem ter as seguintes características: ser autorizadas pela administração superior; avaliações, verificar em suas práticas reais comparadas com requisitos estabelecidos; ter métodos e objetivos específicos; ser programadas com antecedência; ser realizadas com prévio conhecimento dos setores a serem auditados e na presença das pessoas cujo trabalho será verificado; ser realizadas por pessoal experiente, treinado e independente da área auditada; ter seus resultados e recomendações examinados e, em seguida, acompanhados, para verificação do cumprimento das ações corretivas; ter ação corretiva e de aprimoramento, e não punitiva.

5.5 Recursos Humanos

Os recursos humanos devem ser considerados como um dos principais fatores para melhoria da qualidade em organizações. As empresas devem estar atentas aos instrumentos metodológicos disponíveis para captação e interpretação das necessidades de seus funcionários e utilizar essas informações como diferencial competitivo, proporcionando boas condições de trabalho, educação e lazer ao corpo de empregados, de maneira que tais atitudes reflitam diretamente nos seus índices de produtividade. Tais informações podem ser obtidas pela realização de estudos para melhor conhecer seus empregados e suas expectativas, identificando os canais de comunicação mais adequados para cada empresa e público-alvo.

Existe uma necessidade premente de se buscar alternativas para motivação e envolvimento ativo dos funcionários na questão da qualidade e da produtividade. Os mecanismos de reconhecimento e recompensa (esse último mais ligado à maneira monetária de valorização de determinados resultados e comportamentos) devem ser revistos, de forma que o funcionário, de fato, se motive a participar proativamente de todo processo de melhoria.

As filosofias e conceitos introduzidos nas empresas durante a implementação dos sistemas de gestão da qualidade representam uma ruptura na estrutura da administração tradicional e enfatizam a necessidade de uma reorientação estratégica. Mas, se a mudança estratégica não estiver sustentada por uma coerente cultura organizacional, estará fadada ao fracasso.

Não se pode deixar de citar a importância do treinamento em todas as esferas da empresa, principalmente com relação à média gerência e à mão-de-obra direta, para o bom desempenho dos sistemas de gestão da qualidade. A atualização e a reciclagem ganham cada vez mais importância em função da velocidade com que as inovações tecnológicas são lançadas no mercado e vão sendo disseminadas, apoiadas pelo crescimento da tecnologia da informação, por toda a empresa. O treinamento envolve modificações no comportamento dos trabalhadores de diversas ordens por meio da transmissão de informações, desenvolvimento de habilidades e de conceitos e modificação de atitudes.

5.6 Logística e Suprimentos

O sistema da qualidade tem responsabilidades que vão muito além do processo produtivo. É necessário que haja uma preocupação a montante e a jusante do processo de produção, ou seja, tratando-se da etapa que antecede a fabricação, deve existir uma metodologia para gerenciamento e seleção dos fornecedores, visando possibilitar a otimização dos serviços de **manufatura**, de tal forma que sejam classificados em um cadastro com base no nível de qualidade dos produtos e serviços fornecidos (qualidade, prazo, preço etc.), contribuindo para agregar valor ao produto final e, conseqüentemente, aumentar seu padrão de qualidade. Já com relação à etapa posterior à produção, cabe salientar que é fundamental o engajamento da empresa, mesmo que ela terceirize o serviço, no processo de distribuição do seu produto, pois não basta que ele seja produzido com todos os elementos e características desejáveis. É fundamental que ele esteja no lugar determinado, na quantidade e momento preestabelecidos.

Essa preocupação com a cadeia logística tem sido um dos maiores focos de estudos dos últimos tempos. Prega-se que a empresa que relegar a segundo plano o gerenciamento da sua cadeia logística – *Supply Chain Management* – deixará de contar com um importante diferencial competitivo que poderia lhe proporcionar vários benefícios.

Diversos instrumentos para auxiliar na gestão logística estão disponíveis no mercado. Ferramentas baseadas na tecnologia da informação como ECR (*Efficient Consumer Response*), QR (*Quick Response*), EDI (*Electronic Data Interchange*), WMS (*Warehouse Management System*), DRP (*Distribution Resource Planning*), MRP (*Manufacturing Resource*

Planning), dentre outras, possibilitam o gerenciamento e o incremento da cadeia logística e a geração de valor ao produto final, a partir de ganhos como economia de tempo, melhoria da qualidade do produto e redução dos custos de estocagem e distribuição.

5.7 Sistema de Informações

Em face do complexo universo socioeconômico em que as empresas estão inseridas, o processo de tomada de decisões torna-se elemento de fundamental importância para o seu sucesso. O gerente tem de tomar decisões a todo momento e seu nível de acertos está relacionado com a qualidade das informações disponíveis. É muito importante que a informação esteja disponível na hora e quantidade certas e com qualidade.

Um modelo participativo de administração subentende a disseminação sistematizada de informações aos escalões mais baixos da empresa que orientam a tomada de decisões, possibilitando que toda a organização caminhe na mesma direção e obtenha ganhos pela sinergia e convergência das decisões tomadas.

A retroalimentação é uma ferramenta ligada ao sistema de informações que possibilita inúmeros benefícios à organização e que, por esse motivo, deve ser devidamente implantada. Pelo acompanhamento do desempenho do produto junto ao mercado (clientes), é possível redirecionar as estratégias da empresa e corrigir eventuais distorções nos diversos processos da organização (projeto, produção, distribuição etc.) para que o produto passe a atender aos anseios dos clientes e da própria empresa.

5.8 Processo Produtivo

Independentemente do ramo de atividade da empresa, é necessário que seu processo produtivo seja controlado, a fim de evitar o desenvolvimento de produtos sem conformidades. A produção com zero defeito deve ser perseguida sem comprometer a qualidade dos produtos. Porém, para que isso possa ocorrer, é necessário que a empresa lance mão de ferramentas de controle da produção, como o Controle Estatístico do Processo (CEP), ferramentas para detecção e apresentação de soluções para problemas com produtos e processos (Diagrama de Ishikawa, 5W1H, *brainstorming* etc.), e mantenha um rígido programa de tratamento de não-conformidades potenciais e não-conformidades já ocorridas.

Considerações Finais

Como foi possível perceber durante o desenvolvimento do texto, existem inúmeras dificuldades com relação à implantação e ao gerenciamento da qualidade em organizações, em função da complexidade de sua teoria, de suas ferramentas, de seu sistema e da necessidade do engajamento de todos, que começam pela sua própria definição, que varia de acordo com a circunstância e com a abordagem. Porém suas possibilidades já provaram ser imensas, compensando o esforço inicial de implantação. Estrategicamente, os conceitos de gestão da qualidade já provaram ser uma alternativa viável e recomendável para o desenvolvimento e crescimento organizacional. As empresas, hoje, que não se preocupam seriamente com a qualidade dos seus produtos e não colocam a satisfação dos clientes em primeiro lugar estão relegadas ao fracasso.

Sob o prisma operacional, a gestão da qualidade também se apresenta como um excelente instrumento de controle do processo produtivo, possibilitando redução de **desperdícios**, aumento da satisfação dos trabalhadores, maior **estabilidade** da organização e conseqüente aumento de competitividade.

Questões para Discussão

1. Qual o papel da qualidade na Idade Antiga e Média? Procure mapear sua evolução, traçando as principais características de cada era.

2. Faça uma análise minuciosa da aplicabilidade dos conceitos da qualidade em um setor produtivo de sua escolha.

3. Após conhecer e refletir sobre alguns dos princípios da qualidade expostos neste texto, disserte sobre outros princípios potenciais que, na sua opinião, não foram tratados aqui.

4. Simule, com base em suas experiências pessoais, a implantação de um sistema da qualidade em um restaurante. Procure estudar todos os seus componentes individualmente.

5. Defina Sistemas, Sistema Organizacional e Sistema da Qualidade.

Referências Bibliográficas

BARÇANTE, L. C. *Qualidade total*: uma visão brasileira. Rio de Janeiro: Campus, 1998.

CROSBY, P. B. *Let's talk quality*. Nova York: McGraw-Hill, 1990.

DEMING, W. E. *Out of the crisis*. Cambridge: MIT, 1982, p. 23-96.

EQUIPE GRIFO. *Iniciando os conceitos da qualidade total*. São Paulo: Pioneira, 1994.

FEIGENBAUM, W. V. *Total quality control*. Nova York: McGraw-Hill, 1986.

FLEURY, P. F.; WANKE, P.; FIGUEIREDO, K. F. *Logística empresarial*: a perspectiva brasileira. São Paulo: Atlas, 2000.

GAITHER, N.; FRAZIER, G. *Administração da produção e operações*. 8. ed. São Paulo: Pioneira, 2001.

GARVIN, D. A. *Gerenciando a qualidade*. Rio de Janeiro: Qualitymark, 1992.

HUTCHINS, D. *Sucesso através da qualidade total*. Rio de Janeiro: Imagem, 1992.

ISHIKAWA, K. *Controle da qualidade à maneira japonesa*. São Paulo: Campus, 1993.

JURAN, J. M. *Planejando para qualidade*. 2. ed. São Paulo: Pioneira, 1998.

MAXIMIANO, A. C. A. *Introdução à administração*. São Paulo: Atlas, 2000.

OLIVEIRA, D. P. R. *Sistemas, organização e métodos*: uma abordagem gerencial. 11. ed. São Paulo: Atlas, 2000.

OLIVEIRA, O. J. *Gestão da qualidade na indústria da construção civil*. Dissertação (Mestrado) – PUC-SP, São Paulo, 2001.

_____. *Gestão de empresas de projeto*: um modelo voltado para a qualidade. São Paulo: Escola Politécnica da USP, 2002 (Projeto de Pesquisa para Doutorado – não publicado).

PALADINI, E. P. *Gestão da qualidade*: teoria e prática. São Paulo: Atlas, 2000.

SLACK, N. et al. *Administração da produção*. São Paulo: Atlas, 1996.

Capítulo 2

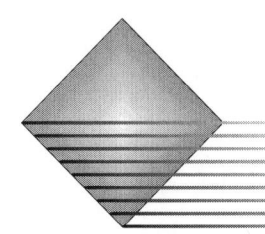

Inovação e Competitividade – Um Enfoque na Qualidade

Antonio Vico Mañas

INTRODUÇÃO

Neste capítulo serão discutidos alguns conceitos importantes para o mundo empresarial, a partir dos quais será destacada a importância que a competição passou a ter, determinando um questionamento que antes não era levado em conta: ao fazer com quantidade, é possível alcançar qualidade. Para tanto, é imprescindível haver qualificação das pessoas e do seu efetivo engajamento nas enormes mudanças e aceleradas modificações tecnológicas, além de conhecimento amplo e antecipado das necessidades ou desejos dos clientes e normas rígidas para que esse atendimento seja possível. Como a criatividade e, portanto, a inovação das empresas passaram a ser limitadas, o questionamento dos processos acabou por popularizar a qualidade como uma técnica neotaylorista. Talvez a prática, em algumas organizações, seja exatamente essa, mas as que se mantêm à frente e conseguem diferenciais competitivos importantes podem pensar de forma diferente, e é o que vem a seguir.

1 A QUALIDADE NAS ORGANIZAÇÕES

Na administração de organizações que pretendem diferenciar-se dos concorrentes é preciso determinar processos de qualidade e de inovação cuja responsabilidade de liderança é vista como algo bastante complexo. Enquanto tem o dever de, publicamente, anunciar um processo, deve confirmá-lo, preferencialmente por escrito, a todos da organização. Liderar esse processo significa ser um exemplo a seguir e, portanto, ter crédito. Como estamos falando do processo de qualidade, podemos aqui acrescentar nossas sugestões para alcançar o sucesso pretendido (Vico Mañas, 1995):

    a. Criar um ambiente voltado para a qualidade, fornecido e mantido pela gestão.

    b. Informar e educar a todos os níveis de grupo de trabalho sobre a qualidade, o que é e como pode ser alcançada.

c. Definir qualidade conforme as necessidades do "cliente" e sua completa satisfação.

d. Estabelecer padrões de performance com base na não-existência de erros e deficiências.

e. Implantar um sistema de qualidade baseado na prevenção e aumento da qualidade em tudo o que fazemos.

f. Determinar sistemas de medição tendo por base a detecção e medição de deficiências.

g. Criar um processo de melhoria de qualidade fundamentado em gestão de processo.

h. Cada colaborador assume a responsabilidade pela qualidade do seu serviço.

i. Estabelecer que cada área, departamento ou unidade sejam considerados como um processo independente e que cada administrador específico seja tratado como o "dono" do respectivo processo. Logo, cada um será o responsável pela implementação da gestão do processo para sua área.

j. Cada área organizacional terá de desenvolver, implantar, acompanhar e reportar o processo do seu próprio plano de melhoria de qualidade.

k. A melhoria da qualidade é um processo que nunca termina e está em contínua busca de um trabalho sem deficiências e desperdícios.

A idéia de um processo vem do fato de que, sempre que se atua em uma nova frente, ocorrem insucessos. No sentido de reverter ou evitar demandas de fracassos, os estudiosos, consultores e as próprias organizações estabelecem programas de ação que vão sendo modificados enquanto ocorrem acúmulos de experiências, quase sempre traduzidas por falhas de implementação, estabelecidas em planos por pessoas que desconheciam realidades específicas e gerais da organização envolvida.

Desse ponto de vista, de um lado, temos de acumular mais conhecimento sobre como agir e, de outro, evitar dissabores causados por desperdícios, os quais alimentam a resistência de uma série de pessoas céticas. O descrédito é o pior que pode acontecer para a qualidade.

Surgem novas técnicas de gestão da qualidade e nelas o que predomina é o principal resultado esperado. É permitir à organização trilhar caminhos que a levem a melhorias constantes e progressivas nas áreas de produtos, de serviços e do desempenho mais amplo da empresa. O nascimento da qualidade total trouxe consigo a visão de um processo administrativo que antecede, acompanha, durante e ao término, tudo o que envolva a qualidade.

O processo de qualidade e sua gestão, na prática, existe como resultado de um desafio maior que é a necessidade de manter-se atualizado. As mudanças cada vez mais rápidas e globalizadas estabelecem cobranças. Os consumidores finais são cada vez mais exigentes. Os intermediários são, então, consumidores finais da sua participação pela intervenção no ciclo do produto e/ou serviço e – por que não? – do desenvolvimento mais amplo da organização e das pessoas que fazem parte dela.

A mudança de mentalidade dos cidadãos está fazendo as empresas mudarem de dentro para fora, muito mais rapidamente do que ocorria anteriormente ou do que a imaginação alcançava. Os modos de gestão atualmente são outros e vão sendo modificados. O processo administrativo mudou e as organizações passam a se preocupar com os produtos, serviços, desempenho em todos os seus setores, a redução de custos, eliminação de desperdícios, diminuição de prazos, produtividade e cada vez mais com o atendimento a clientes, considerando a satisfação do consumidor a maior meta.

O esforço concentrado faz que se modifique a postura das organizações e de todos os seus colaboradores, principalmente os internos. Com isso, surge a indefinição entre assumir o consenso e entender a totalidade de suas implicações, o que leva essas organizações, com poucas exceções, a procurar soluções para vencer barreiras entre a teoria e a prática na gestão da qualidade total. Essa busca desenfreada gera uma ênfase às vezes exagerada na aplicação de técnicas e no envolvimento das pessoas rumo ao atingimento da qualidade. As regras que são o resultado desses estudos e envolvimentos costumam direcionar a gestão para medição e avaliação constantes e à cobrança da consecução das tarefas, esquecendo por vezes que não é só do atingimento desses objetivos que sobrevive e se desenvolve.

> Os negócios atualmente estão direcionados para a competitividade, o que significa que as organizações se dirigem para técnicas e conceitos, cada vez em maior quantidade, sobre a qualidade, que, voltada para as empresas como um todo, acaba não só envolvendo a produção de um produto ou serviço, como também as etapas que tratam de sua viabilização. É nesse ponto que entra a gestão mais abrangente da organização.

A concepção da qualidade tem, necessariamente, de incluir aspectos comportamentais para conseguir sua implementação com resultados satisfatórios. Um processo de qualidade não apenas a controla na produção ou em um setor específico como o atendimento à clientela, como também e principalmente realiza outras atividades nas quais parece-nos fundamental que estejam contidos: o planejamento, as finanças, os sistemas de informação e de comunicação, o estilo e a postura gerencial em todas as etapas e níveis de atividade da organização a que estamos nos referindo, no momento da análise. Se todos os fatores discriminados anteriormente, além de outros, estiverem em perfeita harmonia, a qualidade do produto e/ou serviço final será evidentemente superior e, dentro dessa visão, encaixamos outros aspectos como o custo competitivo e o valor agregado pelas partes envolvidas.

Considerando que as organizações são sistemas abertos sempre sujeitos a variáveis que o ambiente externo lhes coloca sob a forma de influências que lhes afetam o funcionamento e interferem diretamente no processo administrativo e, de forma clara, em todos os movimentos gerados no sentido de manter ou superar a qualidade atingida, a gestão, no desempenho do seu papel organizacional e informacional, tem de lidar cotidianamente com as conseqüências das variáveis do próprio ambiente interno e os arranjos que provocam, especialmente os que surgem quando ocorrem transformações sociais e afetam atitudes e comportamentos dos cobradores envolvidos.

Educar é, então, uma variável de grande força que ajuda na revisão de **paradigmas**, uns muito enraizados na cultura vigente e outros ainda pouco entendidos. O fato é que é preciso compreender o que é trabalho, na concepção dos processos de qualidade. É aí que temos uma nova concepção. E, por esse motivo, precisamos investir na reeducação, abandonando conceitos e valores mais antigos que muitas vezes refletem meras repetições de preconceitos e estereótipos incompatíveis e ineficazes no trabalho.

> É papel da nova gestão a responsabilidade social de formar e desenvolver o perfil profissional dos subordinados pela hierarquia da organização, conhecendo os principais problemas comerciais, de logística e até os estratégicos e, portanto, a organização e o seu funcionamento como um todo, trabalhando o seu próprio comportamento, para só então pleitear a adaptação ao trabalho como situação social e desenvolver competência nas relações interpessoais para ser realmente eficaz.

Outro dos fatores que realmente é muito importante para a organização alcançar, durante a implantação de processos de gestão da qualidade total, é a promoção conjunta, na qual o trabalho ocorrerá em uma ou mais atividades que sejam feitas pelos envolvidos, isto é, cada colaborador se sente parte do todo, não como um número, mas com responsabilidade e satisfação. Para tanto, o envolvimento de todas as pessoas da organização, desde o que denominamos de "chão de fábrica" até o topo da pirâmide organizacional, é necessário para eliminar a resistência natural que o ser humano tem com relação a qualquer mudança.

A conscientização dos executivos da organização é fundamental para o alcance do sucesso, desde que de pleno acordo com as necessidades de mudanças. No âmbito organizacional, o ritmo acelerado das inovações de ordem tecnológica, política, econômica ou social exige e sempre exigirá, cada vez mais, mudanças planejadas para enfrentar um estado de mutação freqüente e permanente.

É preciso que os objetivos, as políticas, as estruturas organizacionais, o clima e a cultura organizacional, com seus métodos de operação e seus colaboradores internos (funcionários) e externos (terceiros) sejam alterados para que se possa tomar ou, quem sabe, conservar sempre ajustados e competitivos todos os mecanismos da organização.

Superioridade e qualidade têm sido temas que no momento ainda estão caminhando pela consciência e atenção dos gestores. Há organizações que implementam verdadeira e sistematicamente processos de qualidade. O que ocorre na maior parte das vezes são programas "estanques" e distribuídos pelas organizações em lugares específicos e por tempo reduzido.

Essa situação leva a crer que a maior parte das organizações não se apercebeu ainda da importância de repensar sua qualidade e de implementar de maneira sistemática e contínua processos dessa natureza. As oportunidades aproveitadas pelas empresas que atuam à frente de seus competidores levaram-nas a realizar ganhos substanciais em lucratividade, produtividade e satisfação do cliente, portanto, ganhando imagem de inovadoras e preocupadas com suas performances, atendimento e qualidade dos seus produtos e serviços.

O que se tem como conseqüência são organizações assimilando gradativamente, a passos cada vez mais acelerados, uma mudança de conceitos. Passam a ser antecipados e desenhados contextos onde o enfoque é a qualidade. Partindo de princípios de que fazer malfeito significa refazer, e que refazer significa custo adicional desnecessário, gerando insatisfação geral, discutiremos o que motiva uma organização, por exemplo, a adotar um processo de qualidade ou por que todos passam a querer a qualidade, independentemente de sua posição dentro ou fora dessa organização. O intuito aqui é discutir essas duas abordagens.

A primeira trata do que motiva uma empresa a desenvolver um processo de qualidade, mostra-nos que uma organização, quando está em boa situação, é rentável e não tem grandes problemas, dificilmente seu executivo vai se manifestar seriamente sobre melhoria da qualidade de seus produtos e serviços. Entretanto, caso passe a ter dificuldades nas vendas e rentabilidade, começará a se preocupar com as causas de seus males. A crise funciona, portanto, como uma fonte de motivação para a busca da qualidade. Não é necessário assustar-se quando uma organização atravessa uma crise, por mais profunda que possa ser. A oportunidade de enxergá-la antecipadamente faz que a encaremos como digna de alterar comportamentos e procedimentos. A crise deve ser vista como alavancagem de uma situação de decadência ou prestes a sê-lo para uma situação nova que gerará movimentação, motivando a todos os envolvidos. A crise é, portanto, parceira constante da oportunidade. Ninguém deve deixar de procurar entendê-la. Como alavancagem, a crise é positiva e deve levar ao reinício do ciclo, revitalizando o processo.

A qualidade não é um fundamento isolado, porque não existe sem que se consiga atingir objetivos e, nesse caso, a produtividade e a gestão são fundamentais. Não existe qualidade em movimentação contínua, que motive e transponha sentimentos e consciência sem inovação.

Para possibilitar a passagem de um período de crise para o crescimento é fundamental o espírito de liderança. À alta direção de uma empresa cabe o papel de acionador da oportunidade e de fazer que todos se comprometam com a busca pela qualidade. Se houver divulgação da crise, eles o farão. A colaboração é absorvida e utilizada para mostrar direcionamentos, mas a liderança tem de exercer o papel de indicar o caminho a ser seguido pelas pessoas envolvidas. Não adianta consciência sem liderança, pois é ela que motiva as pessoas para alcançarem a qualidade.

Toda organização sofre processos de desaceleração produtiva e motivacional. Cabe à liderança perceber a tempo esse processo e, utilizando técnicas de redirecionamento, romper determinada situação. Às vezes a determinação de novas diretrizes estabelece um novo caminho. Cada área de uma empresa deve assumir responsabilidades. Quando as empresas não possuem um sistema em que as áreas tenham, de forma organizada, a possibilidade de ter consciência do que devem fazer, não existe um conjunto de ações que leve obrigatoriamente ao resultado desejado. Devem estabelecer uma estratégia clara e conhecida por todos os envolvidos e acompanhar seus movimentos.

Os passos para que a direção acompanhe esse desenvolvimento podem estar calcados em quatro pontos básicos, sendo:

- Definição de políticas.
- Desdobramento dessas políticas.
- Identificação dos objetivos.
- Política de avaliação e *feedback* dos resultados.

Cada um desses passos faz parte de uma ação sistemática. Caso contrário, sem uma visão clara do que deve ser feito em cada uma das etapas do processo, a organização não terá boa avaliação do trabalho e todos, conseqüentemente, vão adotar posturas como:

– Fizemos o melhor que podíamos, mas infelizmente não conseguimos atingir os resultados esperados.

Obviamente, no decorrer do tempo, as falhas acabam sendo repetidas e as conseqüências tornam-se mais problemáticas.

É comum ouvir comentários sobre a qualidade que a desabonam como programa, entre os empresários, uma vez que sua implementação e manutenção custam muito caro. Em épocas de crise, as despesas devem ser cortadas, afirma boa parte dos empresários. No entanto, todas as empresas, para sobreviverem em seu mercado, devem estar dispostas a direcionar os orçamentos para a qualidade. Uma atitude meramente especulativa, tirada como sugestão da prática adotada por muitas empresas, é designar de 0,3% a 0,5% do faturamento para a qualidade, não como programa de qualidade, mas como um processo muito mais amplo e gerenciado. Se alguma empresa achar que isso é muito ou pouco, deverá estabelecer o grau de importância naquela determinada situação, a sua performance no mercado e quanto a qualidade representa nela. Se uma empresa, por intermédio da sua direção, questionar esses valores como exagerados, poderá correr sérios riscos de não fazer absolutamente nada para não gastar, ou seja, não melhorando, caminhará rumo à estagnação. Com a concorrência, as questões da qualidade e produtividade são fundamentais. Ou a empresa acorda para a qualidade e produtividade ou não percebeu sua oportunidade e todo movimento feito a partir de então poderá ser inútil.

A segunda abordagem, que leva em conta o ponto de vista externo aos interesses da organização, pode induzir a algumas conclusões sobre o conceito de qualidade. Ela só pode ser definida em termos de quem a avalia. Cada um de nós possui o poder de ajuizar sobre a qualidade e cada um o faz com sua própria condição atual, isto é, conhecimentos, necessidades, interesses, características particulares e de imposição do grupo social a que nos inserimos. Está clara nessa colocação a força da sociedade de massas que informa e conscientiza a população, tanto quanto pode provocar seu desnorteamento. Se por um lado a qualidade só pode ser avaliada por um juiz, esse juiz poderá ser um de nós ou todo mundo, ou seja, os princípios gerais são norteados a partir de características conhecidas e aceitas.

Para responder à questão "o que é qualidade", é necessário ouvir diversas opiniões, dentre elas a do administrador de nível hierárquico mais amplo, estratégico. Ouvir o nível hierárquico intermediário e conseqüentemente o de quem faz, o operário. Mas não podemos esquecer, nessa visão de qualidade, que existem os consumidores, as avaliações de um público que pode ser cliente em potencial ou não.

2 AFINAL, O QUE É QUALIDADE?

Existem muitas definições para o termo qualidade e para o seu uso nas organizações. Dentre as definições, diz Vico Mañas (1995), é comum ouvir-se:

❑ A qualidade é a adaptação às necessidades dos clientes.

❑ A qualidade é a manutenção de todos os clientes satisfeitos, todo o tempo.

Em termos de conceitos considerados chave no tratamento do tema "qualidade", é normal que os conselhos sejam dados da seguinte maneira:

- ❏ Se sua definição não inclui o cliente, você está no caminho errado.
- ❏ Quase não conta. A qualidade existe ou não existe.
- ❏ Cliente significa: clientes internos e externos.

De dentro de um sistema de gerenciamento, podemos enxergar a qualidade como parte integrante de um sistema mais amplo acoplado a um sistema administrativo, que comporta subsistemas produtivos e informacionais, bem como é parte integrante de um sistema mais amplo que denominamos "rede" e que contempla ou inclui todos os componentes de um ambiente externo a uma organização.

Pode-se entender a qualidade como um sistema de gerenciamento que:

- ❏ É gerenciável como qualquer outra função de administração.
- ❏ Os objetivos podem ser formulados e direcionados no sentido de alcançar a sua realização.
- ❏ Podem ser desenvolvidos programas específicos ou um processo mais amplo para que se certifique da qualidade dos objetivos alcançados.

Retornando ao objetivo do gerenciamento da qualidade, temos mais definições. Uma delas leva a conclusões como esta:

- ❏ Temos de melhorar a produtividade para aumentar a lucratividade e obter vantagem competitiva.

Ou então, uma definição consagrada, como:

- ❏ Aumentando a satisfação do cliente, os resultados melhorarão a produtividade, a lucratividade e a competitividade.

Se nos ativermos ao binômio qualidade/cliente, poderemos ter uma relação que incorpora termos como lucratividade, produtividade e competitividade, mas sempre excluindo diretamente nos conceitos quem é o responsável pela ação de ter qualidade. Isso mostra que a opinião sobre qualidade nem sempre é solicitada. Como gerenciar ou como ter certeza da qualidade, se não temos conhecimento sobre o que ela significa para os envolvidos na sua produção?

Aumentar a satisfação de um cliente leva à precisão de medi-la e, para tanto, temos de saber a medida pela qualidade percebida por ele. Essa situação equivale ao intervalo entre o serviço esperado e a percepção do serviço realmente recebido.

Um operário pode encarar a qualidade como aquilo que ele faz e lhe traz orgulho. Orgulho do seu trabalho. A baixa qualidade para o operário significa perda de negócios e talvez a perda de seu emprego. Em contrapartida, a alta qualidade pode representar a manutenção da empresa em seu ramo de atividade e conseqüentemente a manutenção de sua segurança, de sua subsistência e de seu prazer e orgulho acima identificado.

Para um administrador de nível intermediário, tem-se a qualidade como algo que foi e tem de ser produzido de acordo com planos, atendendo a especificações. Cabe a ele, em sua função, constante aperfeiçoamento dos processos e melhoria de sua liderança. Já para o administrador estratégico, a qualidade pode ter algo a ver com sua subsistência, como profissional, mas sobretudo não é avaliada por esse ângulo, uma vez que ele se concentra mais na motivação por *status*, por auto-afirmação e satisfação.

Quase sempre a qualidade para esse tipo de administrador coincide com o momento vivido pela organização. Ele identifica-se no programa da qualidade que implementa e, ao fazê-lo, considera sempre os objetivos e políticas estabelecidos para a empresa.

Para o consumidor, a qualidade está na conversão de suas necessidades futuras. A mensuração dessas necessidades leva a possibilidades de construir, projetar e modificar um produto ou serviço no sentido de que cause satisfação, sempre a partir de um preço que seja pago por ele.

A qualidade de qualquer produto ou serviço tem muitas escalas de valorização. Muitas subjetivas, outras tantas mensuráveis e que devem ser utilizadas na análise e avaliação em constante desenvolvimento.

Não é fácil identificar valores para avaliação de qualidade, não só pelas características individuais humanas, mas também porque, quando alguém se sente bem-sucedido ou relativamente sucedido na tentativa de ter qualidade, descobre que as necessidades do consumidor mudaram, que concorrentes entraram no mercado, que existem novos materiais com os quais trabalhar, alguns melhores e mais do que os antigos, alguns mais caros. Existem novas formas de criar tecnologias e ainda depender do chamado "humor" do juiz de qualidade. O mesmo produto poderá ter avaliação relativamente baixa em uma escala específica de necessidade ou atendimento ao consumidor e outra alta para esse mesmo consumidor.

Como exemplo podemos identificar o caso dos custos. A qualidade de uso, de entrega, de atendimento de necessidade de um determinado produto pode ter suas notas máximas, mas em compensação o seu preço pode inviabilizá-lo, levando a ter uma nota baixa. Na média, esse produto pode ser preterido por outro, com melhores condições.

Concluindo, poderemos aceitar que a qualidade passa por diversas fases em sua avaliação. Temos de estar atentos a:

- Decisões da alta administração sobre as especificações das características de qualidade, das peças, do produto final, do desempenho dos serviços, a serem oferecidos hoje.
- Decisões da administração sobre o planejamento ou não, com antecedência, de um produto ou serviço para o futuro.
- Julgamentos dos consumidores sobre os produtos ou serviços que estão sendo oferecidos.

Nesse sentido, uma empresa fala sobre qualidade pensando no seu cliente, nos seus objetivos, nos seus proprietários, nos seus colaboradores internos e externos. A crise de uma empresa pode ser nossa, enquanto administradores, colaboradores, clientes que não nos preocupamos em buscar melhorias, em saber o que esperam de nós todos os que estão à nossa volta, inclusive os concorrentes.

Retornemos às definições e à palavra produtividade, que está intimamente ligada aos envolvidos na tarefa de atingir graus de qualidade diferenciadores no mercado de atuação. Os ganhos de produtividade vêm de esforços caracterizados, por exemplo:

- Trabalhos efetuados de maneira mais inteligente e não de maneira mais dura e penosa.
- Utilização de novos procedimentos e novas técnicas.
- Eliminação de defeitos e o "refazer" de trabalhos.

A qualidade melhora a satisfação do trabalhador e, portanto, torna-o mais produtivo. A qualidade traz o gosto pela direção de recursos, no sentido de atingir bons resultados e leva à auto-satisfação para administradores e empresários. Leva clientes a atingirem a satisfação máxima de entender que consomem o melhor, de acordo com suas expectativas. Na verdade, temos a motivação geral causada por um surto de busca efetiva de qualidade de vida. Qualquer passo para alcançar ou atingir efetivamente um resultado positivo, causador de uma grande satisfação que representa nova movimentação rumo a um novo passo é o processo da qualidade ou de sua melhoria.

Apenas como exemplo, podemos lembrar que a motivação em um grau elevado dentro de uma organização é resultado de esforços feitos no sentido de obter a qualidade do trabalho, o que conduz a uma rotatividade baixa. Ou então, o consumidor que, satisfeito com o produto e/ou serviço que lhe foi apresentado, coloca-se na posição de voltar a procurá-lo, o que em marketing é visto como uma situação vantajosa. A procura e a manutenção ou fidelidade de clientes é mais facilmente conseguida quando se possui qualidade. As pessoas gostam de estar onde tudo vai bem, onde se sentem bem. Trabalhar, comprar, solicitar serviços etc. são atividades que encontram conseqüências positivas quando acompanhadas de qualidade.

3 MEDIDAS DE QUALIDADE

Em uma de nossas publicações, abordamos aspectos sobre a mensuração que pretendemos repetir, considerando novos aspectos. Nesse sentido, trabalharemos aspectos da chamada qualidade mais alta que uma empresa pode almejar.

Qualquer organização, sem grandes esforços, sabe identificar um rumo para sua qualidade, desde que assim queira fazê-lo. Basta que pense, enquanto organização integrada, em aspectos tais como:

- Atendimento às necessidades do cliente (adequação ao uso do produto ou serviço por parte dele).
- Eliminação de deficiências.

Geralmente, o principal efeito de se pensar em qualidade mais alta a partir desses aspectos reside nos custos. Costuma ser abordado popularmente o seguinte dizer: *Mais qualidade custa menos.*

Se pensarmos no atendimento às necessidades do cliente, teremos de:

❑ Aumentar sua satisfação com o produto.
❑ Tornar os produtos mais vendáveis.
❑ Atender à competição.
❑ Aumentar a participação do mercado.
❑ Fornecer faturamento de vendas.
❑ Conseguir preços vantajosos.

Se pensarmos na ausência de deficiências, teremos de:

❑ Reduzir a freqüência de erros.
❑ Reduzir o **retrabalho**, o desperdício.
❑ Reduzir falhas de campo, despesas com garantia.
❑ Reduzir a insatisfação do cliente.
❑ Reduzir a inspeção, os testes.
❑ Diminuir o tempo necessário para colocar novos produtos no mercado.
❑ Aumentar o rendimento, a capacidade.
❑ Melhorar o desempenho de entrega.

É possível que se chegue a um ajuizamento de como é que se pode atingir uma alta qualidade em uma empresa. Basta que se vejam todos os itens abordados, entrelaçando-os sempre, uma vez que não existe um sem o outro, e teremos sem dúvida a possibilidade de ter qualidade ou trabalhar por ela.

A qualidade, enquanto melhoria contínua, pode ser obtida pelos seguintes itens, desde que se possa gerar complementaridade sistemática:

❑ Qualidade do produto ou serviço.
❑ Satisfação dos clientes.
❑ Conquista de mercados.
❑ Sucesso na competição comercial.

> É neste ponto que passamos a entender a qualidade como algo mensurável desde que concebido do ponto de vista empresarial do conceito de produtividade. Se um produto ou um serviço encaminha os envolvidos para resultados positivos, é sinal que pode ser mensurado. Se o produto ou serviço está envolvido pelo conceito e/ou busca de custos menores, continuando a atender cada vez mais às ansiedades criadas sobre ele, é sinal de que temos mensuração possível.

Havendo possibilidade de mensurar alguma coisa em relação a um objetivo, temos uma qualidade decifrável. Busca-se o encontro da produtividade possível ou aumentada para manter essa qualidade. A produtividade é uma medida mensurável a partir de:

- ❑ Trabalho concluído de maneira mais inteligente, desde que não penalize seu executante e que não seja efetivado de maneira dura e penosa.
- ❑ Operacionalização por intermédio da utilização de novas técnicas e novos processos/procedimentos.
- ❑ Busca constante de uma situação de contínuo processo de melhoria, do resultado sem defeitos.
- ❑ Eliminação de defeitos e desperdícios, inclusive o refazer de atividades.
- ❑ Resultado de acordo com o esperado ou melhor que o esperado, conforme expectativas conhecidas e/ou previstas.

Se, em uma análise mais crítica, encararmos a qualidade como geradora complementaridade sistemática, perceberemos que algo estanque ou contínuo não pode ser tão simples nem antecipar os desejos da clientela. Teríamos, sempre, de estender os tentáculos à certeza de que necessidades existirão e que não são conhecidas sequer pelo envolvido.

A motivação pela busca constante de melhoria de produtividade, somada à busca desenfreada pela antecipação, não pode ser engessada por uma qualidade altamente padronizada/normatizada.

Um processo de gerenciamento em um sistema administrativo com qualidade é composto pelo **controle de qualidade** que deve utilizar técnicas padronizadas, atualizadas e inovadoras. A ênfase deve estar sempre sobre a gestão e a ela cabe seguir algumas etapas que não podem de forma alguma engessar um processo que tenha características de repetição.

Há que se promover flexibilidade, agilidade, contingencialidade, mudança constante e a busca do novo, não só pela resolução de problemas, mas principalmente pela criatividade, pelo risco de freneticamente alcançar o novo ou no mínimo sair na frente.

4 A INOVAÇÃO E A COMPETIÇÃO

As mudanças são parte da natureza, da qual o homem é um dos componentes que adota transformações como essência da sua própria constituição e continuidade.

Em Senge (1999), encontramos um argumento muito interessante para discutirmos essa questão, quando se entende que, qualquer processo de mudança profunda, para que obtenha sustentação, precisa de uma mudança fundamental na maneira de pensar. Os envolvidos precisam compreender a natureza dos processos e analisar a dança das mudanças, sem contar que é importante também uma interação entre processos de crescimento e processos limitantes.

> Mudar está ligado a inovar que, por sua vez, está acoplado a antecipar e, portanto, temos de aceitar que sua aplicação ocorre tanto em questões de ajuste – adaptar ou renovar algo – como de criação – antecipar ações.

E as mudanças têm acelerado o comportamento humano, as relações entre grupos e organizações, modificando as variáveis, quaisquer que sejam, desse novo universo, considerando questões econômicas, sociais, legais, políticas, ecológicas, tecnológicas e até físicas, para ficarmos em algumas das mais importantes.

As transformações mundiais vêm acontecendo em ritmo cada vez mais intenso. É possível entender que nosso mundo já não é o mesmo de anos atrás. A globalização dos mercados, a formação de **blocos econômicos** em diversas partes do planeta e a rapidez das inovações tecnológicas demonstram que vivemos em cenários de alta mutação da sociedade como um todo.

Os indivíduos passaram a absorver informações que antes eram inimagináveis, tanto na sua concepção como na quantidade.

A sociedade toma consciência, gradativamente, das grandes modificações que ocorrem na economia, nas relações sociais e políticas, na tecnologia, na organização do trabalho e no próprio papel do elemento humano nesse contexto social e produtivo.

As informações passaram a ser o recurso estratégico essencial para o sucesso da adaptação a um ambiente violentamente concorrido. A concorrência se espalha entre as pessoas e entre as organizações.

Informação só existe quando é passível de transformar-se em conhecimento. Na verdade, são as informações e o conhecimento que possibilitam o sucesso, se bem utilizados como recursos estratégicos. O conhecimento é a obtenção de um grau de incerteza, assumidamente menor, se comparado a um concorrente que visa atingir os seus mesmos objetivos.

Ao homem, em algum momento de sua história individual, é impossível assimilar as informações que estão ao seu redor. Por diversos motivos, entre eles o físico ou até a acomodação, o ser humano não adquire o conhecimento que lhe é tão importante.

As organizações são, na verdade, grupos de pessoas que, arregimentadas, passam a buscar, trabalhar e relacionar as informações adquiridas de tal forma que, somadas, transformam-se em um grande arquivo. Temos organizações capazes de arregimentar recursos humanos em estágios diferentes de aquisição de informações e colocam experiência e conhecimento adquirido em favor de um bem-estar comum. Não restam dúvidas de que se cria uma cadeia sem fim. Quanto mais informações surgem, mais conhecimento adquirimos e, conseqüentemente, novas informações serão geradas, levando ao reinício do ciclo. Por outro lado, essa movimentação pelo conhecimento sugere uma motivação à competitividade. O concorrente ou os concorrentes adotam uma postura de morrer ou lutar para matar, obrigando a constante busca de aquisição de conhecimentos.

A competitividade pode ser analisada pela sua capacidade de garantir a movimentação comentada. Manter-se competitivo com durabilidade propõe às organizações uma nova forma de estruturação, de uso de tecnologias, de produtos e serviços novos, de negociação com as pessoas e as outras organizações existentes na sociedade e até novas formas de poder.

Para obter vantagem competitiva, a organização se vê obrigada a encontrar meios de ensinar os homens que dela fazem parte a gerarem informações e conhecimentos. A organização obriga, de maneira estudada e aprovada, que seus recursos humanos passem a operacionalizar o que antes poderia ser tratado como impreciso. Passa a existir na organização a formalização do saber, a partir de uma dinâmica mais ampla. Para poder agir, há que se dispor do conhecimento. Aliás, todo o esforço colocado para a aquisição de informações e conhecimento só passa a ser válido se permitir a ação.

A ação, para ser competitiva, necessita, na organização contemporânea, do comprometimento total. Os recursos humanos devem estar comprometidos com os objetivos, planos e outros recursos utilizados para que, juntos, alcancem o intento desejado.

Um único ponto em desvantagem levará ao não-alcance do esperado e possibilitará o comprometimento de manter-se competitivo.

Quando temos grupos de pessoas voltados para um ponto comum, o conhecimento é direcionado para a atuação. São produzidas adaptações e transformações na organização que conscientizam os envolvidos nas dificuldades existentes e os levam à mudança. Mudar uma organização é um processo que aglutina muitas dificuldades. As modificações são numerosas e interagem com o todo da organização. O conjunto de componentes envolvidos sofre pressões que levam ao sucesso, enquanto a introdução das mudanças for coerente com as informações disponíveis e o conhecimento adquirido. A concentração em aspectos menores indica não-comprometimento e, portanto, um elo quebrado da cadeia, significando maiores dificuldades para atingir o objetivo e manter-se competitivo. As organizações descobriram, com o passar dos tempos, que a inovação é um dos pontos mais importantes para se manter.

Drucker (1989) comenta que inovar é um dos grandes e importantes objetivos de qualquer organização. Temos a inovação como mantenedora da empresa viva, competitiva e que, em alguns casos, lhe permite dar saltos, ganhando a liderança, estabelecendo novos rumos para toda a concorrência, clientela e fornecedores de maneira geral.

A inovação calcada no conhecimento pode levar as organizações a garantias de "menos riscos". Basear-se em conhecimento significa ter "o saber" da duração, taxa de perdas, predicabilidade e desafios que se lhe apresentam.

O conjunto de uma base de conhecimentos, dentro de uma organização, permite acompanhar as situações e sintomas que levem ao desenho de diagnósticos e alternativas de recomendações. Ter uma base de conhecimentos permite ter um jogo com todas as suas peças na mão e, portanto, jogar confiante de que se é capaz, sem desmerecer o adversário.

Entende-se que à gestão, em todos os níveis hierárquicos de qualquer organização, cabe o exercício teórico, que é desenvolver um projeto para estimular conjeturas fantasiosas sobre o que vai acontecer nos anos vindouros. Mas não é só isso. É parte das atividades dos gestores que tenham como foco a imediata e constante preocupação de ver êxito, bons resultados, o desenvolvimento, enfim, de sua organização.

Ronald S. Jonash e Tom Sommerlatte (2001) dizem que devem ser instigadas as organizações e as pessoas que delas fazem parte a se aventurarem em novos territórios, utilizando métodos mais avançados que possibilitem:

❑ Criar e capturar novos valores de novas maneiras.
❑ Fomentar novos produtos, serviços, processos e negócios.
❑ Criar regras e oportunidades de conseguir vantagem competitiva e resultados pioneiros.

As ocorrências descontinuadas e oportunidades fugazes fazem que qualquer possibilidade precise de atenção redobrada. Se o homem tem uma nova era em que a fatia que lhe cabe é não ter limites, ou seja, o limite é a sua imaginação, deduz-se que o mundo oferece promessas, ao mesmo tempo em que nos apresenta um sem-fim de perigos.

Os grupos e as organizações são verdadeiros arsenais de imaginação coletiva e, por isso, um emaranhado de conflitos constantes. Mesmo com centenas de milhares de pessoas que não conseguem sair dos trilhos lubrificados da História, conforme alerta Gary Hamel (2001), são poucos os que se desvencilham dos limites do mundo linear. Para que cada um de nós consiga realizar o que nossa imaginação promete, é fundamental que nos convertamos em sonhadores e ao mesmo tempo em construtores, o que não é nenhuma novidade para a realidade da natureza humana que, desde seus primórdios, se acostumou a destruir e construir, tentando superar a própria natureza.

Temos de lutar contra o arraigamento de resistências, das zonas de conforto em que se adaptam os homens quando ligados a programações cheias de regras. Para isso uma pessoa tem de se movimentar, motivar e gerir conflitos e provocar transformações, ou seja, temos de ter e acreditar mais no gestor e em seu papel.

5 QUALIDADE, LIDERANÇA, ESTRATÉGIA E CULTURA

São grandes os passos necessários para equacionar as necessidades das organizações com as transformações de seus ambientes. As empresas são tomadas de assalto por novas tecnologias, os consumidores de repente se conscientizam de que os produtos dos quais necessitam são os que realmente lhes fazem bem e, para isso, querem saber e exigem respeito sobre esses mesmos produtos. Os serviços são enaltecidos. A qualidade passa a ser sinônimo de produtividade. O homem passa a ser o responsável pela qualidade do que produz.

À administração cabe perseguir essa qualidade e passá-la a seus colaboradores. Estar longe do que quer no mercado e afastar-se de qualquer chance de sobrevivência. Passamos a conviver com a necessidade de perseguir a perfeição. A excelência passa a fazer parte da estratégia adotada para alcançar os objetivos e a ser o foco de uma revisão da estrutura adotada pela empresa. E isso sem falar que a cultura reinante tem de estar pronta para absorver essas mudanças. A excelência na organização é algo inatingível, que, entretanto, deve ser constantemente perseguido. Há um alento de melhoria. Então vamos incrementá-la. Toda mudança sistemática leva a novas procuras, portanto encaminha-se como uma tendência para alcançar o sucesso.

6 POR QUE INOVAR?

No mundo dos negócios, na atualidade, poucos termos são usados sem a profundidade necessária e tão malcompreendidos como a palavra inovação. Exatamente por esse motivo é que muitos autores/pesquisadores têm procurado modificar esse quadro.

Rosabet Moss Kanter (1998) afirma, em seu livro *Inovação*, que um grande número de gestores ainda visualiza a inovação com desconfiança, como se ela ainda fosse propriedade exclusiva da área de pesquisa e desenvolvimento, de sonhadores e inventores, isto é, eles não acreditam que ela possa ser praticada em qualquer área de uma organização, em qualquer nível hierárquico e em qualquer atividade que o indivíduo exerça.

Por que devemos nos preocupar com algo que nunca foi feito antes? Por que desenvolver estudos, fazer investimentos, despender tempo em criatividade, planejamento, controle e coordenação para, ao final, obtermos algo totalmente novo?

A resposta está implícita na parte anterior deste texto, a necessidade de ser competitivo, de manter-se vivo ou de atirar-se e manter-se à frente dos concorrentes é a noção fundamental da freqüente procura pela inovação.

É comum percebermos pessoas e organizações, ansiosas, procurarem idéias. A explicação desse fato é a conseqüência radical vivida atualmente em que novas idéias transformam-se em negócios da noite para o dia. Novos empreendimentos ganharam velocidade, novos produtos podem ser testados mais rapidamente e a resposta do mercado é medida instantaneamente por índices diversos. Acompanhando essa situação, sente-se uma procura não só pelas idéias, como também por pessoas que desenvolvam, tragam, emprestem suas idéias.

As organizações no decorrer de sua existência e os pesquisadores em sua vivência perceberam que, nas empresas possíveis, mudanças ocorrem, são distribuídas e ao mesmo tempo são interdependentes em quatro grandes áreas: Empreendimento, Estrutura, Tecnologia e Comportamento.

Qualquer coisa que se modifique em uma organização afeta o todo como negócio ou atividade, a estrutura organizacional, os equipamentos e métodos utilizados para desenvolver as atividades, produtos e serviços e as atitudes e habilidades dos envolvidos. Isso demonstra que todas as áreas envolvidas nas possíveis mudanças das empresas têm uma dependência muito forte das pessoas em qualquer atividade ou quando delas participam em grupo.

De repente, parece que a crítica dentro das organizações é a de que pessoas de maneira geral não são criativas. A posição de não acreditar nessas colocações baseia-se na convivência em organizações diversas e a percepção de que, gradativamente, as pessoas não utilizam o lado criativo e se adaptam à rotina fundamenta-se na falta de retorno, no desconhecimento dos objetivos, na manutenção do *status quo* a qualquer preço, entre outros motivos.

As pessoas dentro das organizações, individualmente ou quando agrupadas, se incentivadas, provocadas ou pressionadas, demonstram uma capacidade relativamente elevada de criatividade.

Ser criativo, porém, não significa permitir ou levar a organização a praticar idéias em prol de manter-se no topo, alcançá-lo ou pelo menos conseguir equilibrar-se sem perder o mercado para a concorrência, alcançando sempre os seus objetivos.

O diferencial existente entre a criatividade e a inovação é exatamente o grande problema. Theodore Levitt, in Vico Mañas (2001), apresenta conceitualmente essa diferença quando demonstra que ser criativo é basicamente ter a idéia; portanto, basta ter um problema, um objetivo, conhecimentos específicos e gerais, para que o ser humano utilize técnicas diversas que o levam a ter uma idéia.

> Inovar, no entanto, é praticar a idéia. É colocá-la como ação efetiva, conforme Vico Mañas (2001). Aí, existem a dificuldade e a diferença. Criativos todos podem ser; alguns elementos dentro das organizações até tentam colocar suas idéias em discussão e lutam por implementá-las. Mas nem todos têm sucesso, nem todos são persistentes e outros, ainda, nunca tentam, pois falta-lhes energia para tanto. O problema de transformar a idéia em ação, a criatividade em inovação, tem levado as grandes organizações a desenvolverem programas exaustivos para modificarem a situação vigente.

Novamente muitas dúvidas vêm sendo levantadas. Um programa pode levar as pessoas a aprender em um processo de ideação, isto é, obter idéias sistematicamente. Mas será que um programa empresarial pode levar à implementação da idéia? O objetivo de qualquer inovação é fazer que ela atinja resultados positivos, preestabelecidos. E como saber antecipadamente se a inovação realmente atingirá o sucesso?

Se essa questão for colocada, provavelmente o problema será deslocado e a discussão será em volta do alcançar o sucesso ou não. Se isso for ou não demonstrado, ela será encaminhada para a explicação dos motivos da falha ou simplesmente não será implementada. Portanto, nesse caso, a idéia não se transformaria em inovação. Como conclusão, pode-se associar a implementação de idéias não ao empreendimento em si ou a eventuais programas de discussão e colocação de formas, mas às pessoas que vão implementá-las e que devem estar envolvidas, motivadas e – por que não? – sentir necessidade disso.

Por outro lado, a busca de idéias fez aparecer no mercado um profissional também novo. Um profissional intelectual que começa a enxergar as idéias como ações. A possibilidade dessa ocorrência está no fato de terem sido desenvolvidos programas empresariais como acréscimo de conhecimentos obtidos pelas pessoas de maneira geral, na pressão da automação, na necessidade de inovações e, conseqüentemente, de postos de trabalho ou de serviços diferentes dos antigos.

Se olharmos a inovação como um produto, perceberemos que ela depende de um processo gerencial de desenvolvimento e lançamento. Esse processo é, na verdade, a forma de obter qualquer tipo de inovação ou aprimoramento do composto de produtos da organização. O novo produto, na prática, é aquele que se pode obter em determinado momento como algo totalmente novo ou original e que venha a ser fundamental, tanto para a organização, como para o mercado, conforme Kotler (1989).

A inovação deve ser incorporada de maneira sistêmica e constante aos processos e à cultura da empresa. Qualquer organização que queira atingir com sucesso um estágio relativamente avançado de inovação deve-se transformar em máquina integrada, como um organismo vivo, capaz de criar, resolver problemas, mudar e adaptar-se a qualquer inovação.

Ao adentrarmos o rol de necessidades de uma organização, percebemos que as mudanças tecnológicas se situam entre suas dificuldades para acompanhar a evolução do ambiente/mercado em que se insere. As dificuldades para acompanhar e aproveitar eventualmente as mudanças se devem ao fato de estarem inseridos nas diversas áreas da estrutura da organização recursos humanos despreparados para a monitoração das modificações existentes no ambiente/mercado. Se as pessoas não são capazes de monitorar as mudanças a contento, imaginemos o despreparo existente para absorver e alterar o seu comportamento e, conseqüentemente, os processos administrativos e produtivos da organização, visando aproveitar a oportunidade e desenvolver a conseqüente inovação que a colocará em vantagem competitiva.

As organizações que vivenciam esse panorama de dificuldades e necessidades partem para a consecução de tipos possíveis de inovações e de programas reais para as suas implementações.

Três tipos de inovações foram identificados por Marquis (1976). O primeiro tipo está ligado aos sistemas complexos e, segundo o autor, é o mais difícil de aparecer. O segundo tipo é aquele que interage com a situação vigente, ocasionando uma ruptura na tecnologia existente, modificando completamente o caráter de uma organização.

A dificuldade de implementar um desses tipos de inovação está na não-existência de normalidade ou na freqüência costumeira de acontecerem. Quando a organização passa a ter pessoas como consultores, inventores, pesquisadores independentes, é porque está apta a absorver e a desenvolver inovações, uma vez que aceita as influências de maneira mais natural. Já o terceiro tipo é o rotineiro, de curto prazo e mesmo assim tem suas dificuldades para ser adotado nas organizações. É nesse terceiro tipo de inovação que acontecem o aperfeiçoamento de produtos, a redução de custos, faz-se o controle de qualidade etc. Tudo é feito para que a organização seja mantida ágil, flexível e constantemente competitiva, uma vez que se enquadra e se adapta a pequenas modificações freqüentes.

Se partirmos da análise da tipologia de Marquis ou mesmo de outros autores, teremos a visão de que a organização procura o profissional inovador ou tenta desenvolver nas pessoas criativas essa característica. A possibilidade de ensinar ou de buscar o afloramento das características de criação de idéias é o passo inicial. Cada organização vai utilizar seus recursos e a vontade de alcançar determinados objetivos a partir do conhecimento dos fatores envolvidos na existência de uma determinada situação, encarada como problemática e tida como inspiração necessária para obter soluções passíveis de implementação.

7 A PROCURA EFETIVA DA INOVAÇÃO

Em *Choque do futuro*, Alvin Tofler (1970) comentava que a administração da mudança é o esforço para transformar certos possíveis em prováveis, na busca de preferências combinadas. A determinação dos prováveis requer uma ciência futurista. O delineamento do possível exige uma arte futurista. A definição do possível requer, por sua vez, uma política futurista.

A maioria de nós está acostumada a trabalhar com o passado. As comparações, os dados que possuímos para qualquer análise estão baseados no momento presente que, na verdade, ao sofrer uma avaliação já é passado.

Vejamos a maioria das informações que a escola nos dá: a ênfase contábil-financeira das organizações, os enfoques bancários de projeções medidas com base em resultados obtidos e derivados de movimentações passadas etc.

Conseqüentemente, poucos de nós realmente estamos habituados a tratar o futuro. E até nos envergonhamos e fugimos ao sermos obrigados a discuti-lo.

É possível que possamos superestimar nossa capacidade de prever o futuro; porém o perigo maior está na subutilização dessa capacidade. É necessário que consigamos ir além da previsão de futuros prováveis. Precisamos também ampliar nosso conceito de futuros possíveis, o que exige o uso da imaginação. Pode ser analisado até com uma aura mágica. Na verdade, devemos liberar a nossa imaginação artística.

A procura efetiva da inovação é encarada como possível, a partir da elaboração de um plano. Normalmente, ele direciona esforços, permite decidir que ações devem ser realizadas e qual a melhor ordem em que devem ser executadas.

Um plano só poderá ser incrementado se realmente nos confrontarmos com um desafio. Como comentamos anteriormente, os desafios impulsionam a vontade dos indivíduos. Quando não são aparentes ou, por algum motivo, fixam nas pessoas atitudes de não se interessarem pela sua procura, as organizações criam problemas que, sistematicamente, ao serem conhecidos, permitem estabelecer objetivos que, se bem direcionados, transformam-se em resultados.

Tom Peters, in Kanter (1998), diz que as empresas empreendem esforços em meio ao caos e só as que o fazem inovando é que estão destinadas a sobreviver nos anos que estão por vir.

> O importante é apoiar os inovadores, não só com palavras, mas recompensando-os. No entanto, a maior parte das organizações tem indivíduos incapazes de correr riscos; portanto não fazem investimentos nessas áreas.
>
> Entende-se que a inovação é possível com idéias e ciência enfrentando pressões e resistências. Compreende-se também que ela é uma tarefa lenta e dolorosa e requer muito envolvimento, resignação e competência.

Considerações Finais

Em função da especificidade da inovação, da tecnologia e da qualidade, temos nas organizações situações que sempre se encaixam em padrões técnicos. Sem dúvida, a função técnica existe e tem até um nível razoável de envolvimento. Se estivermos falando de uma área, é óbvio que o número de técnicos pode ser compatível com as necessidades da empresa e as funções devem ser dirigidas para os trabalhos envolvidos pela gerência. Precisaremos ter especialistas para a inovação, monitoração, produção, oferecimento, controles de desenvolvimento e comercialização, qualidade, informação, estudo de tecnologias e sua aplicação etc. e também nos produtos e nas atividades agregadas à pesquisa e ao desenvolvimento.

No entanto, a gestão de inovação e tecnologia, da qualidade ou mesmo da informação deve estar presa à definição do trabalho, da forma de atendimento e da visão mais ampla, sendo em alguns casos um advogado de defesa e em outros um promotor de justiça. Há que abordar os aspectos envolvidos em todos os ângulos.

A definição da centralização ou descentralização da área, e da própria empresa em relação ao que sugere a alta administração sobre a implementação de inovações e a preparação interna e externa da mudança, deve ocorrer sempre que se lance um novo produto ou serviço, ou mesmo quando da modificação daquele já existente.

Cada vez mais, a distribuição de atividades de decisão e de participação são atribuições da gestão. Os projetos são um trabalho de planejamento e controle que ficam subordinados a ela, devendo ser vendidos e apresentados a todos os elementos envolvidos com o seu desenvolvimento.

Ter uma estrutura, recursos, projetos, prazos e responsabilidades significa estar ligado a uma atividade de ocorrências não-previsíveis, que devem ser controladas ao máximo e parcialmente enquadradas no planejamento de informações que diminuam as incertezas sobre seu trabalho. Não pretendemos estudar ou apresentar estruturas para a execução e controle de projetos. Para esse fim existem outros trabalhos que apresentam alternativas de solução para diversos tipos de problemas conhecidos e alguns exercícios de possibilidades.

A grande dificuldade de uma gestão que tenha uma organização com pretensões de investir ou continuar com a inovação são o acompanhamento e a avaliação dos trabalhos a ela subordinados. Na qualidade, é muito mais fácil distribuir a responsabilidade e colocar um gestor para comandar o processo, com normas rígidas e auditorias temporárias.

Além da prática gerencial, é atributo essencial de uma gestão desse porte estabelecer constantes contatos com todos os níveis possíveis, dentro e fora da organização, estando muito próxima de literaturas específicas e gerais que a alimente de informações e defina o quê, como, onde, quando, por que e quem pode abrir caminhos para obtenção, atualização e manutenção do que necessita ou possui.

A qualidade total, como processo, e a inovação são compatíveis desde que administradas na organização, de forma a alcançar resultados utilizando o instrumental para conseguir exercitar e difundir as atividades. A seleção desses itens e dos recursos necessários depende da vontade de investir.

O sucesso de uma gestão que congregue a busca pela inovação constante com a qualidade contínua e total talvez não esteja tão ligado ao desenvolvimento das etapas de projeto, de monitoração e difusão, se elas não estiverem acompanhadas de uma lógica de integração, avaliação e apreciação de resultados. Um processo de avaliação e apreciação normalmente é composto de quatro etapas:

- ❑ Estabelecimento de critérios.
- ❑ Atenção ao comportamento dos resultados.
- ❑ Comparação dos resultados com as expectativas.
- ❑ Empreendimento de ações necessárias para o acerto.

Em uma primeira etapa, os critérios de avaliação e apreciação precisam ser definidos, de maneira a caracterizarem os objetivos esperados e o esforço necessário para sua consecução.

Na segunda etapa, devem ser aproveitados os conhecimentos adquiridos com os resultados obtidos pela atividade, sempre em comparação com os critérios definidos. É aqui que se discutem os pontos significantes da atividade, da qualidade e da inovação que poderão ser revistos à medida que avanços são alcançados.

Na terceira etapa, os resultados obtidos com pesquisa, planejamento e desenvolvimento devem ser comparados com as expectativas gerais da organização em relação a eles. Se não alcançar o esperado, é importante considerar as causas que levaram a esse ponto e provocar as modificações necessárias.

Na quarta e última, em caso de necessidade, devem ser tomadas decisões sobre mudanças nos objetivos do trabalho de inovação, no processo de qualidade continuada ou nos meios pelos quais serão executadas e/ou implementadas.

Visando alcançar pleno sucesso de integração, na organização, dos processos de inovação e de qualidade, algumas atribuições devem ser formalizadas. A enorme normatização desse processo para permitir o alcance e a mantenção da qualidade desejada e a maior flexibilidade para eleger e implementar em todas as instâncias e permanentemente um processo de inovação são, na prática, o resultado da implantação de projetos bem-delineados, a partir da alta direção e bastante divulgados e aceitos por todos os envolvidos. Cada projeto deve ser avaliado sob o prisma da integridade tecnológica, do desempenho comercial e técnico e do grau de definição do negócio, ouvindo e usando em tempo integral e em consonância os colaboradores internos, os parceiros externos e inclusive os clientes.

A título de recomendação, lembramos que, para uma organização ter sucesso em suas buscas pela competitividade ou liderança em seu(s) setor(es) de atuação, é fundamental haver gestores que colaborem na implementação de fatores essenciais que integrem a busca da inovação e o esforço de alcançar qualidade total em todas as suas atividades e produtos ou serviços executados. Uma não deve inviabilizar a outra. Inovar com qualidade e ter qualidade com inovação são necessidades hoje e sempre. Para que isso seja possível, é fundamental que ocorram reflexos em suas atividades diversas, dentre elas:

- Necessidades de orientação para objetivos.
- Busca obcecada dos objetivos.
- Horizonte de longo prazo para o planejamento.
- Baixos custos iniciais.
- Interação com o mundo exterior.
- Flexibilidade e rapidez.
- Facilidades organizacionais (apoio técnico, incentivos salariais e de carreira, reconhecimento, autonomia etc.).
- Disponibilidade de capital para investimento em pesquisa, planejamento e desenvolvimento.

Questões para Discussão

1. O que você entende por liderança de um processo de qualidade e inovação?
2. Qual a relação entre a qualidade e os aspectos comportamentais em uma organização?
3. Com base neste capítulo, o que você entendeu por qualidade como sistema de gerenciamento?
4. Para o homem, qual é a essência da mudança?
5. O que você entende por inovação?
6. Quais os pontos de semelhança entre qualidade e inovação?

Referências Bibliográficas

DRUCKER, P. F. *As novas realidades*: no governo e na política, na economia e nas empresas, na sociedade e na visão do mundo. São Paulo: Pioneira, 1989.

HAMEL, G. *Liderando a revolução*. Rio de Janeiro: Campus, 2001.

JONASH, R. S.; SOMMERLATTE, T. *O valor da inovação*. Rio de Janeiro: Campus, 2001.

KANTER, R. M.; KAO, J.; WIERSEMA, F. *Inovação*. São Paulo: Negócios, 1998.

KOTLER, P. *Marketing*. São Paulo: Atlas, 1989. Ed. compacta.

MARQUIS, D. G. *The anatomy of successful innovation*. São Paulo: Ática, 1980.

SENGE, P. *A dança das mudanças*. Rio de Janeiro: Campus, 1999.

TOFLER, A. *Choque do futuro*. Rio de Janeiro: Record, 1970.

VICO MAÑAS, A. *Gestão de tecnologia e inovação*. São Paulo: Érica, 2001.

VICO MAÑAS, A.; REIS, L. F. S. D. *ISO 9000* – Implementação e gerenciamento da qualidade total. São Paulo: Érica, 1995.

Capítulo 3

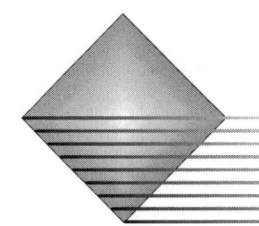

Custos e Desperdícios na Qualidade

Rosângela Calixto e Otávio J. Oliveira

INTRODUÇÃO

Moreira (1998), citando Walton (1989), salienta a importância do conceito de "reação em cadeia", quando diz que a melhoria da qualidade traz baixa de custos devido à redução do trabalho, dos erros, dos atrasos, dos empecilhos e proporciona, também, melhor uso dos materiais e do tempo de utilização das máquinas, obtendo, por sua vez, o aumento da produtividade, que gera aumento da participação do mercado em função da melhoria da qualidade do produto e da possibilidade de oferecê-lo a um preço mais baixo, possibilitando o incremento das chances de crescimento ou mesmo de permanência da empresa no mercado.

A consciência da importância de uma postura estratégica em relação ao controle de custos e **desperdícios** nas atividades de produção é fundamental para que as empresas alcancem o sucesso esperado. As organizações que conseguem melhorar continuamente seus produtos e serviços, assim como seus processos de produção, agindo de forma rápida em direção à maior especialização, racionalização e tecnologia, estão mais propensas a diferenciar-se de suas concorrentes e, conseqüentemente, alcançarem vantagens competitivas.

Autores como Hamel e Prahalad (1995) e Gaj (1987) afirmam que estratégias são ações iniciadas hoje pela organização que poderão levá-la a uma situação mais cômoda no futuro. Nesse sentido, Gaj acrescenta que a estratégia é uma postura adotada pela organização em direção a um processo de mudanças necessárias, como forma de administrar seus recursos limitados com mais eficiência e eficácia.

Porter (1980) considera que a estratégia competitiva visa estabelecer uma posição lucrativa e sustentável contra as forças que determinam a concorrência em um determinado setor. Deve surgir de uma compreensão sofisticada das regras de concorrência, sendo sua meta final a modificação dessas regras em favor da empresa.

Ainda na visão desse autor, em qualquer indústria, seja ela produtora de bens ou serviços, as regras da concorrência estão englobadas em cinco forças principais: a entrada de novos concorrentes, a ameaça de substitutos, o poder de negociação dos fornecedores, o poder de negociação dos compradores e a rivalidade entre os concorrentes existentes.

Assim, entende-se que ter poder de competitividade significa ser capaz de minimizar as ameaças de empresas ingressantes no mercado, vencer a rivalidade imposta por empresas concorrentes, ganhando e mantendo fatias de mercado, assim como ser capaz de reduzir o poder de barganha de fornecedores e consumidores.

Nesse contexto, para a organização obter uma vantagem competitiva, Porter (1990) estabelece três estratégias genéricas amplas, que são: liderança via custo, via diferenciação e via enfoque.

- *Liderar via custos* – Significa fazer produtos ou serviços com custos inferiores aos do concorrente para poder competir em preço. Para tanto, a empresa precisa cumprir algumas exigências: instalações em escala eficiente, controle de despesas gerais, investimento de capital em equipamento atualizado para minimizar custos, dentre outras.

- *Liderar via diferenciação* – Significa que uma empresa procura se sobressair em relação à concorrência, diferenciando seus produtos ou serviços por dimensões como: qualidade, prazo, flexibilidade e confiabilidade. As estratégias de custo e diferenciação buscam a vantagem competitiva em um limite mais amplo de mercado ou no âmbito de toda a indústria.

- *Liderar via enfoque* – Visa à vantagem competitiva em um ambiente estreito dentro de uma indústria. O enfocador seleciona um segmento ou um grupo de segmentos na indústria e adapta sua estratégia para atendê-lo pela focalização nos custos e/ou na diferenciação.

Nesse cenário, é preciso que a empresa escolha o tipo de vantagem competitiva que busca obter e o escopo dentro do qual irá alcançá-la. Uma vantagem competitiva pode ser alcançada quando uma organização emprega seus pontos fortes e fracos, tanto existentes como potenciais, a fim de alcançar seus objetivos, sem deixar de considerar as oportunidades e as ameaças que o mercado lhe impõe.

Pires e Agostinho (1994) complementam essa visão, afirmando que o uso efetivo dos pontos fortes da produção, tanto de bens como de serviços, vem sendo colocado como arma competitiva para alcançar os objetivos da organização. E eles só serão alcançados após a definição de quais dimensões competitivas a empresa deverá adotar, ou seja, onde ela deverá concentrar seus esforços para diferenciar seus produtos ou serviços de seus concorrentes.

Pelo exposto, pode-se perceber que a função custos foi elevada ao *status* de alternativa estratégica. Porém, mesmo quando a empresa opta por manter seu produto junto ao mercado via diferenciação ou via enfoque, não pode deixar as considerações relacionadas aos custos em segundo plano. O novo equacionamento da formulação de preços no mercado brasileiro e mundial demonstra que as preocupações com custos e a redução de desperdícios ganharam nova dimensão. Hoje, o empresário tem o preço de seu produto determinado pelas leis que regem o mercado, contrapondo-se ao modelo que até então privilegiava os interesses puramente empresariais: atualmente, o lucro é indicado a partir da diferença entre o preço final do produto – ditado pelo mercado – e seu custo de produção, fazendo que a racionalização do processo produtivo seja a maior responsável pela sobrevivência e pelo crescimento organizacional, nesse momento.

Este capítulo procurará conceituar os custos da qualidade e também apresentar os preceitos básicos sobre a redução de desperdícios na produção, levantando a importância de teorias e instrumentos como produção enxuta, *just-in-time*, **gestão de perdas** etc.

1 CUSTOS DA QUALIDADE

Embora ainda exista, pelo menos para os mais desinformados, o pensamento de que a busca contínua pela melhoria da qualidade acarrete aumento de custos, já é tranqüilamente possível comprovar que, na verdade, trata-se de puro e saudável investimento e não de mera despesa, pois é possível auferir-se economia e lucros de diversas ordens com a adoção de programas que visem à implantação de sistemas de gestão da qualidade. Nesse sentido, é extremamente interessante para as empresas modernas investirem na gestão da qualidade, pois, mesmo incorrendo em aumento momentâneo de custos, pelo menos no início da implantação de programas desse tipo, o retorno a médio prazo é garantido, desde que despendidos, é claro, todos os esforços realmente necessários para o sucesso da **empreitada**.

De acordo com Robles Jr. (1996), os custos da qualidade podem ser subdivididos em duas macrocategorias: custos de controle e custos das falhas dos controles, como mostra o Quadro 1.

Já Slack (1996) subdivide estas macrocategorias em: custos de prevenção e de avaliação – ligados a atividades que visam prevenir a ocorrência de erros, atuando na antecipação e no monitoramento dos processos – e custos de falhas internas e de falhas externas – relacionados com os custos decorrentes do erro já ocorrido e que, portanto, caracterizam, pelo menos de certa forma, um mau investimento nos custos de controle, tendo em vista que esses dois macrogrupos são inversamente proporcionais, ou seja, quanto mais se investe em prevenção e controle, menos ocorrem falhas no processo produtivo. Na verdade, o bom gerenciamento desses custos leva a um aumento de produtividade e ganhos relativos na medida em que ocorre aumento da qualidade e futuros erros podem ser previstos.

Quadro 1 Custos da qualidade

Custos de Controle	Custos de Prevenção
	Custos de Avaliação
Custos das Falhas dos Controles	Custos de Falhas Internas
	Custos de Falhas Externas

Fonte: Robles (1996).

1.1 Custos de Prevenção

Ocorrem quando se busca prevenir problemas futuros. Incluem o que se gasta durante a observação e identificação de problemas antes da execução ou produção de determinado bem ou serviço. Se, por um lado, prevenir problemas tem um custo adicional ao processo de produção, por outro, a solução após sua ocorrência pode significar um custo muito maior, embora um produto ou serviço com defeito ou sem condições de concorrência no mercado possa causar prejuízos maiores e às vezes favorecer para que uma empresa diminua sua parcela no mercado consumidor, além de afetar negativamente sua imagem, bem precioso para qualquer organização.

Deve-se lembrar, ainda, que a necessidade de capacitação do pessoal envolvido diretamente no processo de produção não pode ser colocada em segundo plano, pois a execução de um processo produtivo por agentes não-qualificados também pode incorrer em grandes prejuízos, levando, inclusive, ao desperdício dos fatores de produção utilizados.

1.2 Custos de Avaliação

São especificamente voltados para o controle de qualidade. Ocorrem quando os agentes envolvidos diretamente no processo de produção checam a possibilidade da existência de problemas e erros que podem acontecer durante o processo de fabricação e/ou execução do produto ou serviço.

Nesse caso, pode-se adotar programas de Controle Estatístico do Processo (CEP), mediante a adoção de planos de amostragem e análises matemático-estatísticas. Podem-se também definir criteriosamente o tempo e o esforço requeridos para inspecionar os fatores de produção e o próprio produto acabado, além de se utilizar os instrumentos de auditoria da qualidade e pesquisas de satisfação de consumidores.

1.3 Custos de Falhas Internas

Ocorrem na medida em que são detectados erros na operação interna, como problemas com peças e materiais refugados ou retrabalhados. Incluem também a perda de tempo durante o processo de produção, bem como a falta de concentração dos agentes envolvidos na solução dos erros ocorridos.

Assim, é necessário identificar os erros internos a partir de um controle rígido dos fatores de produção utilizados no processo, bem como controlar o tempo de desempenho das funções exercidas pelos agentes produtivos. Nesse sentido, a especialização e a qualificação dos agentes envolvidos tornam-se importantes, na medida em que o controle de qualidade, antes voltado somente para a questão dos materiais e produtos, passa a envolver-se também com a qualificação da mão-de-obra. Adiante, neste capítulo, trataremos um pouco mais da questão das perdas nos processos.

1.4 Custos de Falhas Externas

Ocorrem quando o produto ou serviço defeituoso chega às mãos dos consumidores, ou seja, após sua entrega ao mercado. Nesse caso, os consumidores são afetados em relação à confiança que têm no produto ou serviço e, conseqüentemente, na empresa. Podem ocorrer, ainda, quando a própria empresa disponibiliza no mercado um produto sem as características ideais ou prometidas quanto a peso, tamanho etc., o que leva à necessidade de sua substituição.

É possível demonstrar graficamente que os custos da qualidade se inter-relacionam, à medida que aumentam as atividades de prevenção e de avaliação, os custos das falhas (internas + externas) tendem a diminuir continuamente, conforme salientado anteriormente.

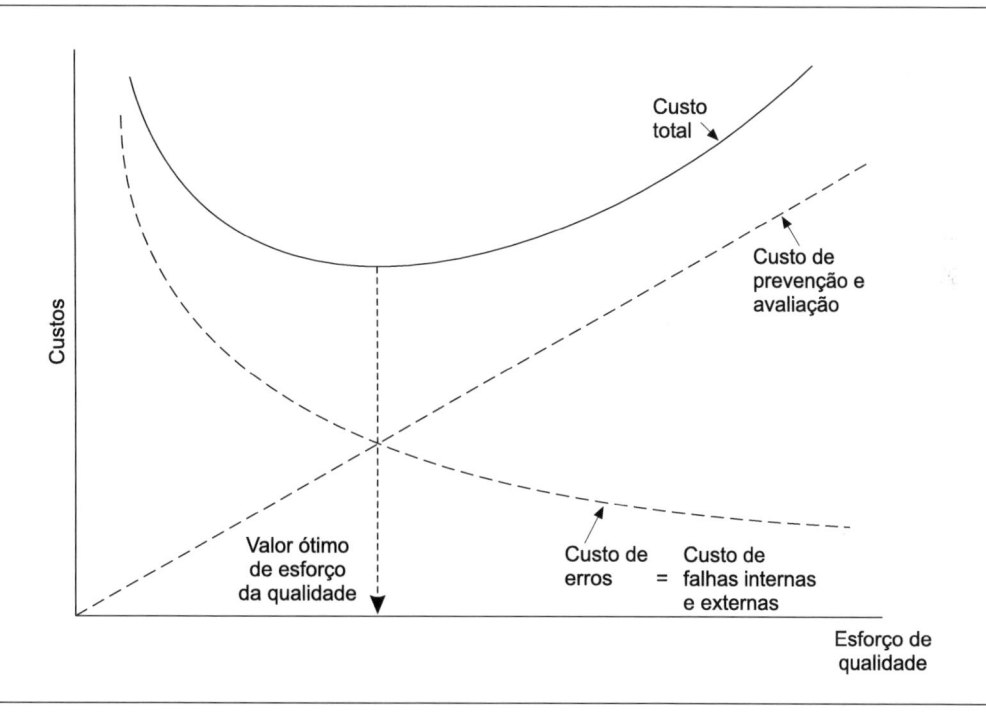

Figura 3.1 Relação entre os custos da qualidade.

Segundo Robles Jr. (1996), torna-se importante mensurar a qualidade pelos seus custos, pois, a partir deles, é possível atender a vários objetivos, tais como: identificar a perda da empresa com a falta de qualidade, fixar os objetivos e os recursos para treinamento do pessoal, facilitar a elaboração do orçamento de custos da qualidade, aumentar a produtividade por meio da qualidade etc.

O autor ainda ressalta que um eficiente sistema de custos da qualidade deve ser planejado em função de sua integração com o sistema contábil e com os demais sistemas da empresa, ou seja, para se atingir um nível de produtividade e lucratividade almejado pelas empresas em pleno momento de globalização mundial, é necessário que todos os seus setores/departamentos operem em total integração.

A Figura 3.2 mostra esquematicamente como se comporta a distribuição dos custos e do lucro em função da implantação de um sistema da qualidade.

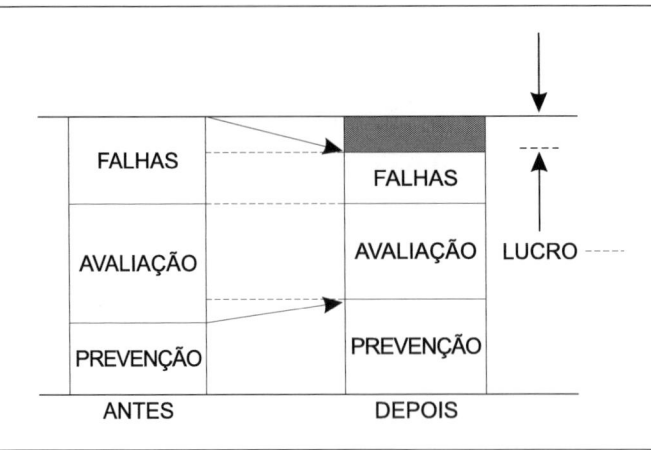

Figura 3.2 Custos da qualidade e o lucro.

2 DESPERDÍCIOS NA PRODUÇÃO

Atualmente, as organizações encontram-se inseridas em um cenário de constante procura pela competitividade, conseqüência do processo de globalização de mercados. Assim, as empresas tendem a buscar melhores condições para uma inserção estável e permanente no mercado, se é que isso é possível no atual contexto mundial.

O alcance desses objetivos requer que as empresas adotem o controle e a eliminação dos desperdícios como prioridades. Assim, é necessário que se identifiquem inicialmente os desperdícios que estão gerando, ou seja, que se identifiquem as perdas em relação ao mau uso dos recursos de produção.

> Para que as organizações alcancem a excelência em operações, condição essencial para a excelência organizacional, é necessário que grandes esforços no combate ao desperdício e no contínuo aprimoramento (Kaizen) sejam despendidos.

Segundo Robles Jr. (1996), a eliminação dos desperdícios está intimamente associada à questão da qualidade. Por meio da sua redução, a empresa pode gerar recursos para alavancar seu sistema de melhoria da qualidade. Evidentemente, o retorno do investimento em qualidade se daria primeiramente pela redução dos desperdícios; depois, quando o sistema entrasse em regime, os benefícios da qualidade suplantariam com ampla margem os investimentos originais.

O gráfico a seguir (Figura 3.3) demonstra a relação entre esses dois elementos: desperdício *versus* Kaizen.

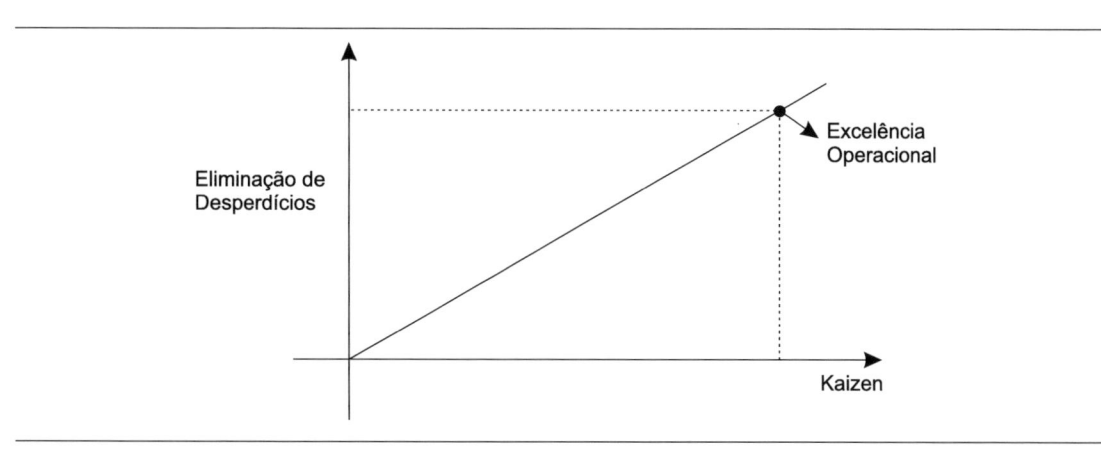

Figura 3.3 Gráfico desperdício *versus* Kaizen.

Segundo Slack (1996), o desperdício pode ser definido como qualquer atividade que não agregue valor ao produto/serviço. A Toyota foi a empresa precursora na introdução de instrumentos e técnicas de controle e redução de desperdícios em sua linha de produção, segundo o modelo que ainda hoje é adotado. Ela identificou sete tipos de desperdícios, os quais, acredita-se, são aplicáveis em vários tipos de operações – tanto em serviços como em manufatura: superprodução, tempo de espera, transporte, processo, movimentação, produtos defeituosos e estoque. A seguir, faremos uma breve explanação do significado de cada um deles.

2.1 Superprodução

Produzir mais do que é imediatamente necessário para o próximo processo. De acordo com a Toyota, essa é a maior das fontes de desperdício na produção. Sua eliminação deve ser objeto de intenso esforço da organização, pois os processos de uma linha de produção devem estar balanceados de tal forma que somente se proceda à produção de determinado produto na quantidade e quando o cliente interno seguinte o requerer.

2.2 Tempo de Espera

O desperdício de espera ocorre quando os fatores de produção aguardam para ser processados: as empresas tendem a deixá-los parados em função da plena utilização da capacidade das máquinas e equipamentos dos processos anteriores, ou seja, sob a justificativa do máximo aproveitamento dos recursos produtivos, muitas vezes se produz muito além do que o próximo posto de trabalho tem capacidade de processar. No entanto, a filosofia JIT (*just-in-time*), que será sucintamente tratada a seguir, reconhece que é melhor possuir um fluxo de materiais ininterrupto e constante do que produzir sempre com a máxima capacidade dos recursos e formar estoque desnecessariamente.

2.3 Transporte

O desperdício de transporte ocorre na medida em que existem longas distâncias a serem percorridas pelos fatores de produção ao longo do processo. Portanto, o que deve ser buscado é a minimização da distância e a correta movimentação dos fatores de produção, mesmo que seja necessário um realocamento das linhas de produção (mudança no layout). Assim, as empresas devem buscar uma estrutura física capaz de viabilizar um processo produtivo organizado e enxuto.

2.4 Processo

Pode ocorrer na medida em que as etapas e atividades desenvolvidas que não agregam valor continuem sendo executadas em decorrência da não-realização de uma análise efetiva de quais elementos podem gerar custos e da não-agregação de valor do produto. Assim, é necessário investigar quais as reais etapas que devem ser cumpridas e as que podem e devem ser excluídas do processo, levando as empresas a executarem somente atividades que gerem ou permitam a agregação de valor.

2.5 Movimentação

O desperdício de movimento ocorre em decorrência de falhas no projeto do posto de trabalho: quando as empresas decidem executar o processo de produção sem antes analisar minuciosamente as características do processo propriamente dito, tais como aspectos ergonômicos, tempo real necessário para realização dos produtos, disponibilização de espaços compatíveis com as atividades etc. Nesse sentido, devem ser utilizadas metodologias que levem a economia de movimento e que aumentem sua produtividade, reduzindo o tempo de execução do processo produtivo. É melhor analisar e aprimorar os movimentos antes de se decidir pela automação do processo, pois podem haver desperdícios mesmo com o processo automatizado.

2.6 Produtos Defeituosos

O desperdício de fabricar produtos defeituosos envolve a perda de recursos de produção, tempo dedicado pela mão-de-obra, armazenagem, desgaste de equipamentos etc. Assim, é necessário que se realize um controle no qual possam ser apontadas antecipadamente as possíveis falhas nos produtos que serão disponibilizados no mercado. Esse controle deve ser realizado durante as várias etapas de execução do processo, incluindo-se as falhas provenientes dos equipamentos, insumos e falhas humanas.

Se as empresas implantarem um efetivo controle da qualidade com base no bom senso nas várias etapas desenvolvidas durante o processo produtivo e adotar a filosofia do *empowerment* (processo de delegação de decisões e valorização da mão-de-obra), as perdas futuras com produtos já fabricados tenderão a diminuir sistemática e gradualmente.

2.7 Estoque

Os custos envolvidos na armazenagem dos materiais são fixos e variáveis. Como custos fixos, podemos citar: utilização do imóvel, equipamentos de movimentação e de armazenagem, mobiliário, seguros, folha de pagamento e benefícios a funcionários. Como custos variáveis relacionados aos estoques, temos: custos de manutenção de estoques, deterioração e obsolescência, perdas, operação e manutenção dos equipamentos, e instalações e materiais operacionais.

O desperdício de estoque ocorre quando a empresa mantém estoques desnecessários, que significam perdas de investimento e também de espaço físico. Quando se identificam as causas que apontam para a necessidade de estoques e quando há a consciência de que geram desperdícios, a tendência é usá-los de forma eficiente. Somente é possível reduzir os níveis de estoques com a implantação de um sério programa de ataque às suas causas.

3 PRODUÇÃO ENXUTA

A produção enxuta (*lean production*) é a denominação de uma nova concepção dos sistemas de produção, que também teve origem na indústria japonesa, a partir do trabalho desenvolvido por Taiichi Ohno e Shigeo Shingo. Diante da necessidade de produzir pequenas quantidades de numerosos modelos de produtos, Ohno estudou os sistemas de produção norte-americanos, adaptou seus conceitos à realidade japonesa da época, que se caracterizava pela escassez de recursos (materiais, financeiros, humanos e de espaço físico) e aplicou novas abordagens para a produção industrial, o que acabou consolidando, na prática, o chamado Sistema Toyota de Produção.

> Apesar da complexidade do tema, as inovações dessa filosofia podem ser resumidas em três pontos principais:
> - Abandono do conceito de processo como transformação de *inputs* em *outputs*, passando a designar um fluxo de materiais e informações.
> - Análise do processo de produção por um sistema de dois eixos ortogonais: um representando o fluxo de materiais (processo) e o outro, fluxo de operários (operação).
> - Consideração do valor agregado do ponto de vista do cliente interno e externo, tendo como conseqüência a reformulação do conceito de perdas, que passa a incluir também as atividades que não agregam valor ao produto como transporte, estoque, espera, inspeção e retrabalho.

O desenvolvimento dessa filosofia pressupõe mudança no paradigma gerencial, saindo da ênfase nas atividades de conversão (preocupação centrada na produtividade individual) indo em direção a uma abordagem sistêmica do processo. Essa mudança requer o desenvolvimento de habilidades gerenciais relacionadas à visão sistêmica e aprendizagem coletiva, tendo em vista que a aplicação de seus conceitos e princípios envolve não apenas conhecimentos individuais, como também mudanças de atitudes de todo o grupo, das culturas existentes e profundas transformações na gestão do processo de produção.

Segundo Micklethwait e Wooldridge (1998), o maior mérito da produção enxuta foi desviar o foco da fabricação das economias de escala para "economias de tempo". Nela, todo funcionário tornava-se um verificador da qualidade, responsável pela identificação dos erros à medida que aconteciam e corrigindo-os imediatamente. Em vez de instalar um departamento da qualidade, como o de suas rivais norte-americanas, a Toyota dava aos operários o direito de interromper a linha de produção, assim que identificassem algum erro.

Um dos principais instrumentos do qual se utiliza a produção enxuta para combater o desperdício é a filosofia *just-in-time*, que será comentada a seguir.

4 JUST-IN-TIME (JIT)

> O *just-in-time* é um instrumento (considerado por muitos como uma filosofia) pelo qual a produção é "puxada" a partir da demanda, produzindo em cada estágio somente os itens que sejam realmente necessários, nas quantidades e momentos corretos. Apesar de ter sido fundamentado no sistema produtivo japonês, já se mostrou aplicável a organizações de toda parte do mundo. É composto por práticas gerenciais que primam pela produção sem estoques, pela eliminação do desperdício, pela manufatura de fluxo contínuo, pelo esforço incessante na resolução de problemas e pela melhoria constante dos processos (Corrêa e Gianesi, 1996).

A produção puxada do JIT é uma característica inversa ao sistema tradicional (*just-in-case*) no qual a produção é empurrada. No JIC, os produtos são desenvolvidos com a utilização máxima da capacidade dos recursos (mão-de-obra e equipamentos), sem levar em consideração o balanceamento do fluxo produtivo, gerando estoques à frente dos processos que tenham menor capacidade e ausência de material a ser processado e dos processos que tenham capacidade acima de seus anteriores. O JIT amplia o conceito de cliente, tornando-o genérico, referindo-se, portanto, a todo elemento dentro ou fora da empresa que deva receber um "produto", em acabamento ou pronto, cuja preocupação com a perfeição na execução das atividades e a sincronia entre os vários processos que compõem o fluxo produtivo esteja presente durante toda a etapa de produção.

O *just-in-time* tem como objetivo fundamental a melhoria contínua do processo produtivo, tendo como principal instrumento de atuação a utilização de mecanismos de redução de estoques, os quais tendem a camuflar problemas existentes. Os estoques têm sido utilizados para evitar descontinuidades no processo produtivo. Essas descontinuidades podem ser classificadas em três grandes grupos de problemas:

- ❑ *Problemas de qualidade:* quando se utiliza o estoque para suprir deficiência de qualidade nos processos produtivos, tais como refugo, produtos que devam ser retrabalhados etc.
- ❑ *Problemas de quebra de máquina:* quando se utiliza o estoque intermediário, com a finalidade de manter o fluxo produtivo (por período limitado) em função da parada não-programada de alguma máquina na linha de produção.

❏ *Problemas de preparação de máquina (setup)*: quando uma máquina processa operações em mais de um componente ou item, é necessário prepará-la a cada mudança de componentes a ser processado, o que força sua paralisação por um determinado tempo. O estoque tem, nesse caso, a função de minimizar os prejuízos dessas paralisações.

Como se vê, o estoque funciona como um investimento necessário quando problemas como esses estão presentes no processo produtivo. Com a redução dos estoques, o JIT permite que os problemas fiquem visíveis e, a partir daí, possam ser eliminados por esforços concentrados e priorizados (Figura 3.4).

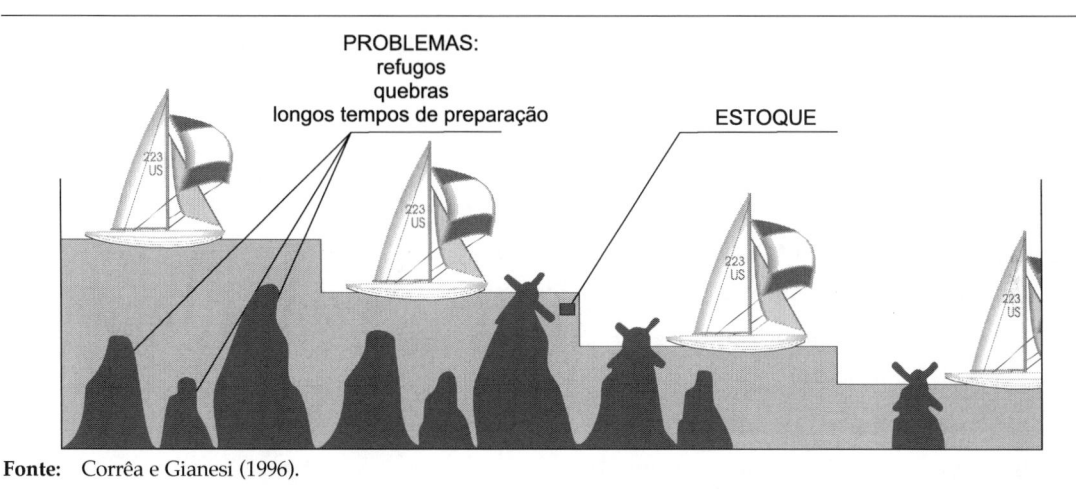

Fonte: Corrêa e Gianesi (1996).

Figura 3.4 Exposição de problemas a partir da implantação do JIT.

De uma forma genérica, citamos alguns dos principais benefícios que podem ser alcançados com um correto desenvolvimento e gerenciamento do JIT: redução dos prazos de fabricação dos produtos acabados, minimização contínua dos estoques até que se chegue à situação em que não mais haja sua necessidade, redução do tempo de preparação das máquinas (*setups*) visando flexibilizar a produção, e redução gradativa do tamanho dos lotes fabricados, procurando gerar condições para trabalhar com o lote unitário.

5 GESTÃO DE PERDAS (GP)

A gestão de perdas é uma metodologia voltada para a otimização do uso dos ativos empresariais pela sua eliminação total das perdas. Com a identificação no processo produtivo e sua transformação em oportunidades de ganhos, essa metodologia visa promover as reduções de custos e assegurar maior competitividade.

> A gestão de perdas ensina a olhar as diferenças existentes entre a condição ideal e a condição real em todos os ativos da organização, para que seja possível medir o distanciamento (deterioração) e estabelecer metas de recuperação, o que assegurará maior capabilidade ao processo produtivo, com o mínimo de investimento.

A gestão de perdas está intimamente ligada ao *learning organization*, em que a empresa aprende continuamente, recrutando forças sistematicamente para competir e sobreviver em um cenário onde a velocidade de resposta aos problemas organizacionais e a produção sem erros passam a ser atributos básicos para seu sucesso.

Essa metodologia está calcada em valores e conceitos tradicionais que já se mostraram eficazes com o tempo. Dentre eles, citamos os seguintes:

5.1 O que não agrega valor é perda

A metodologia de gestão de perdas identifica 16 grandes tipos de perdas:

1. perdas por falhas;
2. perdas por *setup* e ajustes;
3. perdas por ferramentas de corte;
4. perdas por acionamento inicial (*startup*);
5. perdas por pequenas paradas/ociosidade;
6. perdas de velocidade;
7. perdas por defeito;
8. perdas por desligamento;
9. perdas por falhas administrativas;
10. perdas por falhas operacionais;
11. perdas por desorganização na linha de produção;
12. perdas resultantes de falha em automatização e logística;
13. perdas de medição e ajustes excessivos;
14. perdas de rendimento;
15. perdas de desperdício de energia; e
16. perdas por matrizes, gabaritos e ferramentas.

5.2 Interação entre empresa e empregados

A gestão de perdas permite a interação entre empresa e empregados pela criação de oito pilares de sustentação em forma de subcomitês (melhoria enfocada; segurança, higiene e meio ambiente; manutenção da qualidade; manutenção planejada; manutenção autônoma, controle inicial e manutenção preventiva; área administrativa; e educação e treinamento) e a formação de grupos autônomos integrados em toda a linha organizacional. Desse modo, o conhecimento gerado em cada um desses grupos será compartilhado e a gestão será cada vez mais autônoma e colaborativa, em todos os níveis, dando velocidade às ações de combate aos custos, possibilitando à empresa conquistar mais produtividade (produtos e serviços com qualidade e baixo custo) e aos empregados melhorar suas condições de trabalho e assegurar seu emprego.

5.3 Busca de resultados

A metodologia busca rigor na sua aplicação, tendo sempre em vista os resultados na ótima relação de retorno sobre o ativo utilizado (*output/input* = produtividade). Cada uma das partes da gestão de perdas está dividida em etapas (degraus) que vão crescendo à medida que evolui o aprendizado das pessoas.

Considerações Finais

A adoção de um eficaz controle da qualidade por parte das empresas permite a identificação de atividades que não agregam valor aos produtos e serviços e fornece informações mais detalhadas que ajudam as empresas no seu processo decisório, do qual os custos da qualidade são parte integrante.

Prevenindo, avaliando e detectando falhas internas e externas, as empresas modernas se fortalecem, à medida que identificam problemas futuros com relação aos seus produtos. A possibilidade de os consumidores os rejeitarem diminui sensivelmente e, na mesma proporção, crescem a satisfação e os lucros.

A identificação dos desperdícios durante o processo produtivo permite às organizações reduzirem seus custos, aumentando seu poder de competitividade tanto no mercado interno como internacional. Identificando as atividades que não agregam valor aos produtos/serviços, as empresas se fortalecem e passam a apresentar reais condições para o aumento do valor agregado das atividades desenvolvidas, bem como adquirirão diferenciação e liderança de mercado.

De um lado, o funcionário-executor do processo produtivo torna-se cada vez mais importante, na medida em que passa a ser um verificador da qualidade durante o processo produtivo, detectando mais rapidamente as falhas e perdas ocorridas, aumentando a velocidade de resposta da empresa aos problemas organizacionais. De outro, esse mesmo funcionário-executor tende a melhorar suas condições de trabalho e assegurar seu emprego.

Por último, cabe ressaltar a real necessidade de sincronia entre os vários processos que compõem a empresa, pois, somente à medida que a esfera decisória e a produtiva trabalharem em constante precisão e concordância, será possível obter a satisfação e os lucros almejados.

Questões para Discussão

1. Por que os custos ganharam *status* de estratégia organizacional? Qual sua real importância para o contexto da qualidade?

2. O sistema de custos da qualidade deve funcionar sincronicamente com os demais sistemas das empresas. Trace uma relação dos custos da qualidade com o sistema contábil da empresa.

3. Os desperdícios devem ser tratados com prioridade pelas empresas que buscam competitividade e produtividade, bem como sua permanência no mercado interno e/ou internacional. Relacione os desperdícios com os diversos custos da qualidade.

4. As filosofias de produção enxuta, JIT e gestão de perdas podem ser adaptadas aos diversos tipos de organizações. Como se poderia adaptar as filosofias de produção enxuta, JIT e gestão de perdas às empresas de serviços? Faça uma lista das principais adaptações.

5. A implantação de todas essas ferramentas geram custos adicionais às empresas. Explique de que forma, então, as empresas obtêm lucros por meio delas.

Referências Bibliográficas

CORRÊA, H. L.; GIANESI, I. G. N. *Just-in-time, MRP II e OPT*: um enfoque estratégico. São Paulo: Atlas, 1996.

GAITHER, N.; FRAZIER, G. *Administração da produção e operações*. 8. ed. São Paulo: Pioneira, 2001.

GAJ, L. *Administração estratégica*. São Paulo: Ática, 1987.

GARVIN, D. A. *Gerenciando a qualidade*. Rio de Janeiro: Qualitymark, 1992.

HAMEL, G., PRAHALAD, C. K. *Competindo pelo futuro*: estratégias inovadoras para obter o controle do seu setor e criar os mercados de amanhã. Rio de Janeiro: Campus, 1995.

JIPM – Japan Institute of Plant Maintenance. *TPM* – Gestão de perdas para fortalecer a competitividade. São Paulo, s.d. (Texto interno.)

MARTINS, P. G.; LAUGENI, F. P. *Administração da produção*. São Paulo: Saraiva, 1999.

MICKLETHWAIT, J.; WOOLDRIDGE, A. *Os bruxos da administração*: como entender a Babel dos gurus empresariais. Rio de Janeiro: Campus, 1998.

MOREIRA, D. A. *Introdução à administração*: produção e operações. São Paulo: Pioneira, 1998.

OLIVEIRA, O. J. *Gestão da qualidade na indústria da construção civil*. Dissertação (Mestrado em Administração) – PUC-SP. São Paulo, 2001.

PIRES, S. R. I.; AGOSTINHO, O. L. *Estratégia da manufatura adotada por 12 empresas de São Paulo*. São Paulo: EESC/UFSCAR, v. 29, p. 62-72, jul. 1994.

PORTER, M. E. *Competitive strategy*: techniques for analyzing industries and competitor. Nova York: The Free Press, 1980.

_____. *Vantagem competitiva*: criando e sustentando um desempenho superior. Rio de Janeiro: Compus, 1990.

ROBLES Jr., A. *Custos da qualidade:* uma estratégia para a competição global. São Paulo: Atlas, 1996.

SLACK, N. et al. *Administração da produção*. São Paulo: Atlas, 1996.

WALTON, M. *O método Deming de administração*. Rio de Janeiro: Saraiva, 1989.

Capítulo 4

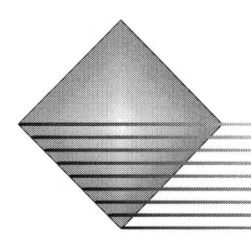

Nova Norma ISO 9000 Versão 2000

Otávio J. Oliveira e *Silvio B. Melhado*

INTRODUÇÃO

Em uma economia cada vez mais globalizada, caracterizada pela acirrada competitividade e por um ambiente altamente turbulento, a contínua busca da eficácia fez emergir nas empresas a preocupação cada vez maior com a qualidade dos seus produtos em relação ao mercado consumidor. É nesse cenário que as normas ISO 9000 têm sido objeto das atenções dos gestores.

Diversos países reúnem-se em blocos econômicos para somar esforços e se ajudar mutuamente, de forma a poderem competir com condições melhores nos mercados mundiais. A articulação econômica entre essas nações, quando bem-estruturada e compactuada por todos os seus integrantes, gera grande sinergia para os países participantes. Criam-se, a partir dela, uma unidade de negociação e um padrão mínimo de produção que deve ser praticado por todo o grupo.

As normas da série ISO 9000 surgiram como importante instrumento de referência para nivelamento dos sistemas produtivos de países integrantes de determinado bloco e também para regular o intercâmbio de mercadorias e serviços entre bloco econômico/bloco econômico, bloco econômico/país ou de país/país.

Essas normas são acordos feitos entre duas partes (fornecedor e cliente) e possuem o papel fundamental de definir sob quais condições mínimas de gestão os produtos e serviços devem ser produzidos e comercializados, de maneira a se garantir sua padronização e, conseqüentemente, levar garantias de qualidade para os clientes.

1 NORMALIZAÇÃO

A normalização é a atividade que estabelece, em relação a problemas existentes ou potenciais, prescrições destinadas à utilização comum e repetitiva com vistas à obtenção do grau ótimo de ordem em determinado contexto.

Os objetivos da normalização, segundo a Associação Brasileira de Normas Técnicas (ABNT, 2002), são: economia – proporcionar a redução da crescente variedade de produtos e procedimentos; comunicação – proporcionar meios mais eficientes na troca de informação entre o fabricante e o cliente, melhorando a confiabilidade das relações comerciais e de serviços; segurança – proteger a vida humana e a saúde; proteção ao consumidor – prover a sociedade de meios eficazes para aferir qualidade aos produtos; e eliminação de barreiras técnicas e comerciais – evitar a existência de regulamentos conflitantes sobre produtos e serviços em diferentes países, facilitando, assim, o intercâmbio comercial.

Na prática, a normalização está presente na fabricação dos produtos, transferência de tecnologia, melhoria da qualidade de vida por intermédio de normas relativas à saúde, à segurança e à preservação do meio ambiente.

Todo o trabalho dos Comitês Brasileiros e Organismos de Normalização Setorial é orientado para atender ao desenvolvimento da tecnologia e participação efetiva na normalização internacional e regional. A ABNT possui atualmente 47 Comitês e dois Organismos de Normalização Setorial atuando em diversas áreas.

Em uma economia em que a competitividade é acirrada e as exigências são crescentes, as empresas dependem de sua capacidade de incorporação de novas tecnologias de produtos, processos e serviços. A competição internacional entre elas eliminou as tradicionais vantagens baseadas no uso de fatores abundantes e de baixo custo. A normalização é utilizada cada vez mais como um meio para se alcançar a redução de custo da produção e do produto final, mantendo ou melhorando sua qualidade.

Os benefícios da normalização podem ser:

▶ *Qualitativos*, permitindo:
- Utilizar adequadamente os recursos (equipamentos, materiais e mão-de-obra).
- Uniformizar a produção.
- Facilitar o treinamento da mão-de-obra, melhorando seu nível técnico.
- Registrar o conhecimento tecnológico.
- Facilitar a contratação ou venda de tecnologia.

▶ *Quantitativos*, permitindo:
- Reduzir o consumo de materiais.
- Reduzir o desperdício.
- Padronizar componentes.
- Padronizar equipamentos.
- Reduzir a variedade de produtos.
- Fornecer procedimentos para cálculos e projetos.
- Aumentar a produtividade.
- Melhorar a qualidade.
- Controlar processos.

A normalização é ainda um excelente argumento para vendas ao mercado internacional e também um importante instrumento para regular a importação de produtos que não estejam em conformidade com as normas do país comprador.

O fato é que a existência de um sistema de normalização eficiente (abrangendo diversos campos da atividade produtiva e com grau razoável de profundidade) e eficaz (que seja realmente adotado pela comunidade) proporciona uma uniformidade e padronização no nível de exigências relativo à qualidade de insumos, componentes e processos, o que reduz grandemente os riscos e insucessos organizacionais que verificamos, por exemplo, no Brasil.

Em nosso país, o baixo grau de normalização das atividades produtivas, excetuando-se algumas poucas áreas específicas, tem permitido que decisões, que deveriam estar predefinidas por normas, sejam tomadas por profissionais que, em última instância, estão procurando lucro fácil e, portanto, nem sempre (ou quase nunca) utilizam como inspiração para tomada de decisões a lógica da segurança, do bem-estar social, do bom senso e do completo atendimento às necessidades do cliente.

Em função da baixa evolução do nosso sistema de normalização em relação aos países desenvolvidos, outras atividades e, conseqüentemente, os profissionais que as executam passam a ter considerável acréscimo de responsabilidade, pois como não há uma norma específica para determinada atividade, esses profissionais ficam literalmente entre a cruz e a espada, em função de terem de conviver com os anseios puramente capitalistas dos empreendedores – que buscam às cegas redução de custos – e o bom senso ético e profissional – que considera como essencial o nível mínimo de segurança, qualidade e atendimento aos clientes.

Cabe salientar que a normalização possui relação direta com o grau de desenvolvimento da qualidade em determinado segmento produtivo, ou seja: quanto mais abrangente, estruturado e eficaz for o sistema de normalização, mais ele pode apoiar o desenvolvimento da qualidade em determinado setor, pela exigência de padrões mínimos de projeto, execução e avaliação durante o desenvolvimento e uso de produtos e serviços, deixando para empresas e profissionais capacitados as decisões que estariam acima do padrão mínimo de qualidade estabelecido por normas.

Há uma grande defasagem entre o sistema de normalização do Brasil e dos países desenvolvidos nos quais a margem para decisões acerca de segurança, rigidez, durabilidade, conforto etc. são muito menores, o que certamente concentra nas mãos dos profissionais habilitados as decisões voltadas para a introdução de procedimentos de racionalização, inovação tecnológica, desenvolvimento de novos componentes e materiais e novas formas de gestão.

Portanto, cabe a nós – profissionais de setores específicos – promover o *benchmarking* desses procedimentos adotados em países mais avançados e adaptá-los à nossa realidade. Essa defasagem primeiro deve ser aceita, para que, em seguida, possamos identificar nossos principais pontos falhos e, a partir de então, começarmos a buscar a transferência de experiências, o que, porém, não significa pura cópia de normas, mas desenvolvimento de um sistema que possibilite aumentar a abrangência, a qualidade, a quantidade e a eficácia das normas em nosso país.

Nesse ponto, a pesquisa científica mostra-se como poderoso instrumento, pois, a partir dela, é possível identificar e entender os diversos sistemas de normalização dos países mais desenvolvidos e, então, adaptá-los – guardadas as devidas proporções e peculiaridades – à realidade brasileira, de forma que gradativamente possamos caminhar para uma situação em que, pelo menos, as grandes áreas do setor produtivo brasileiro estejam, a médio prazo, amparadas por um sistema de normas caracterizado ao mesmo tempo por abrangência relativa ao seu escopo e por profundidade com relação às suas orientações.

Mas somente um aumento no número de normas não basta. É necessário que a sociedade e o governo criem instrumentos que realmente façam que elas sejam obrigatórias e de fato utilizadas, realizando paralelamente uma conscientização da comunidade profissional sobre a importância e a necessidade da implementação de mudanças nessa nossa realidade.

2 INTERNATIONAL ORGANIZATION FOR STANDARDIZATION

Com as atuais tendências de globalização da economia (queda de barreiras alfandegárias: MCE,[1] Mercosul, Nafta[2]), torna-se necessário que clientes e fornecedores em todo o mundo usem o mesmo vocabulário no que diz respeito aos sistemas da qualidade. Caso contrário, ocorreriam problemas do tipo: uma empresa fornecedora do Brasil, possuidora de um sistema de gestão da qualidade próprio que usa procedimentos e vocabulário particulares, não atenderia às necessidades e exigências de uma possível empresa compradora inglesa, que tem conhecimento somente das normas de gestão da qualidade britânicas. Nesse caso, o interessado teria de se inteirar do sistema de gestão da qualidade da outra empresa em questão, o que significaria perda de tempo e de dinheiro. Para evitar conflitos dessa natureza, foram emitidas pela International Organization for Standardization normas internacionais sobre sistemas da qualidade que vêm se tornando padrão mundial de referência em relação à gestão da qualidade.

> A International Organization for Standardization é uma entidade não-governamental, criada em 1947, com sede em Genebra, Suíça. Seu objetivo é promover o desenvolvimento da normalização e atividades relacionadas com a intenção de facilitar o intercâmbio internacional de bens e de serviços e desenvolver a cooperação nas esferas intelectual, científica, tecnológica e de atividade econômica.

Os membros que compõem a International Organization for Standardization são os representantes das entidades máximas de normalização nos respectivos países associados, como **Ansi (American National Standards Institute)**, nos Estados Unidos; BSI (British Standards Institute), na Inglaterra; DIN (Deutsches Institut für Normung), na Holanda; e o Inmetro (Instituto Nacional de Metrologia), no Brasil.

---

[1] Mercado Comum Europeu.

[2] North American Free Trade Agreement (Acordo de Livre-Comércio da América do Norte).

O trabalho técnico da International Organization for Standardization é conduzido por diversos comitês técnicos (TCs). O estudo sobre a emissão das normas da série ISO 9000, por exemplo, foi feito pelo TC 176, entre 1983 e 1986. No Brasil, o comitê técnico responsável pelas normas da série NBR-ISO 9000 é o CB 25, da Associação Brasileira de Normas Técnicas (ABNT). Segundo esses órgãos, as normas da série ISO devem ser revistas e revisadas, ao menos uma vez, a cada cinco anos.

3 AS NORMAS DA SÉRIE ISO 9000

Uma vez expressado o desejo de se adotar um sistema da qualidade fundamentado nas normas ISO 9000, a empresa seguirá uma série de etapas com seqüência preestabelecida, tais como:

1. Definição da política da qualidade e seleção do modelo de norma mais adequado às propostas da empresa.

2. Análise do sistema da qualidade da empresa (se existir algum) e determinação de quais mudanças devem ser feitas para adaptá-lo às exigências das normas ISO 9000.

3. Treinamento e conscientização principalmente dos funcionários diretamente envolvidos com a implementação (ou modificação) do sistema da qualidade e, logo a seguir, os demais funcionários da empresa.

4. Desenvolvimento e implementação de todos os procedimentos necessários ao sistema da qualidade (que é geralmente o ponto mais demorado durante o processo de implementação). É importante que, durante o processo de desenvolvimento de procedimentos, eles sejam feitos em conjunto com as pessoas que deverão segui-los.

5. Pré-auditoria para avaliar se o sistema da qualidade implantado está de acordo com os padrões especificados pelas normas.

6. Eliminação das eventuais não-conformidades (às normas) detectadas durante o processo de pré-auditoria.

7. Seleção de um organismo certificador credenciado – OCC (também conhecido como órgão registrador). Trata-se de uma organização independente da empresa, que avaliará se o sistema da qualidade da empresa está de acordo com as normas ISO 9000. Como exemplo de órgãos certificadores, citamos o Bureau Veritas Quality International (BVQI) e a Fundação Carlos Alberto Vanzolini (FCAV).

8. Auditoria final e certificação.

Os passos de um a quatro podem ser efetuados pela própria empresa, sem nenhuma ajuda externa, ou ela pode contar com o auxílio de uma consultoria especializada em gestão da qualidade (essa segunda situação é a mais comum).

A maior parte das não-conformidades detectadas durante as auditorias do sistema da qualidade diz respeito a problemas com a documentação do sistema. Por outro lado, deve-se tomar cuidado para não exagerar na quantidade e complexidade dessa documentação, pois, dessa forma, corre-se o risco de tornar o sistema excessivamente burocratizado.

O sistema de documentação para atender às exigências das normas da série ISO 9000 pode ser hierarquizado em quatro níveis:

Nível I: Documentação de abordagem geral que consiste basicamente no manual da qualidade da empresa, qual expõe e define, entre outros itens, a política de gestão da qualidade, o sistema da qualidade, a estrutura organizacional e as responsabilidades.

Nível II: São os manuais de procedimentos, que listam todos os procedimentos usados na empresa e também definem responsabilidades (quem deve fazer o quê e quando). Esses manuais abrangem todos os elementos do sistema da qualidade utilizados pela empresa (análise de contratos, aquisição, controle de processos, inspeção e ensaios etc.).

Nível III: Abrangem as instruções operacionais básicas que identificam como se deve proceder para o eficaz funcionamento do sistema. Envolvem métodos de inspeção, cronogramas de trabalho, especificações, desenhos, instruções de trabalho etc.

Nível IV: Consiste nos registros da qualidade, entre os quais citamos os resultados de inspeções, os registros de aferição, as ordens de compra, a lista de fornecedores etc. São as evidências de que as instruções (nível III) foram seguidas.

A empresa certificada deve zelar pela manutenção do seu sistema da qualidade, pois perder um certificado pode ser muito mais danoso para sua imagem do que não tê-lo. O processo de implementação pode durar de alguns meses a vários anos, dependendo do tamanho da empresa, da complexidade de seus processos e, principalmente, da existência de um sistema da qualidade e do seu grau de desenvolvimento.

Alguns dos organismos certificadores, que também são empresas de consultoria em qualidade, possuem programas específicos para auxiliar as empresas durante o processo de desenvolvimento e implementação. Caso a empresa opte por um desses programas, deverá, entretanto, escolher outro organismo certificador para avaliar e certificar seu sistema da qualidade, pois seria antiético a mesma empresa avaliar e certificar um sistema da qualidade que ela mesma ajudou a implementar.

Pode-se imaginar que o desejo de implantar um sistema da qualidade parta voluntariamente da direção da empresa que, dessa maneira, pretenda aprimorar seu processo produtivo e aumentar sua lucratividade. Mas esse nem sempre é o caso. Podemos identificar, pelo menos, quatro principais razões que levam uma empresa a implantar um sistema de gestão da qualidade fundamentado nas normas ISO série 9000:

- ❑ *Conscientização real da alta administração*: a mais eficaz entre todas.
- ❑ *Razões contratuais no fornecimento de produtos/serviços*: para outros países, para órgãos/empresas governamentais e também para um número cada vez maior de empresas de iniciativa privada. É evidentemente menos eficaz que a anterior, o tempo para a maturação é maior, mas normalmente se alcança a conscientização.
- ❑ *Competitividade*: embora não tão eficaz quanto a primeira, consegue-se de um modo geral e com grande esforço chegar à conscientização da alta administração e, portanto, conquistar a implementação do sistema.
- ❑ *Modismo*: a menos eficaz de todas, normalmente não se chega à conscientização da alta administração e, então, o processo é geralmente abandonado no meio do caminho.

4 FUNDAMENTOS DA ISO 9000 VERSÃO 1994

A ISO série 9000:1994 compreende principalmente um conjunto de cinco normas (ISO 9000 a ISO 9004) e, embora oficializadas em 1987, não podem ser consideradas revolucionárias para a época, pois foram baseadas em normas já existentes, principalmente nas britânicas BS 5750.

Além dessas cinco normas, deve-se citar a existência da ISO 8402 (Conceitos e Terminologia da Qualidade), da ISO 10011 (Diretrizes para Auditoria de Sistemas da Qualidade) e de uma série de guias ISO pertinente à certificação e registro de sistemas da qualidade. As normas ISO 9000 podem ser utilizadas por qualquer tipo de empresa, seja grande ou pequena, de caráter industrial, prestadora de serviços ou mesmo uma entidade governamental.

Deve ser enfatizado, entretanto, que as normas ISO série 9000 versão 1994 dizem respeito apenas ao sistema de gestão da qualidade de uma empresa, e não às especificações dos produtos fabricados por ela. O fato de um produto ser fabricado por um processo certificado segundo as normas ISO 9000 versão 1994 não significa que terá maior ou menor qualidade que outro, similar. Significa apenas que todos os produtos fabricados segundo esse processo apresentarão as mesmas características e o mesmo padrão de qualidade.

As normas individuais da série ISO 9000:1994 podem ser divididas em dois grandes grupos:

a) Normas Diretrizes
Diretrizes para seleção e uso das normas (ISO 9000) e diretrizes para implementação de um sistema de gestão da qualidade (ISO 9004).

b) Normas Contratuais
Normas contratuais ISO 9001, ISO 9002 e ISO 9003 são assim chamadas por se tratarem de modelos para contratos entre fornecedor e cliente.

Segue breve explicação sobre as principais características das normas da série ISO 9000:1994:

ISO 9000: Norma de Gestão da Qualidade e Garantia da Qualidade – Diretrizes para Seleção e Uso

Tem como objetivos esclarecer as diferenças e a inter-relação existente entre os principais conceitos da qualidade e fornecer diretrizes para a seleção e o uso das outras normas da série.

ISO 9001: Sistemas da Qualidade – Modelo para Garantia da Qualidade em Projetos, Desenvolvimento, Produção, Instalação e Assistência Técnica

Especifica requisitos do sistema da qualidade para uso, quando um contrato entre duas partes exige a demonstração da capacidade do fornecedor para projetar e fornecer produtos. Os requisitos especificados nessa norma destinam-se, primordialmente, à prevenção de não-conformidade em todos os estágios, desde o projeto até a assistência técnica.

ISO 9002: Sistemas da Qualidade – Modelo para Garantia da Qualidade em Produção e Instalação

Especifica requisitos do sistema da qualidade para uso, quando um contrato entre duas partes exige a demonstração da capacidade do fornecedor para controlar os processos que determinam a aceitabilidade do produto fornecido. Os requisitos especificados nessa norma destinam-se, principalmente, à prevenção e à detecção de qualquer não-conformidade durante a produção, instalação e implementação de meios para prevenir sua reincidência.

ISO 9003: Sistemas da Qualidade – Modelo para Garantia da Qualidade em Inspeção e Ensaios Finais

Especifica requisitos do sistema da qualidade para uso, quando um contrato entre duas partes requer a demonstração da capacidade do fornecedor em detectar e controlar um **produto não-conforme** durante a inspeção e os ensaios finais.

ISO 9004: Gestão da Qualidade e Elementos do Sistema da Qualidade – Diretrizes

Destina-se à organização que deseja implantar espontaneamente um sistema de gestão da qualidade. Descreve um conjunto básico de elementos pelos quais o sistema pode ser desenvolvido. Envolve todas as fases, desde a identificação inicial da criação do produto até a avaliação da satisfação final dos requisitos e expectativas do cliente, abrangendo marketing, projeto, aquisição, planejamento, desenvolvimento, produção, inspeção, armazenamento, vendas, instalação, operação, assistência técnica e de manutenção e avaliação após o uso. Sendo assim, o usuário dessa norma pode selecionar os elementos do sistema da qualidade adequados à sua realidade empresarial, considerando especificidades como requisitos de mercado, tipo de produto, processo de fabricação etc.

A decisão sobre qual das normas contratuais da série ISO 9000:1994 utilizar depende das atividades da empresa em questão. A ISO 9002 é a mais apropriada à maioria das empresas baseadas em processos de manufatura e principalmente serviços bem-estabelecidos e que não desenvolvam atividades de projeto e assistência técnica. A ISO 9001 é mais apropriada para processos que envolvem, além da produção, atividades de pesquisa e desenvolvimento e assistência técnica. A ISO 9003 engloba somente a inspeção e ensaios finais e, por isso, tem valor limitado. Na prática, essa norma não tem sido utilizada no Brasil.

A série de normas ISO 9000:1994 baseia-se em 20 requisitos ou critérios que englobam vários aspectos da gestão de qualidade. Apenas a ISO 9001:1994 exige que todos os 20 elementos estejam presentes no sistema da qualidade. A ISO 9002 faz uso de 18 desses elementos (não fazem parte dessa norma o controle de projeto e a assistência técnica), enquanto a ISO 9003 engloba somente 12 elementos.

Requisitos constituintes da ISO 9001:1994:

1. *Responsabilidade da administração:* requer que a política de qualidade seja definida, documentada, comunicada, implementada e mantida. Além disso, define qual deve ser a postura da administração em relação ao processo de implantação e manutenção do sistema de gestão da qualidade.

2. *Sistema da qualidade:* estabelece como a empresa deve documentar e manter seu sistema da qualidade, de forma a garantir que seus produtos e serviços estejam em conformidade com os requisitos preestabelecidos.

3. *Análise crítica de contratos:* os requisitos contratuais devem estar completos e bem-definidos, para que possam ser corretamente analisados quanto à sua viabilidade. A empresa deve assegurar que tenha todos os recursos necessários para atender às exigências contratuais.

4. *Controle de projeto:* todas as atividades referentes a projetos (planejamento, coordenação, métodos para revisão, mudanças, verificações etc.) devem ser previstas em documentos específicos, caso a empresa o desenvolva. Porém, mesmo que a empresa utilize algum tipo de projeto de terceiro, seu recebimento, sua utilização e os procedimentos de mudanças nesses projetos também devem estar previstos nessa documentação.

5. *Controle de documentos e de dados:* requer procedimentos para controlar a geração, distribuição, mudança e revisão em todos os documentos. Os documentos da qualidade instruem a execução do processo; os registros da qualidade fornecem evidências de que as instruções contidas nos documentos da qualidade foram executadas.

6. *Aquisição:* esse item procura garantir que as matérias-primas atendam às exigências especificadas e que se deve instituir uma metodologia para controle e classificação dos fornecedores.

7. *Controle de produto fornecido pelo cliente:* esse item observa a necessidade de se instituir procedimentos controlados para verificação da qualidade de eventuais produtos fornecidos pelo cliente que devam ser utilizados ou processados pela empresa certificada.

8. *Identificação e rastreabilidade do produto:* a norma recomenda que se estabeleça a identificação do produto por item, série ou lote durante todos os estágios da produção, entrega e instalação.

9. *Controle de processo:* as fases de processamento de um produto devem ser controladas e documentadas, baseadas em padrões predefinidos, utilizando instrumentos específicos para coleta, tratamento e análise de dados.

10. *Inspeção e ensaios:* esse item estipula que as matérias-primas e os produtos acabados sejam inspecionados antes de sua utilização, visando à garantia da sua adequação aos padrões mínimos necessários.

11. *Controle de equipamentos de inspeção, medição e ensaios:* requer procedimentos para a calibração/aferição, controle e manutenção de equipamentos e ferramentas. Prevê inclusive que se estabeleça uma política de armazenagem para esses instrumentos.

12. *Situação de inspeção e ensaios:* deve haver no produto algum mecanismo indicador que demonstre por quais inspeções e ensaios ele passou e se foi aprovado ou não. Deve-se ter também um sistemático controle do resultado, quando a inspeção e/ou ensaio já encerraram e do andamento da inspeção e/ou ensaio, quando ainda estiverem em curso.

13. *Controle de produto não-conforme:* os produtos não-conformes, ou seja, os que divergirem das especificações quando do momento de sua fabricação, devem ser identificados por inspeções e obedecer a um cronograma preestabelecido de procedimentos, visando à sua perfeita identificação, recuperação ou descarte. A norma sugere que se implementem procedimentos que garantam que esses produtos não-conformes jamais cheguem aos consumidores.

14. *Ação corretiva e ação preventiva:* a ação corretiva trata dos procedimentos preestabelecidos quando da identificação de uma não-conformidade, em que se buscam suas causas e implementam-se procedimentos para sua solução. Já a ação preventiva trata dos procedimentos rotineiros que visam evitar a ocorrência de alterações no sistema produtivo da empresa em seus diversos recursos.

15. *Manuseio, armazenamento, embalagem, preservação e entrega:* requer que a empresa institua procedimentos documentados para elucidar como os funcionários farão o manuseio, armazenamento, embalagem e expedição de produtos e insumos.

16. *Controle de registros da qualidade:* devem-se manter registros da qualidade ao longo de todo o processo de produção, os quais devem ser devidamente arquivados e protegidos contra danos e extravios e estar com fácil acesso para serem consultados a qualquer momento.

17. *Auditorias internas da qualidade:* têm como principal objetivo determinar a eficácia do sistema da qualidade existente por meio da confrontação entre o que foi realizado e o que estava planejado. No caso da ISO 9000 versão 1994, as auditorias internas trabalham quase que exclusivamente com base na documentação da qualidade (instruções *versus* fichas de verificações de serviços).

18. *Treinamento:* foca principalmente quatro grandes aspectos do treinamento – identificação de necessidades; viabilização de recursos físicos, humanos e financeiros para realização do treinamento; sua realização propriamente dita; e mensuração de sua eficácia. É bem verdade que, na prática, o último item (mensuração) tem sido deixado um pouco de lado em face da dificuldade que as empresas enfrentam para praticá-lo.

19. *Serviços associados:* requerem procedimentos para garantir a assistência a clientes e todas as outras formas de serviços que não sejam o processo produtivo em si e possam ser agregados ao produto antes, durante e após a produção.

20. *Técnicas estatísticas:* o sistema prevê que se utilizem recursos estatísticos para coleta e análise de dados referentes ao andamento do processo produtivo. Esses dados devem, ou pelo menos deveriam, subsidiar (*feedback*) todo o sistema, informando aonde os principais erros e acertos vêm ocorrendo, servindo como importante ferramenta de melhoria contínua do sistema.

As organizações que possuem um certificado ISO 9000 versão 1994 têm prazo até dezembro de 2003 para adaptar (e auditar) seu sistema da qualidade às exigências da nova versão 2000, as quais serão resumidamente demonstradas e comentadas no item a seguir.

5 FUNDAMENTOS DA ISO 9000 VERSÃO 2000

No dia 15 de dezembro de 2000, após mais de quatro anos de discussões, foi finalmente publicada a nova série de normas ISO 9000. Os usuários de todas as partes do mundo, ouvidos por pesquisa conduzida pela própria ISO, foram muito críticos em relação à ISO 9001 edição de 1994, classificando-a como "pesadona", "confusa" e com "forte viés de manufatura". Esses aspectos foram detalhadamente analisados, em conjunto com as sugestões dos usuários que queriam uma norma voltada para os processos da organização, para seus clientes e para a melhoria contínua do desempenho do sistema de gestão da qualidade (SGQ).

A partir disso, o Subcomitê (SC2) do TC 176 da ISO desenvolveu um modelo de processo para retratar os requisitos genéricos de um SGQ, como na Figura 4.1.

Fonte: NBR ISO 9001 (2000).

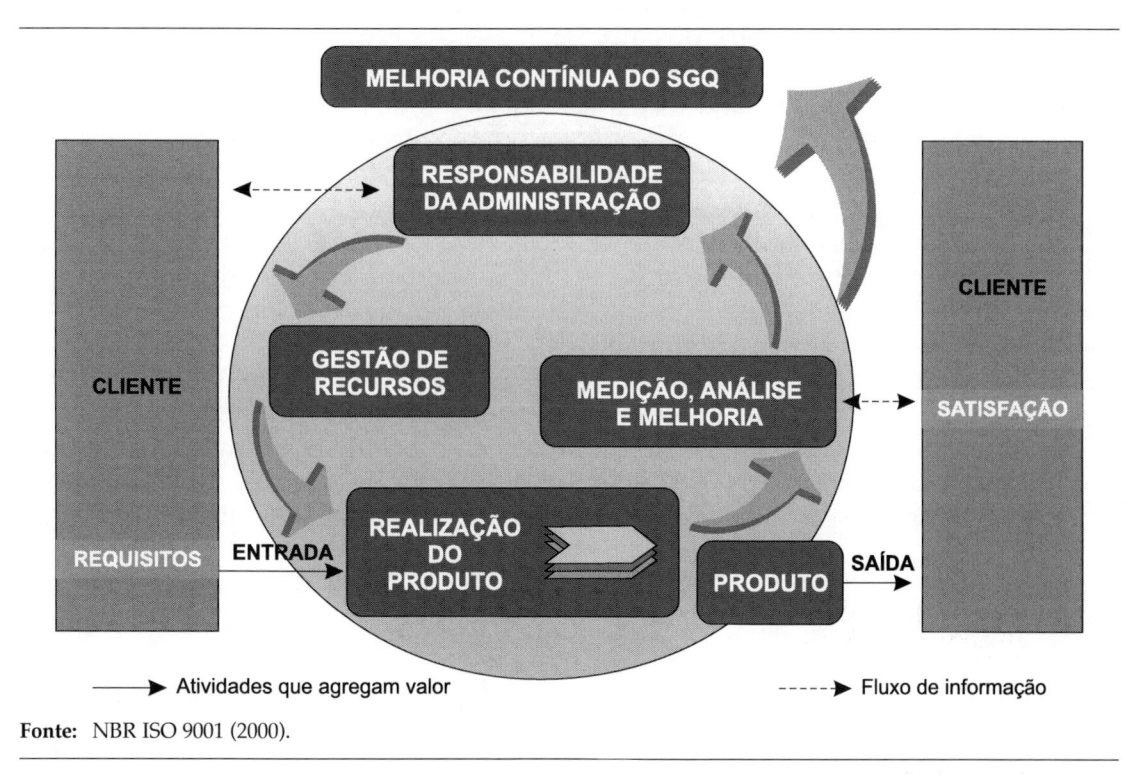

Figura 4.1 Modelo de sistema de gestão da qualidade baseado em processos.

O resultado final dessas considerações foi a criação de um novo formato para a ISO 9001, direcionado a um enfoque de processo unificado, o qual classifica as atividades de uma organização em cinco seções básicas: sistema da qualidade; responsabilidade da administração; gestão de recursos; realização do produto e medição, análise e melhoria. As seções anteriores às já citadas, que procuram fazer uma apresentação prévia da estrutura, vocabulário e objetivos da norma, são: introdução, objetivo, referência normativa e termos e definições.

A estrutura da nova norma ISO 9001:2000, portanto, ficou da seguinte forma:

0. Introdução.
1. Objetivo.
2. Referência Normativa.
3. Termos e Definições.
4. Sistema de Gestão da Qualidade.
5. Responsabilidade da Administração.
6. Gestão de Recursos.
7. Realização do Produto.
8. Medição, Análise e Melhoria.

Com a nova versão da ISO 9000 deixaram de existir as normas certificadoras 9002 e 9003, devendo os sistemas da qualidade ser enquadrados apenas na norma 9001 e sendo necessário o esclarecimento de quais itens foram excluídos das auditorias por inexistirem no sistema de gestão da empresa.

As eventuais exclusões estão limitadas somente aos requisitos da seção 7 e cada uma deve ser explicada no manual da qualidade, a fim de garantir que os clientes não sejam induzidos a erros nem fiquem confusos sobre o objetivo do SGQ da organização (os organismos certificadores credenciados deverão explicitar essas exclusões nos certificados ISO 9001:2000 que emitirem).

A empresa deve definir claramente quais produtos estão dentro do escopo do SGQ. Os que estiverem incluídos nesse escopo deverão atender a todos os requisitos da ISO 9001:2000, a menos que a organização possa demonstrar claramente que certos requisitos da seção 7 não sejam aplicáveis.

Exclusões típicas podem envolver: a) projeto – se a empresa não for a responsável pelo projeto ou desenvolvimento dos produtos que fornece; b) propriedade do cliente; c) identificação e rastreabilidade; d) controle de dispositivos de monitoramento e medição, especialmente no caso de organizações do setor de serviços.

A nova versão da família NBR ISO 9000 é composta pelas seguintes normas:

ISO 9000 (Sistema de gestão da qualidade: fundamentos e vocabulário) – Descreve os fundamentos de sistemas de gestão da qualidade e estabelece a terminologia para esses sistemas.

ISO 9001 (Sistema de gestão da qualidade: requisitos) – Especifica requisitos para um sistema de gestão da qualidade – no qual uma organização precisa demonstrar sua capacidade para fornecer produtos que atendam aos requisitos do cliente e aos regularmente aplicáveis – e objetiva aumentar a satisfação dos clientes.

ISO 9004 (Sistema de gestão da qualidade: diretrizes para melhoria de desempenho) – Fornece diretrizes que consideram tanto a eficácia como a eficiência do sistema de gestão da qualidade. O objetivo dessa norma é melhorar o desempenho da organização e a satisfação de clientes e de outras partes interessadas.

Cabe citar também as seguintes normas de apoio:

ISO 1006 (Gestão da qualidade: diretrizes para a qualidade no gerenciamento de projetos) – Estabelece orientações para uma eficiente e eficaz gestão de projetos.

ISO 19011 (Diretrizes para auditoria em sistemas de gestão da qualidade e ambiental) – Fornece diretrizes sobre auditoria de sistemas de gestão da qualidade e ambiental.

A seguir, faremos breve explanação sobre os conteúdos constantes das seções básicas da norma NBR ISO 9001/2000.

5.1 Seção 4 – Sistema de Gestão da Qualidade

Esta seção estabelece requisitos globais para o sistema de gestão da qualidade, tratando de itens como melhoria contínua de sua eficácia e constituição mínima da sua documentação, indicando as suas características principais e os requisitos de controle.

São salientadas as necessidades de se mapear, interpretar, criticar e monitorar os diversos processos da organização, bem como implementar as ações necessárias para seu aprimoramento contínuo.

5.2 Seção 5 – Responsabilidade da Administração

Esta seção indica as responsabilidades da alta direção em relação ao sistema de gestão da qualidade, incluindo seu comprometimento, foco no cliente, planejamento e comunicação interna. A cúpula administrativa, com a nova ISO 9001, passará a ter um papel bem mais atuante em relação ao SGQ.

É requerido agora que a alta administração: forneça evidências de seu comprometimento com o desenvolvimento, a implementação e a melhoria contínua da eficácia do SGQ; assegure que os requisitos do cliente são determinados e cumpridos; estabeleça a política da qualidade e garanta que essa política forneça uma estrutura para definir e analisar criticamente os objetivos da qualidade; estabeleça os objetivos da qualidade nas funções e níveis pertinentes da organização e assegure que tais objetivos sejam mensuráveis e estejam de acordo com a política da qualidade; assegure que seja realizado o planejamento das atividades para o SGQ; assegure que sejam definidas e comunicadas as responsabilidades, autoridades e suas inter-relações; designe um representante da direção; assegure que sejam estabelecidos, na organização, processos apropriados de comunicação interna; conduza análises críticas periódicas do SGQ e demonstre que são tomadas decisões e ações relacionadas a atividades de melhoria do SGQ, dos processos e dos produtos da organização com base nessas análises.

5.3 Seção 6 – Gestão de Recursos

Esta seção requer que a organização determine e forneça recursos para implementar, manter e continuamente melhorar a eficácia do sistema de gestão da qualidade. Também são requeridos que sejam determinados e fornecidos os recursos necessários para aumentar a satisfação do cliente, atendendo aos seus requisitos.

A organização deve garantir que o pessoal encarregado das atividades que afetam a qualidade do produto seja competente com relação a educação, treinamento, habilidade e experiência. A organização ainda deve determinar, prover e manter a infra-estrutura necessária para alcançar a conformidade com os requisitos do produto (edifícios, instalações, equipamentos e serviços de apoio). É determinado ainda que se deve gerenciar e fornecer condições necessárias do ambiente de trabalho para alcançar a máxima produtividade.

5.4 Seção 7 – Realização do Produto

Esta seção diz que a organização deve planejar e desenvolver os processos necessários para a realização do produto e que esse planejamento deve ser coerente com os requisitos de outros processos do SGQ.

Para tal, é necessário que se estabeleçam os processos relacionados aos clientes e se indiquem os requisitos relacionados ao produto, procedendo à sua análise crítica. Tão fundamental quanto esse item deve ser o planejamento do projeto e do desenvolvimento, no qual devem ser determinadas as premissas básicas para a entrada, saída, análise crítica, verificação, validação e controle de alterações do projeto e do desenvolvimento de produtos.

Essa seção também trata das questões relacionadas com planejamento, implementação e controle do processo de aquisição e do processo de produção e fornecimento do serviço, incluindo identificação e rastreabilidade, preservação e controle dos dispositivos de medição e monitoramento do produto.

5.5 Seção 8 – Medição, Análise e Melhoria

Nesta parte da norma é indicada a necessidade de se planejar e implementar os processos necessários ao monitoramento, medição, análise e melhoria para demonstrar a conformidade do produto e a eficácia do sistema de gestão da qualidade, pela determinação de métodos aplicáveis, incluindo técnicas estatísticas e a extensão de seu uso.

Essa seção trata especificamente da medição da satisfação dos clientes, das auditorias internas, da medição e monitoramento dos processos e dos produtos, do controle do produto não-conforme e da análise de dados. Dando especial atenção à aplicabilidade desses itens, visando à melhoria contínua do sistema, estabelecendo-se a necessidade de utilização sistemática e pragmática dos conceitos de ação corretiva e ação preventiva.

A Figura 4.2, a seguir, mostra como os 20 elementos da ISO 9001:1994 foram redistribuídos pelas cinco novas seções da edição 9001:2000.

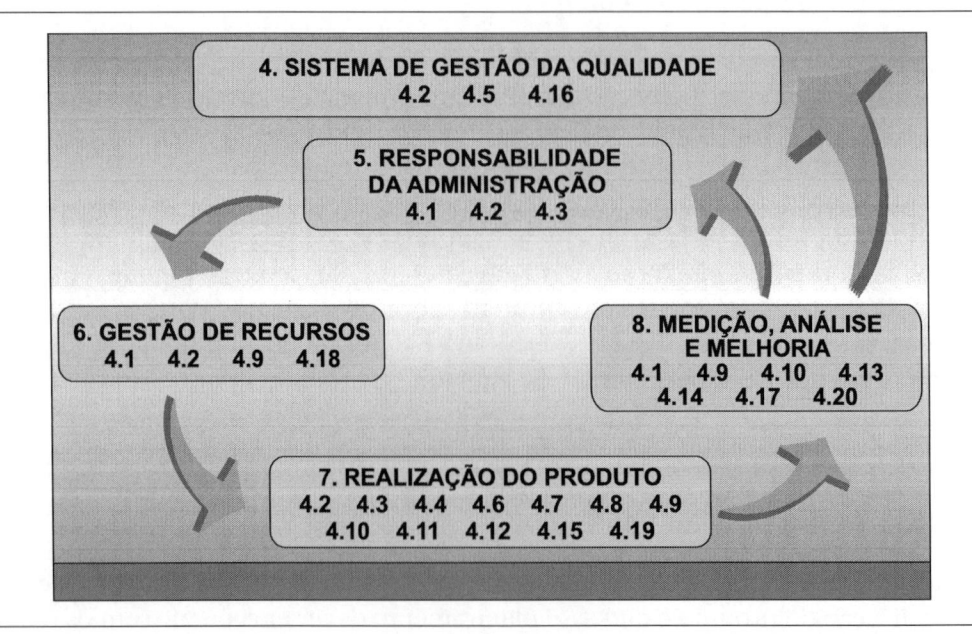

Figura 4.2 Redistribuição dos requisitos da ISO 9001:1994 pelas cinco seções da ISO 9001:2000.

> A nova ISO 9001:2000 contém apenas seis áreas que requerem, de forma obrigatória, a existência de procedimentos documentados. Eles estão explicitados nas seguintes subseções:
> 4.2.3. Controle de documentos.
> 4.2.4. Controle de registros da qualidade.
> 8.2.2. Auditoria interna.
> 8.3. Controle de produto não-conforme.
> 8.5.2. Ação corretiva.
> 8.5.3. Ação preventiva.

Além do manual da qualidade, a nova norma exige que a organização, para realizar suas atividades de produção e serviços associados sob condições controladas, deva considerar a disponibilidade de instruções de trabalho. Para todas as outras áreas que não as citadas nos itens acima, fica a critério de cada organização definir quais documentos (procedimentos) cada uma necessitará, a fim de garantir o planejamento, a operação e o controle efetivo de seus processos.

Essa flexibilidade para com os procedimentos exigirá da empresa um cuidado muito maior em relação às suas necessidades de documentação, o que levará também os organismos certificadores credenciados a auditarem o SGQ com base em verificações e entrevistas com as pessoas-chave da organização, as quais deverão demonstrar efetivo controle sobre os processos, com ou sem instruções documentadas, e sobre o SGQ como um todo.

Verifica-se junto às empresas certificadas que os maiores desafios para sua adequação à nova ISO 9001 têm sido a dificuldade de estabelecimento e implementação das medições; a incorporação da abordagem de processos voltados à gestão dos negócios; a mudança do enfoque e do pensamento fundamentado unicamente em conformidades; e o envolvimento efetivo dos membros da alta administração nas questões relacionadas ao SGQ.

6 PRINCIPAIS EVOLUÇÕES E DIFERENÇAS DA ISO 9000:2000 EM RELAÇÃO À ISO 9000:1994

As diferenças e evoluções da ISO 9001:2000 em relação à versão 1994 representam um compromisso com vários aspectos da organização. Além de apresentar uma linguagem mais fácil e possuir maior flexibilidade para o cumprimento de vários requisitos, a nova edição espera que os resultados do SGQ para a organização sejam mais eficazes.

Convém que as organizações examinem essas diferenças a seguir apresentadas, considerando-as como ponto de partida para reformular seu SGQ, mesmo que sejam redesenhados apenas alguns elementos necessários. As diferenças e principais evoluções são apresentadas a seguir.

6.1 A Alta Direção Deve Demonstrar Claramente Seu Comprometimento

A ISO 9001 versão 2000 exige o comprometimento claro e efetivo da alta direção com o SGQ, a fim de torná-lo de fato eficaz e fazendo que seja um instrumento para alcance dos objetivos empresariais, além de prepará-lo para as auditorias; em outras palavras, deve haver evidência objetiva de que a alta direção esteja gerenciando o sistema e tomando suas decisões com base nele.

Essa alteração é de grande interesse, pois indica o que estava faltando nos sistemas da qualidade de muitas organizações. Quantas organizações já não empregaram enormes quantias de dinheiro, tempo, energia, pessoas e outros recursos na criação de sistemas da qualidade que, na verdade, apenas aparentavam eficiência, pois a direção não dedicava atenção e envolvimento necessários para o desenvolvimento e uso do sistema?

6.2 A Organização Deve Utilizar Indicadores de Satisfação dos Clientes para Determinar a Eficácia do SGQ e Identificar Oportunidades de Melhoria

Embora a satisfação dos clientes fosse um dos objetivos da ISO 9000:1994, ela não exigia sua medição para demonstrar melhoria nesse sentido. A melhoria do SGQ constitui agora novo requisito que será demonstrado com maior evidência e poderá ser obtida mais facilmente com a utilização de técnicas de pesquisa sobre a satisfação dos clientes, o que, conseqüentemente, possibilitará a retroalimentação, auxiliando a continuidade de melhorias para satisfazer aos clientes.

6.3 Os Objetivos da Qualidade Devem Ser Mensuráveis

Na nova versão, os requisitos referentes à política da qualidade não são apresentados apenas na subseção 5.4.1 – *Objetivos da Qualidade*. Eles são discutidos também nas outras cinco principais seções, o que significa que é necessário traçar e divulgar efetivamente para toda a organização os objetivos da qualidade para que possam nortear todos os escalões da empresa. Cabe salientar que eles devem ser claros e mensuráveis, caso contrário não há como ter certeza da melhoria do SGQ nem ter responsabilidade por eles ou motivação para buscá-los.

6.4 A Melhoria Contínua da Eficácia do SGQ Constitui Requisito Explícito na Nova ISO 9001

Embora a ISO versão 1994 não exija explicitamente a melhoria contínua do sistema da qualidade, ela contém um conjunto de itens (4.1.3 – *Análise crítica pela administração*, 4.17 – *Auditorias internas da qualidade* e 4.14 – *Ação corretiva e ação preventiva*) que deve ser aplicado à empresa e acaba, de certa forma, proporcionando um resultado voltado para a melhoria dos processos e do próprio sistema. Porém, esse conjunto de itens não tem fomentado a obtenção dos resultados que realmente eram esperados.

O fato é que a ISO 9001:1994 atribui pouca responsabilidade à alta direção em relação à melhoria contínua, não havendo, por exemplo, quaisquer requisitos ou exigências mais específicos referentes à política da qualidade que desencadeiem na melhoria contínua do SGQ. Na nova versão, essa situação foi modificada: a melhoria contínua passou a ser um item explícito (8.5.1 – *Melhoria Contínua*).

6.5 A Alta Direção Deve Considerar a Melhoria Contínua da Eficácia do Processo e dos Produtos Durante a Análise Crítica

A subseção 5.6.3 (*Análise crítica pela direção – Saídas da análise crítica*) diz que medições de saídas devem incluir quaisquer decisões e ações relacionadas à melhoria da eficácia do sistema de gestão da qualidade, de seus processos e do produto em relação aos requisitos do cliente, garantindo claramente que o sistema e os produtos desenvolvidos sejam obrigatoriamente medidos e verificados, no sentido de se obter informações que serão utilizadas como retroalimentação a qual contribuirá para o seu aperfeiçoamento contínuo.

6.6 A ISO 9001:2000 Especifica Apenas Seis Elementos do SGQ que Necessitam Obrigatoriamente de Procedimentos Documentados

A ISO 9000:1994 dava margem a uma interpretação equivocada sobre a quantidade necessária de registros documentais, o que gerava documentos e registros em excesso para cada requisito da norma. O resultado real dessa prática é uma produção maciça de documentos que codificam cada atividade da organização, reprimindo, assim, a flexibilidade e criando procedimentos incômodos que, na prática, não são aproveitados.

Com a nova norma não é necessário criar procedimentos documentados para todos os processos, podendo-se eliminar a documentação e os registros desnecessários, o que incentiva sua análise, simplificação e melhoria e também faz que a organização fique com um conjunto menor de procedimentos e registros realmente úteis e importantes, que podem ser utilizados de forma eficaz e transmitir algo útil à direção e à organização.

6.7 Inclusão de Itens Relacionados a Todo o Processo de Desenvolvimento do Produto

Na versão 2000, passou-se a incluir amplos requisitos, relacionados à criação e ao desenvolvimento do produto, que vão além da pura atividade do projeto, contemplando detalhadamente seu planejamento, suas fases de desenvolvimento, entradas necessárias, detalhamento, saídas, apresentação, análise crítica, avaliações, verificação final, validação e o controle das alterações que eventualmente surjam, conforme descrito na seção 7 da nova norma.

6.8 Melhor Esclarecimento da Aplicabilidade dos Conceitos de Manuseio, Armazenamento, Embalagem e Preservação

A nova norma esclareceu a ambigüidade que havia em relação aos requisitos de manuseio, armazenamento, embalagem e preservação na norma de 1994, na qual havia dúvidas sobre sua aplicação somente ao produto final ou a todos os estágios de processamento interno. A nova norma estabelece, de forma muito mais clara, que esses itens se aplicam a todos os estágios de processamento, bem como à entrega final do produto, independentemente de esses requisitos estarem ou não especificados em contrato.

6.9 Evolução de Enfoque: da "Garantia da Qualidade" para "Gestão da Qualidade"

A nova norma transcendeu a função pura de garantia da qualidade, que caracterizava a versão 1994, deixando de entender que o sistema da qualidade era responsável apenas pela garantia de que os requisitos da qualidade fossem atendidos e passando a ampliar a função do sistema da qualidade para a "gestão da qualidade". Então, a partir de agora, o sistema passa a ser responsável pela gestão de todas as atividades e recursos empresariais, visando à obtenção dos objetivos maiores da qualidade.

6.10 Mudança do Significado de Termos e Definições

A nova norma estabeleceu a modificação do significado de alguns termos e definições utilizados na versão 1994, visando melhorar seu entendimento e sua aplicabilidade. Dentre eles citamos: o termo *organização* substitui o termo *fornecedor*, que substitui o termo *subcontratado*; o termo *produto* passa a se referir também a *serviço* e o termo *cliente* passou a significar todas as partes interessadas no produto oferecido.

A análise de todas essas diferenças deixa bem clara a necessidade de se afastar a idéia de um SGQ que possa ser constituído por uma série de partes que recebam tratamento isolado, pois, embora se dependa da eficiência de cada uma delas, seu efeito integrado e conseqüentemente o ganho sinérgico que proporcionam para a organização é fundamental. Um sistema de gestão verdadeiramente eficaz depende da ótima interação de todos os seus processos.

Referências Bibliográficas

ASSOCIAÇÃO BRASILEIRA DE NORMAS TÉCNICAS – ABNT. Disponível em: <www.abnt.org.br>, acesso em: 30/03/02.

BALLESTERO-ALVAREZ, M. E. (Org.). *Administração da qualidade e da produtividade*: abordagens do processo administrativo. São Paulo: Atlas, 2001.

BARROS, C. D. C. Implantando um projeto de qualidade e participação. *Controle da Qualidade*. São Paulo, n. 6, p. 6-8, out./nov. 1991.

BROOMFIELD, J. *Análise detalhada das diferenças mais importantes da nova ISO 9001*. Disponível em: <www.qsp.com.br>, acesso em: 24 de abr. de 2002.

DE CICCO, F. *A nova ISO 9000:2000*. Disponível em: <www.qsp.com.br>, acesso em: 21 de abr. de 2002.

KANHOLM, J. *ISO 9000 explicada*: normas de 1994. São Paulo: Pioneira, 1995.

MELHADO, S. B. *Gestão, cooperação e integração para um novo modelo voltado à qualidade do processo de projeto na construção de edifícios*. Tese (Livre-Docência) – Escola Politécnica, Universidade de São Paulo, São Paulo, 2001.

NBR ISO 9000 – Sistema de gestão da qualidade: fundamentos e vocabulário. Rio de Janeiro: ABNT, 2000.

NBR ISO 9001 – Sistema de gestão da qualidade: requisitos. Rio de Janeiro: ABNT, 2000.

NBR ISO 9004 – Sistema de gestão da qualidade: diretrizes para melhorias de desempenho. Rio de Janeiro: ABNT, 2000.

NBR ISO 9000 – Coletânea de Normas para Sistemas da Qualidade. Rio de Janeiro: ABNT, 1994.

OLIVEIRA, O. J. *Gestão da qualidade na indústria da construção civil*. Dissertação (Mestrado em Administração) – PUC-SP. São Paulo, 2001.

OLIVEIRA, O. J.; GOZZI, S. Sistema de gestão da qualidade em empresas de construção: um estudo de caso. In: *Seminários Avançados de Administração da FEA/USP*. São Paulo: FEA/USP, 2001.

Capítulo 5

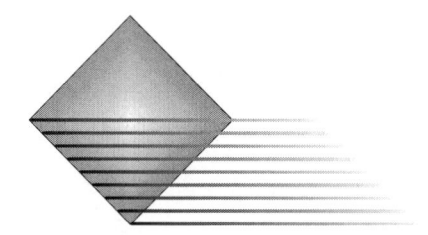

Uma Visão Sociológica dos Programas de Qualidade

Esther Cabado Modia

INTRODUÇÃO

O desenvolvimento da atividade produtiva no decorrer do século XX até os dias de hoje remete ao passado das práticas fordistas-tayloristas, tanto como apontam para inovações tecno-organizacionais cujas raízes teórico-operacionais indicam o Oriente como seu principal divulgador. Os conceitos sobre ***toyotismo***, *just-in-time*, *kaizen*, *downsizing* e reengenharia foram introduzidos na cultura ocidental, notadamente no Brasil, oriundos do Japão, na década de 70, e nos anos 80 popularizaram-se entre os empresários e tornaram-se moda, tendo sido seus conceitos estudados e analisados tanto pelas empresas de consultoria organizacional como pelas universidades.

A crise econômica brasileira, principalmente nos anos 80, com a redução do mercado interno, fez que os empresários incrementassem as exportações e sentissem as pressões internacionais, passando a visar à melhoria da qualidade dos produtos e à obediência a padrões de qualidade, até então ignoradas em nosso país.

Dessa forma, consultores, empresários, professores universitários, "deslumbrados" com a prosperidade japonesa, procuraram introduzir nas empresas brasileiras os programas acima citados, exatamente da mesma maneira como foram implantados no Japão, sem levar em conta as diferenças socioculturais existentes entre o povo japonês e o brasileiro.

A pressa dos empresários em sair da crise, o oportunismo dos consultores em vender "pacotes prontos" de produtividade, melhoria da qualidade e reestruturação produtiva fizeram que o fator humano, o que realmente move as empresas, ficasse à margem, ignorado como sujeito, tido este como o indivíduo participante e envolvido com o processo e no processo. Não demorou muito para os problemas relacionados à motivação no trabalho aparecerem. O tempo mostrou os enganos.

Por outro lado, é inegável, hoje, a melhoria do padrão de qualidade do parque industrial brasileiro, da comercialização e dos serviços. O tema "qualidade" desponta com unanimidade e falar sobre ele tornou-se um "culto" e uma "devoção" em praticamente todos os setores da sociedade.

Assim, o conceito de "qualidade" permeia e atua como marca registrada das inovações de gestão empresarial. Isso posto, o foco central deste texto é fazer uma reflexão sociológica sobre as práticas da qualidade na perspectiva da **Psicopatologia do Trabalho** de Dejours e colaboradores (1994).

1 QUALIDADE X TAYLOR X PRÁTICAS JAPONESAS

> A qualidade corresponde à correção de erros de produtos com defeitos, à simplificação e à racionalização de procedimentos de tarefas e à agilização da comercialização dos produtos. Por esses motivos, a qualidade refere-se a padrões de procedimentos que visam adequar e uniformizar os produtos, tendo em vista sua aceitação pelo consumidor/cliente, com a intenção de torná-lo cativo e fiel no seu consumo.

Satisfazer ao consumidor/cliente, seduzi-lo com um produto que reúna as propriedades e atributos próprios de sua finalidade, constitui-se no ponto-chave da gestão de qualidade. A qualidade de um produto pode ser medida por um conjunto de características, parâmetros e especificações inerentes ou associados ao produto.

Nesse sentido, a vinculação da qualidade à satisfação do cliente, a competitividade das organizações e a necessidade de conquistar mercados internacionais fizeram os empresários brasileiros adotarem as normas ISO, em meados da década de 80, no mesmo momento em que os programas de qualidade estavam sendo implantados.

Os programas de qualidade validados pelo sucesso da experiência japonesa e pela certificação ISO foram incrementados à risca e cristalizaram a esfera do poder por parte dos dirigentes empresariais. Tornou-se fácil convencer os subordinados que obedecer de forma irrestrita é o melhor para todos.

Ao normatizar rigidamente padrões de procedimentos e de conduta, as empresas ratificaram e sacramentaram os postulados fordistas-tayloristas e mecanicistas que fundaram a administração científica, nos quais o principal pressuposto é a separação entre os que pensam e os que fazem. Como diz Freddo (1998):

> Na história da empresa, será tarefa do executivo de baixa e média hierarquia ser a "ponte" entre a alta administração e o subordinado, mediando a tomada de decisões dos executivos e o fazer dos subordinados. Se, em um primeiro momento, sua tarefa é reproduzir a ideologia da empresa, em um segundo momento sua tarefa será "construir" a obediência, o que se concretizará em comportamentos instrumentalizados em benefício da empresa. Obediência que se refere à internalização de comportamentos que introduzem, superegoicamente, normas, "leis" de conduta desejadas, que *fazem* com que o sujeito *faça*.

Neste ponto, faz-se necessário salientar as semelhanças e as diferenças entre a administração científica de Taylor e Ford alardeada por acadêmicos equivocados, consultores vorazes e empresários ávidos por modismos, como teorias ancestrais ultrapassadas e as supostas inovações vindas do país do sol nascente que têm o poder de, supostamente, abarcar e beneficiar a qualidade, a tecnologia e também as pessoas que trabalham nas empresas.

Historicamente, o Japão isolou-se do mundo durante o período de 1639 a 1854. Ao restabelecer relações comerciais e culturais, percebeu o quanto o mundo havia mudado e, ao procurar recuperar-se do atraso administrativo-tecnológico, tratou de incorporar os princípios da emergente revolução tecnológica do Ocidente.

Os princípios da **administração científica** foram implementados nas organizações japonesas[1] sem ferir os princípios milenares do comportamento comunitário nos quais a empresa representa uma família. Como dizem Vergara e Yamamoto (1996) sobre o objetivo geral da empresa japonesa:

> O objetivo geral é manter o sentido de coletividade, expresso na existência mesma da empresa. Certamente, a empresa japonesa é diferente da empresa norte-americana, onde os indivíduos com objetivos idênticos se reúnem sob a empresa e tentam realizá-los, usando os meios disponíveis.

O modo de pensar japonês está fortemente voltado para o coletivo e para a harmonia entre os componentes de uma comunidade, em contraposição ao modo de pensar capitalista, que se caracteriza pela competição e pelo individualismo. Mas essas diferenças não impediram o fortalecimento e a adaptação da teoria de Taylor nas empresas japonesas, tendo um dos pontos que amalgamaram as duas culturas se alicerçado na disposição do japonês para a disciplina, a perseverança e a obediência irrestrita à autoridade. Outro fator histórico contribuiu para a aderência do ideário capitalista: a perda da guerra para os norte-americanos na Segunda Guerra Mundial e a chegada dos norte-americanos no Japão, com o Plano Marshall.

Bär (1996) ressalta as diferenças culturais, sociais, econômicas e políticas entre os japoneses e os brasileiros. O autor compara as duas culturas relacionadas ao contexto organizacional e enfatiza o inconsciente coletivo *samurai* do japonês, voltado para a valorização do coletivo, cooperação, tendência à estabilidade (no emprego), disciplina, conformidade e obediência à autoridade. Por sua vez, o arquétipo do brasileiro é *Macunaíma*: bonachão, indolente, alegre e irreverente.

Tais comparações simbólicas servem para assinalar que o que funciona muito bem no Japão, como relacionamento interpessoal nas organizações, pode não ser bem interpretado pelo trabalhador brasileiro.

Sabe-se que, no Brasil, algumas empresas pioneiras na introdução de programas de qualidade, em tempos passados, em sua ortodoxia de copiar o pensamento japonês e inculcá-lo no modo brasileiro de pensar, ao iniciar o treinamento dos funcionários, com o intuito de desenvolver a reflexão, o pensamento holístico, a disciplina, o respeito mútuo, ofereceram a *cerimônia do chá*, de acordo com o ritual japonês. Gasto inútil. O brasileiro homenageia a amizade com churrasco, reza na igreja e não tem paciência para o pensamento contemplativo.

---

[1] Os Princípios de Administração Científica de Taylor foram traduzidos para o japonês por Yoichi Ueno, considerado o pioneiro da administração científica no Japão, por volta de 1920. Ueno foi recebido nos Estados Unidos em 1928 por Emerson e pela esposa de Taylor, quando da ocasião de uma visita de uma delegação japonesa a algumas fábricas norte-americanas.

Aguiar (1983, 2000) vem alertando sistematicamente em suas pesquisas e textos sobre as conseqüências de se aplicar técnicas da administração japonesa *sine qua non*, nas empresas no Brasil, ignorando a realidade do tecido social e o modo de pensar do brasileiro. A crítica mais contundente de Aguiar é que tais práticas são "instrumentos de doutrinação e controle, antes que de inovação e participação" e que, a longo prazo, reduzem a capacidade criativa e a iniciativa do funcionário.

De uma forma mais ampla, Forrester (1997), em sua crítica ao capitalismo e à globalização, alerta sobre a exclusão e massificação do trabalhador, elaborando um quadro sombrio e pessimista para o futuro do trabalho: repetitivo e fragmentado, sem especialização, de um trabalhador que obedeceu a regras a vida inteira e não teve espaço para adquirir conhecimento tecnológico de modo a compreendê-lo e refletir sobre ele.

Há que se lembrar que o ideário do **fordismo-taylorismo** defende:

- A divisão do trabalho e sua especialização.
- A produção em massa.
- O estudo de tempos e movimentos.
- O desenho de cargos e tarefas.
- A padronização.
- A produtividade no trabalho.

Do mesmo modo, os pontos que os programas de qualidade defendem são convergentes com o taylorismo. São eles:

- A redução da complexidade do trabalho.
- A racionalização do trabalho.
- A produtividade no trabalho.
- O foco da atividade centrado no cliente-consumidor.

As conseqüências do processo de trabalho taylorista-fordista, ao longo do tempo, conduzem a um desgaste do organismo humano pela repetição e pela rapidez de movimentos mecânicos, pois o corpo trabalha automaticamente, condicionado pela repetição, não havendo condições de a pessoa pensar no que faz. Além disso, no trabalho dividido em migalhas, a pessoa não possui noção sistêmica sobre ele e, conseqüentemente, não consegue ter uma consciência crítica do seu trabalho, o que leva a um estreitamento da percepção e da consciência e à falta de apego a ele.

É por isso que as conseqüências dos programas de qualidade conduzem, basicamente:

- A um distanciamento da reflexão crítica, por parte do trabalhador.
- A uma aceitação dos conceitos do trabalho como algo que não pode ser questionado.
- A limitação da possibilidade de inovar algo no trabalho, por iniciativa própria ou ação coletiva.

❏ A uma limitação do poder dos funcionários.

❏ A um aumento da disciplina exercida sobre os trabalhos individuais e em grupos, no local de trabalho.

O trabalhador, submetido a normas e procedimentos que não entende, devido à fragmentação das suas tarefas e à obediência inquestionável às normas, como se fossem divinas, vê comprometido seu bem-estar no trabalho. A impossibilidade de poder criar algo "de seu" na rotina do dia-a-dia na empresa, de se envolver com a tarefa, de ter alguma liberdade na execução de seu serviço, torna-o vulnerável ao **sofrimento no trabalho**.

Nota-se, com perplexidade, atualmente, que, apesar dos altos índices de desemprego, as pessoas regularmente empregadas e que são monitoradas no seu trabalho (o que é típico nos programas de qualidade), por exemplo, não vêem sentido nele. Sentem-se desmotivadas e têm dificuldades para se empenhar no trabalho que executam. Um caso emblemático são as pessoas que atuam em telemarketing, os chamados *call centers*.

Nessa atividade os fatores mais comuns, que podem incidir em sofrimento no trabalho, centram-se nos rígidos procedimentos-padrão, que não podem ser modificados pelos funcionários. Assim, as atividades:

❏ São monitoradas com escuta.

❏ Os telefonemas são gravados.

❏ Os operadores estão proibidos de efetuar ligações externas.

❏ O contato com o cliente limita-se ao padrão determinado de comunicação, no qual as respostas do operador de telemarketing obedecem a um sistema rígido, com um jargão específico e as respostas emocionais são vetadas.

❏ O operador não pode deixar o posto (mesmo que seja por instantes) sem explicitar ao supervisor o motivo da sua ausência.

Verifica-se nos fatores acima mencionados que o foco da qualidade no serviço centra-se no atendimento ao cliente, objetivando a rapidez, a neutralidade e o mesmo padrão de respostas para todos os clientes. Mas e o operador de telemarketing? Onde estão seus sentimentos? O operador, no desenvolvimento do seu trabalho, não tem espaço para ser ele mesmo?

> No discurso mais atual dos programas de qualidade fala-se em Economia do Cliente, Serviços de Excelência e até se faz propaganda com a certificação ISO para fidelizar os clientes. Por outro lado, apesar da facilidade e diversidade dos meios de comunicação, dos variados recursos logísticos para fazer os produtos chegarem nas mãos do cliente, nunca se reclamou tanto e as promessas de qualidade das empresas estão sendo quebradas.

Em artigo da revista *Exame* (2001), pesquisou-se a satisfação do consumidor junto a empresas e consumidores e os resultados demonstram que, para as empresas poderem cumprir seus discursos de qualidade, os funcionários precisam estar envolvidos com o que fazem, ter autonomia e não se ater apenas aos manuais, o que concretamente não acontece no atendimento ao cliente.

Um exemplo recente aponta o quanto consumidor pode tentar pôr o pagamento de seu cartão de crédito em débito automático bancário, com o intuito de facilitar sua vida e, após seis meses, desistir, simplesmente por não conseguir uma justificativa plausível, tanto por parte da empresa de cartão de crédito como por parte do banco.[2]

Esse caso mostra que mesmo um gerente de banco não tem acesso à informação que, para o consumidor, nada mais é que uma resposta simples e direta a uma pergunta simples e direta, como: "Por que o banco não pode efetuar o débito automático, após meses de tentativas, inúmeros telefonemas, autorização por escrito, confirmação e aceite do acordo e, ainda, haver na conta, saldo mais que suficiente para efetuar o débito?".

Como um gerente de banco não tem uma resposta plausível para essa pergunta, mesmo passados seis meses? Como é possível o cliente ouvir, repetidas vezes, que lamenta o transtorno, mas houve falha no sistema, na tentativa da operação? Como é possível o banco autorizar o débito em conta e, mesmo assim, não efetuá-lo, alegando depois, por repetidas vezes, que o problema não é do banco, mas da operadora do cartão? E, mais ainda, o consumidor, ao indagar por telefone à empresa de cartão de crédito sobre o porquê de a fatura não ter sido debitada, ouvir um prosaico argumento da atendente: "O senhor tinha saldo na conta? Por que o senhor não efetua o pagamento pela Internet?".

Após seis meses ouvindo argumentos-padrão, sem sentido, sobre o serviço prometido e não cumprido nem pela empresa de cartão de crédito nem pelo banco, o consumidor desistiu e está, atualmente, pagando a fatura mensalmente nos caixas automáticos.

Há, ainda, um caso envolvendo um DVD, de marca internacional famosa, de última geração, que deveria reproduzir DVDs de todas as zonas (1-6), mas que somente reproduzia DVD de zona 1. O consumidor, audiófilo e cinéfilo, adquiriu o aparelho em uma loja conceituada e especializada em São Paulo, já de posse da informação, "segura", de que o aparelho reproduzia todas as zonas.

Como o consumidor não conseguia fazer o aparelho reproduzir os DVDs, retornou à loja para obter mais informações. O vendedor, conhecedor e especializado em som e imagem, amigo do cliente, ficou tão surpreso que se prontificou imediatamente a retirar o aparelho e devolver o dinheiro. Entretanto, nenhum dos dois ficou satisfeito com a situação e cada um, a seu modo, procurou informações a respeito. Curiosamente, as informações eram desencontradas. A assistência técnica da loja garantia a reprodução dos DVDs.

A assistência técnica do fabricante, no Brasil, dizia que não, que o aparelho de DVD não era "aberto", reproduzindo somente a zona específica para cada aparelho, estampada na parte de trás, onde se lia "Zona 1". O atendimento ao cliente da empresa, por outro lado, afirmava categoricamente que sim, que o aparelho não tinha qualquer impedimento eletrônico ou mecânico que o impedisse de reproduzir os discos. Como não houvesse meio de fazê-lo reproduzir discos de zonas 2 e 4, em particular, somente zona 1, a frustração foi grande. Ocorre que um infeliz incidente gerou nova informação. O televisor do consumidor apresentou problema e, em vez de consertá-lo, resolveu adquirir outro, mais moderno, mais sofisticado etc.

---

[2] Os casos apresentados no texto são verdadeiros, tendo-se decidido por omitir o nome das empresas, todas localizadas na cidade de São Paulo.

A loja escolhida, especializada na marca desejada, não apresentou objeções a que o cliente experimentasse o DVD no televisor escolhido. Para frustração geral, o DVD não funcionava, quer dizer, não reproduzia outro DVD que não o de zona 1. Frustrado, o cliente decidiu não adquirir o televisor.

No mesmo dia, conversando com um amigo, engenheiro-eletrônico, sobre as dificuldades encontradas com o aparelho, ouve a pergunta: "Você já tentou conectar o DVD a uma dessas TVs modernas, que têm uma entrada chamada videocomponente?". No dia seguinte, o consumidor levou o DVD à loja e experimentou-o no televisor, usando as conexões de que o amigo lhe havia falado. Surpresa! O aparelho reproduziu os discos de zonas 1, 2 e 4 com perfeição.

Na loja, nesse momento, o vendedor e o técnico lhe disseram desconhecer que essa conexão permitia a leitura de DVDs de qualquer zona. Sabiam apenas que aquela conexão era a melhor imagem possível existente atualmente entre um DVD e um televisor, pois era usada para transmitir o código-fonte em imagem digital.

Mas essa era justamente a informação não dada tanto pelas assistências técnicas como pelos serviços de atendimento ao consumidor consultados: como a imagem digital não precisa de conversão, bastava conectar o aparelho de DVD ao aparelho de TV pela conexão denominada "videocomponente". Só que ninguém soube dar essa simples informação. Em contato com a assistência técnica e com o atendimento ao consumidor do fabricante do DVD, o consumidor ouviu deles que não sabiam que isso era possível, "mesmo porque a engenharia não passa para nós todas as informações", e que os manuais não eram completos, pois o consumidor não necessita de informações técnicas.

> A constatação da falta de qualidade no atendimento pode ser justificada por três fatores:
> - Fragmentação do trabalho.
> - Desmotivação pelo trabalho.
> - Falta de apego e desinteresse no trabalho.

A fragmentação do trabalho não permite que os trabalhadores tenham uma visão de conjunto, já que ele é tão dividido que as pessoas trabalham com um padrão limitado de respostas e, quando se defrontam com uma situação fora do padrão, não sabem o que fazer. Como não podem investigar além da sua rotina de serviço, simplesmente, falham.

A motivação, o apego e a dedicação no trabalho estão relacionados com o grau de liberdade e de responsabilidade atribuído à atividade. Por essas razões, nas atividades em que tais fatores não estão presentes, aparecem a apatia e a falta de interesse na tarefa.

2 A PSICOPATOLOGIA DO TRABALHO

Dejours (1990) assinala que a Psicopatologia no trabalho deriva da dissociação do trabalhador com a concepção da tarefa que executa. Dessa forma, a obediência às regras, aos procedimentos e às normas da empresa se dá de maneira passiva. O trabalhador não tem condições de interferir com liberdade nas regras de seu trabalho porque elas são rígidas e estão atreladas a procedimentos normativos internacionais, tais como certificações ISO e Programas de Qualidade.

Os Programas de Qualidade prescrevem como o trabalho deve ser executado, passo a passo, não permitindo a manifestação da subjetividade e da liberdade do trabalhador para inovar no que faz. Nesse ponto, por haver confronto entre a individualidade psíquica do trabalhador e a organização do trabalho, emerge o sofrimento no trabalho, pesquisado por Dejours teórica e empiricamente em sua Psicopatologia do Trabalho (1990).

Dejours (1994) define a Psicopatologia do Trabalho como a

> análise dinâmica dos processos psíquicos mobilizados pela confrontação do sujeito com a realidade do trabalho. "Dinâmico" significa que a investigação toma como centro de gravidade os *conflitos* que surgem do encontro entre um sujeito, portador de uma história singular, preexistente a este encontro e uma situação de trabalho cujas características são, em grande parte, fixadas independentemente da vontade do sujeito.

Assim, o termo Psicopatologia se refere à análise dos "mecanismos e processos psíquicos mobilizados pelo **sofrimento**, sem pressupor seu caráter mórbido ou não mórbido" (Dejours, 1994).

As pesquisas do autor focalizam os trabalhadores em situações normais de trabalho, atuando no seu dia-a-dia, executando suas tarefas e cumprindo o seu horário.

Sua investigação centra-se nas estratégias de ação elaboradas pelos trabalhadores para o enfrentamento de situações no trabalho que oferecem constrangimento ou que são desestabilizantes. Nesse caso, como assinala o autor, a "normalidade aparece então como um equilíbrio precário (equilíbrio psíquico) entre constrangimentos do trabalho desestabilizantes ou patogênicos, e defesas psíquicas" (Dejours, 1992).

Nesse sentido, os trabalhadores, no seu trabalho, podem até sentir-se bem na realização de suas tarefas, reagindo, portanto, positivamente, pois a "fisiologia das regulações" vai predispor o organismo à manutenção do equilíbrio psíquico. Porém tais estratégias defensivas são, na verdade, forças internas permeadas de sofrimento, que são os esforços despendidos para manter a vitalidade e a sanidade mental.

O sofrimento no trabalho é, portanto, um estado mental ocasionado pelas pressões, pelas tarefas repetitivas, pelo trabalho sem ter trabalho.

Como diz Freddo (1998),

> O indivíduo não tem consciência do processo que o levou a identificar-se com o Sujeito. Sua alienação à empresa, o grande Sujeito que o tornou sujeito, lhe é, e sempre será, desconhecida. O que se quer é que ele sinta um "profundo, e verdadeiro, amor" pela empresa, e que esse "amor" seja fruto da transferência de sua afetividade, da família para a empresa. Ela "imprime", assim, uma nova personalidade, "transforma" as atitudes e comportamentos, "dá" uma nova maneira de ser. Mais, dá ao sujeito uma nova maneira de ver o mundo. Ver o mundo com os "olhos" dela, empresa. Quando ela "me dita" o que fazer, ela "me (e)dita"; ela "medita" por mim. Por isso, o trabalhador moderno trabalha sem ter trabalho.

Dejours (1992) explica que o

> *sofrimento é o espaço de luta que cobre o campo situado entre, de um lado, o "bem-estar"* (para retomar aqui o termo consagrado pela definição de saúde fornecido pela OMS), *e, de outro, a doença mental ou a loucura.*

Nesse sentido, o sofrimento no trabalho é a dimensão que separa a doença da saúde, podendo-se, de acordo com a teoria dejouriana, observar dois tipos de sofrimento:

❏ O **sofrimento criador**.
❏ O sofrimento patogênico.

O investimento de esforço do trabalhador para minimizar as pressões e as dificuldades no trabalho, que causam sofrimento, pode transformar-se em sofrimento criativo, ocorrendo quando o trabalhador se sente desafiado e busca, na criatividade, a solução ou uma alternativa para seu conflito, descobrindo, nesse momento, o sentido do seu sofrimento.

Como diz Dejours (1992), a

> criatividade confere sentido porque ela traz, em contrapartida ao sofrimento, reconhecimento e identidade. E o sentido afasta o sofrimento porque em contrapartida à repetição (ressurgimento do sofrimento) ele dá acesso a uma história (a experiência vivida): cada inovação é diferente das outras.

Nota-se, aqui, o exemplo do trabalhador de lanchonete *fast-food* que, para superar o sofrimento de fritar batatas dentro dos rígidos procedimentos da sua tarefa, diariamente e durante toda a jornada, cria um jogo na execução de sua tarefa, competindo consigo mesmo e com os colegas, para ser o campeão de eficiência e eficácia em sua atividade.

No sofrimento criativo, o trabalhador desenvolve uma noção de que, em seu trabalho, tem liberdade e pode inovar no que faz. Dessa maneira, ele se envolve e sua atividade ganha sentido.

> Assim, geralmente, os empresários implementam seus Programas de Qualidade com programas de motivação, procurando "reforçar o sentido" das tarefas dos seus trabalhadores, atribuindo-lhes, "no discurso", a possibilidade de o trabalhador agregar valor à sua tarefa, liberdade no fazer o trabalho e criatividade para apresentar idéias que sejam implementadas à tarefa, à regra, à norma estabelecida. O difícil é tornar a promessa motivacional em ação concreta, pois, na verdade, os programas motivacionais são "pacotes prontos" que não levam em conta as crenças e valores dos integrantes da organização. E, às vezes, não se encaixam também na cultura organizacional da empresa.

Já o sofrimento patogênico emerge quando o trabalhador esgotou os recursos psíquicos defensivos, descompensando-se mental e psicossomaticamente, o que pode levá-lo a contrair uma doença física ou mental.

Considerações Finais

A Psicopatologia do Trabalho pode contribuir na orientação das gestões de recursos humanos e de qualidade, possibilitando uma reformulação na tarefa do trabalhador, sem interferir nos processos mecanicistas e padronizados do trabalho.

Trata-se de um novo olhar, que inclui políticas de relacionamento interpessoais as quais permitem a emergência da "inteligência astuciosa" no trabalhador. Trata-se de processos psíquicos nos quais, pela percepção epicrítica e da intuição, o trabalhador busca uma transgressão saudável, uma ruptura das normas, visando melhorar o seu trabalho. Dessa forma, ao atender uma necessidade imanente para "fazer o trabalho do seu jeito", com a astúcia de quem conhece o seu trabalho, sente-se desafiado e atua, perseguindo a produtividade e a eficácia.

Nesse aspecto, o trabalhador não apenas minimiza o sofrimento no trabalho como também obtém a recompensa psicológica de um bem-estar, de um quase-prazer e a consciência tranqüila do "dever cumprido".

Já que a organização do trabalho não permite a mudança dos padrões e das normas que definem procedimentos passo a passo, o foco do treinamento empresarial poderá, sem dúvida, centrar-se no pressuposto dejouriano do sofrimento do trabalho, criando condições para que o trabalhador desenvolva, concretamente (e não apenas no discurso organizacional), sua criatividade no trabalho.

Esse pequeno espaço de liberdade, além de trazer benefícios operacionais, interfere positivamente na visibilidade da personalidade do trabalhador. Ele tende a expressar-se com maior transparência não apenas com os seus pares, como também com seus superiores, sem temer represálias ou sofrer coerções, pois sente que existe um clima de cumplicidade e de confiança no trabalho.

Quando o trabalhador, por mais simples que seja a sua tarefa, dispõe de condições para exercitar sua criatividade, tem sua identidade e auto-estima beneficiadas, o que fortalece sua estabilidade psíquica e, portanto, seu bem-estar.

Nesse sentido, sabe-se, como enfatiza Freddo, que a filiação imaginária do sujeito ao trabalho pode funcionar como reguladora de sua saúde mental, pois é a ligação subjetiva do sujeito à empresa.

A Psicologia do Trabalho não se reconcilia com o modo de produção fordista-taylorista nem com os modelos derivados da administração científica, por não permitirem que o trabalhador estabeleça um sentido entre a concepção do trabalho e sua execução. Mas a análise das condições dos trabalhadores pode melhorar e minimizar os efeitos perversos do trabalho controlado.

Os pressupostos dos Programas de Qualidade são comportamentalistas e seguem os princípios tayloristas da execução do trabalho. Mas, ao serem implantados nas empresas, são divulgados como se representassem um novo paradigma, o da "participação espontânea" do trabalhador. Assim, as idéias tayloristas, camufladas em nova roupagem, são implantadas com grande estardalhaço e euforia, pretendendo apenas conseguir a adesão e a obediência inquestionáveis do empregado.

Se na empresa existe uma distinção clara entre os capacitados a decidir "o quê" e "como" fazer e os demais, que devem simplesmente executar, é evidente que, por mais moderna que a empresa queira parecer, ela é ainda taylorista. Mesmo que o discurso organizacional declare ser participativo com relação aos trabalhadores, na prática esse princípio é ignorado.

Os programas de incentivo ao trabalho participativo podem ser bons, desde que aplicados dentro da ética, do respeito aos indivíduos como seres humanos e sem manipulação, que se caracteriza em preservar poder pelo ocultamento de informações estratégicas.

A busca pela qualidade e excelência organizacional é indispensável para a sobrevivência das organizações, assim como a qualidade de vida o é para o trabalhador. Entretanto, o empresário, seduzido pelo discurso e pelo "bombardeio" desses programas, que mais parecem manuais de auto-ajuda, pode, ao longo do tempo, perder o dinheiro investido em treinamento e em consultoria.

Se os empresários tratarem de forma secundária os seus recursos humanos, poderão desencadear, em sua empresa, uma "revolução silenciosa" de insatisfação e de indiferença, por parte de seus empregados.

> Para que o sucesso dos Programas de Qualidade tenha retorno consolidado, beneficiando capital e trabalho, a política organizacional deverá enfatizar:
>
> ❑ um ambiente de trabalho em que prevaleça um clima positivo e sincero entre a coordenação e os subordinados;
>
> ❑ a disposição de respeitar o direito de cada um, nas relações funcionais;
>
> ❑ o comprometimento da direção da empresa com a qualidade, que não se limite ao mero discurso organizacional;
>
> ❑ a possibilidade de o trabalhador ter satisfação no trabalho, promovendo seu envolvimento e sua participação ativa.

Só é possível pensar em qualidade em uma organização quando os recursos humanos são considerados humanos recursos, parceiros (iguais), seres pensantes, que podem compartilhar não só a estruturação de rotinas e procedimentos como também a estipulação de objetivos empresariais.

Questões para Discussão

1. Faça uma análise das principais diferenças entre o modo de pensar japonês (samurai) e o modo de pensar brasileiro (macunaíma).

2. As conseqüências do processo de trabalho taylorista-fordista ao longo do tempo conduzem a um desgaste do organismo humano pela repetição e pela rapidez de movimentos mecânicos, pois o corpo trabalha automaticamente, condicionado pela repetição, não havendo, desse modo, condições de a pessoa que executa tal atividade pensar no que faz. Analise esta afirmação de acordo com os pressupostos da Psicopatologia do Trabalho, de Dejours.

3. Aponte as similaridades do trabalho de "chão de fábrica", nos moldes da administração científica, e do trabalho nas centrais de atendimento, os chamados *call centers* da atualidade.

4. Faça uma análise sobre os fatores positivos dos programas de qualidade.

5. Faça uma análise sobre os efeitos nocivos dos programas de qualidade na saúde do trabalhador.

6. Em que medida a Psicopatologia do Trabalho pode contribuir na orientação das gestões de recursos humanos e de qualidade?

Referências Bibliográficas

AGUIAR, M. A. F. de. *Psicologia aplicada à administração*: globalização, pensamento complexo, teoria crítica e a questão ética nas organizações. 2. ed. São Paulo: Excellus, 2000.

BÄR, F. L. Metodologias TQC e administração científica: um esboço de análise das similaridades. *RAP. Revista de Administração Pública*. Rio de Janeiro: Fundação Getúlio Vargas, v. 30, n. 3, p. 116-133, maio/jun. 1996.

CORREA, C. A promessa quebrada. Revista *Exame*. São Paulo: Abril, edição 752, ano 35, n. 22, 31 de out. 2001, p. 42-53.

DEJOURS, C. Uma nova visão do sofrimento humano nas organizações. In: CHANLAT, J.-F. (Coord.). *O indivíduo na organização*: dimensões esquecidas. São Paulo: Atlas, 1992, p. 149-173.

DEJOURS, C.; ABDOUCHELI, E.; JAYET, C. *Psicodinâmica do trabalho*: Contribuições da escola Dejouriana à análise da relação prazer, sofrimento e trabalho. São Paulo: Atlas, 1994.

FERRO, J. R.; GRANDE, M. M. Círculos de controle da qualidade (CCQs) no Brasil: sobrevivendo ao modismo. *RAE. Revista de Administração de Empresas*. São Paulo: Fundação Getúlio Vargas, v. 37, n. 4, p. 78-88, out./dez. 1997.

FORRESTER, V. *O horror econômico*. São Paulo: Unesp, 1997.

FREDDO, A. C. *A ideologia em ato*: a "filiação" imaginária do sujeito. São Paulo: Fiuza e Jundurian, 1998.

MISOCZKY, M. C.; VIEIRA, M. M. F. Desempenho e qualidade no campo das organizações públicas: uma reflexão sobre significados. *RAP. Revista de Administração Pública*. Rio de Janeiro: Fundação Getúlio Vargas, v. 35, n. 5, p. 163 -77, set./out. 2001.

VERGARA, S. C.; YAMAMOTO, I. Família e cultivo de arroz infuenciando a conformação da empresa japonesa. *RAP. Revista de Administração Pública*. Rio de Janeiro: Fundação Getúlio Vargas, v. 30, n. 3, p. 81-92, maio/jun. 1996.

Parte II

Qualidade Aplicada às Grandes Áreas de Gestão

Parte II

Qualidade Aplicada às Grandes Áreas de Gestão

Capítulo 6

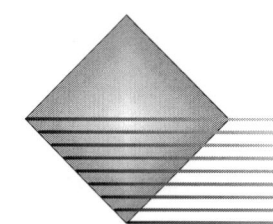

Qualidade no Desenvolvimento de Produtos

Paulo Tromboni de Souza Nascimento

INTRODUÇÃO

É difícil vender produtos de baixa qualidade. Produtos de qualidade aceitável precisam conquistar clientes. Por exemplo, com baixos preços. Produtos percebidos como de alta qualidade podem solicitar preços-prêmio e permitir altas margens de lucro. Qualidade, claramente, é um assunto importante no desenvolvimento de produtos para fins empresariais.

Mas qual o caminho para um produto de alta qualidade? Aliás, o que é um produto de alta qualidade e como consegui-lo? Esse é o tema da qualidade no desenvolvimento de produtos, que este texto procura esclarecer.

Para responder a essas perguntas, é preciso considerar três modalidades de qualidade: de produto, de processo e de projeto. Embora o alvo aqui seja qualidade de projeto, não se pode ignorar as outras duas modalidades, que serão objeto da próxima seção.

O tema deste capítulo decorre, assim, do papel central desempenhado por um bom processo de desenvolvimento, ou qualidade de projeto, para alcançar a qualidade de produtos e processos. Trata-se de planejar um conjunto de atividades que leve a um bom produto e de executá-las bem. Tais atividades incluem a aplicação e a própria elaboração da estratégia de desenvolvimento de produtos, em razão da dificuldade prática de estabelecer uma separação rígida entre formulação e implementação de uma estratégia (Mintzberg, 1994, ou Bower et al., 1991). Assim, as três seções que seguem buscarão detalhar o que é um bom processo de desenvolvimento com qualidade de execução.

A próxima seção aborda as revisões de projeto, momento privilegiado de verificação do andamento, definição das próximas etapas e checagem da inserção do projeto no bojo da estratégia da empresa. Trata-se, pois, do momento de verificação da qualidade executada até então e de **planejamento da qualidade** das atividades das próximas etapas.

Na qualidade de concepção e projeto, a estratégia de desenvolvimento de produtos é essencial à boa aplicação de recursos e ao sucesso[1] e gera os critérios necessários à condução do processo de desenvolvimento com qualidade, razões pelas quais lhes dedicaremos a antepenúltima seção.

Antes da síntese final, visando exemplificar, a penúltima seção apresenta um caso de excelência no desenvolvimento de produtos, mostrando o Sistema de Inovação Natura.

1 DEFINIÇÕES DE QUALIDADE

Modernamente, qualidade adquiriu um significado operacional claro. É a conformidade às especificações. A definição é operacional porque estabelece com clareza o objetivo do processo de produção e como deve ser realizado. Trata-se de reproduzir de modo preciso um bem ou serviço, cujas características importantes para as aplicações cogitadas estão claras e explícitas em especificações adrede preparadas. Quem vai produzir sabe exatamente o que deve fazer. Não só os componentes do produto como também seus processos de produção e testes estão previstos e planejados na sua forma de execução. Cada operário recebe especificações dos resultados esperados e instruções detalhadas de sua atividade.

A palavra reproduzir é importante. Um princípio central da moderna gestão de operações, milhões de vezes constatado no cotidiano, diz que, se o processo estiver bem projetado, e for bem executado, o produto também sairá sempre de acordo com o especificado. A conformidade à especificação é uma definição operacional porque busca garantir que a operação reproduza sempre o mesmo bem ou serviço. Ou, de modo mais rigoroso, bens e serviços equivalentes aos critérios de julgamento relevantes para os clientes.

> QUALIDADE DE PRODUTO é a rigorosa definição das características relevantes do produto, estabelecendo os atributos e as variáveis que deve conter, cuja dimensão deve ser assegurada. A especificação é o documento que formaliza essas definições.

Há duas formas de alcançar a conformidade à especificação. Uma é a inspeção final rigorosa que segrega os produtos sem qualidade. Essa é uma alternativa cara, já que espera o consumo de material, capital e mão-de-obra para, só ao final do processo produtivo, separar o bom produto. Gera imenso desperdício. A outra possibilidade é introduzir a qualidade ao longo do processo produtivo, desde a verificação da conformidade dos insumos até suas especificações, evitando a cada fase a má qualidade. Isso pode ser feito em duas etapas. Primeiro é preciso especificar os resultados desejados a cada etapa e controlar essa conformidade. É a extensão do controle de qualidade às etapas do processo produtivo. Depois, podem-se introduzir mudanças no processo produtivo, visando evitar as não-conformidades mais comuns. É o diagnóstico e a erradicação das causas da má qualidade.

---

[1] Sobre este tema, ver Clark e Wheelwright (1993) ou Cooper (1993).

A qualidade no processo procura identificar a má qualidade o quanto antes, o que é feito pelo controle da conformidade à especificação, e corrigir o problema, evitando que continue o desperdício até o fim. Para garantir conformidade à especificação ao longo do processo, é preciso especificar como executar atividades e seus resultados e controlar o seu atingimento sistematicamente. Quando a atividade ou seu resultado divergem do especificado, nasce a variabilidade. A missão do Controle Estatístico de Processos é monitorar a variabilidade do processso e sinalizar a necessidade de intervenções de correção. É preciso ainda identificar e eliminar as fontes da má qualidade, mediante alterações apropriadas no processo, ou seja, nas especificações de suas atividades. Para tornar isso viável, surgiram os sistemas formais da qualidade, cujo exemplo mais notório é a série de normas ISO 9000.

Mesmo havendo qualidade no processo de produção, ainda fica uma grande indagação. Será que o bem produzido conforme o especificado satisfaz ao cliente final? A resposta é um grande talvez. Depende da especificação definir bens e serviços que atendam a necessidades e desejos do cliente para aquela classe de produtos.

> QUALIDADE DE PROCESSO é a rigorosa especificação dos processos que serão realizados na produção de um bem ou serviço, incluindo as faixas de tolerância desejada dos resultados.

Aqui aparece J. M. Juran com sua famosa definição de qualidade como adequação ao uso. Fica assim expressa a existência de um sujeito, que vai receber o bem ou serviço, cujas necessidades de uso precisam ser satisfeitas. Com o conceito de adequação ao uso, Juran explicita que o produto deve cumprir as funções básicas que resolvem os problemas do cliente e, ao mesmo tempo, atender às características conexas como nível de desempenho, durabilidade, pouca manutenção e facilidade de uso, entre outras.

Abaixo, suas famosas perguntas realçam essa perspectiva e apontam suas conseqüências para os processos de produção:

Quem são os clientes visados?

O que desejam e necessitam?

O que tais necessidades significam para os produtos e processos?

Quais características devem ter um produto/serviço para satisfazê-las?

Como fabricar esse produto ou prestar esse serviço?

Como se vê, o conceito de adequação ao uso também remete para a qualidade no processo. Mais cedo ou mais tarde, chega-se ao cerne da questão: produzir e reproduzir o bem ou serviço com qualidade assegurada.

A qualidade não pode ser alcançada apenas com a verificação de conformidade dos resultados parciais em pontos escolhidos do processo. A qualidade no processo é mais que isso. Exige que os processos sejam concebidos de forma a maximizar a produção de bens e serviços que atendam às especificações. Nasce a qualidade total. A preocupação é garantir qualidade em cada atividade realizada no processo de produção e evitar erros, de modo a produzir certo da primeira vez e até eliminar a necessidade de inspeções, as quais perdem sentido quando cada etapa entrega seus resultados sem defeitos para a etapa seguinte e se implanta um processo explícito para melhorar sistematicamente os processos, de modo a sempre aumentar a qualidade no processo.

> QUALIDADE TOTAL é a preocupação com a qualidade em todas as atividades da empresa, buscando sistematicamente o zero defeito pela melhoria contínua dos processos de produção.

Na organização moderna, portanto, qualidade significa simultaneamente adequação ao uso, conformidade às especificações e qualidade total no processo. Chega-se assim ao ponto que nos interessa neste capítulo. O processo de gerar as especificações de um produto chama-se desenvolvimento do produto. Por meio desse processo, necessidades e desejos do cliente, muitas vezes denominados requisitos, são transformados em especificações do produto e do processo. Tais especificações devem definir com rigor as características do produto e do processo que permitirá reproduzi-las. Isso implica adequação das especificações ao ambiente operacional de produção ou aos requisitos de manufaturabilidade. Como outro objetivo explícito, permite ainda alcançar baixos custos unitários.

Há muita evidência apontando o alto impacto do projeto do produto sobre a qualidade e os custos do produto. Não há uma estimativa consensual desses números, mas é comum entre especialistas avaliar que 60% a 80% dos custos unitários e da qualidade final do produto são estabelecidos no projeto, sobrando o restante para o processo de melhoria contínua.

Assim, no cerne da qualidade de produto está a qualidade do processo de produção. E ambas dependem de uma boa qualidade de projeto, sem a qual corre-se o risco de não alcançar nível suficiente de adequação às necessidades do cliente e ao ambiente de produção.[2]

> QUALIDADE DE PROJETO é a competência que uma organização apresenta de conceber e desenvolver produtos e processos de forma a alcançar a satisfação do cliente, com custos e prazos compatíveis.

2 O PROCESSO DE DESENVOLVIMENTO DE PRODUTOS

Freeman (1982), ao examinar a economia da inovação industrial, tornou-se o autor de uma fórmula clássica sobre esse processo. Diz ele que a inovação industrial conjuga oportunidades de mercado com as potencialidades técnicas. Para ele, esse é um processo

---

[2] Não trataremos do problema da concorrência. É claro, contudo, que não se fala aqui de qualidade em sentido absoluto, mas apenas relativo. Relativo ao que os clientes consideram qualidade e que depende em grande parte das alternativas colocadas a sua disposição pela concorrência. Daí a necessidade de falar em nível suficiente de adequação, ainda que de modo informal e não-rigoroso.

marcado pela incerteza e exige alto grau de coordenação entre áreas funcionais da empresa. Freeman discute um espectro de seis tipos de estratégias que podem ser adotados pelas empresas, que vão da estratégia de liderança até a tradicional, não-inovadora. Mas Freeman não trata do processo de inovação em si mesmo, como um objeto a ser entendido e administrado.

Cooper (1983) é um dos pioneiros na abordagem do processo de inovação com finalidades comerciais nas empresas industriais, que pode ser visto como o processo de desenvolvimento de produtos. A primeira geração de processos de inovação nasceu da necessidade de coordenação das complexas atividades técnicas dos grandes projetos de engenharia. Aos poucos, essa maneira de gerir projetos de inovação foi sendo incorporada ao gerenciamento de projetos do setor privado. Cooper parte dessa primeira geração, inspirada no sistema de etapas e revisões de projeto de engenharia criado pela Nasa, para seus programas espaciais, nos anos 60. Por esse método de gestão, divide-se um projeto em algumas etapas, com objetivos técnicos intermediários bem-definidos. Ao final de cada etapa, procede-se a uma avaliação do cumprimento de tais objetivos, os rumos são corrigidos e se inicia a etapa seguinte até que o sistema esteja pronto para o lançamento, nesse caso literalmente espacial. Nesse sistema, a Nasa é o cliente final que define quanto se pode gastar, o que exatamente o sistema em desenvolvimento precisa ser capaz de realizar em termos técnicos e em qual ambiente deve operar.

> O SISTEMA DE ETAPAS E REVISÕES corresponde à divisão de um projeto em etapas de trabalho com objetivos e atividades bem-definidos, cada uma acabando com uma revisão de projeto que verifica a qualidade do trabalho realizado, avaliando a viabilidade e o interesse de continuá-lo, revendo e validando os planos para a próxima etapa. Cria-se assim um processo de desenvolvimento do projeto.

O sistema de organizar o projeto em etapas e revisões permite dividir e programar os investimentos de um programa, conforme se adquire informações que permitam avaliar cada vez melhor o risco. No início, os recursos são empregados em atividades conceituais, definição de objetivos técnicos e avaliação de riscos tecnológicos. Só quando os riscos estão claros, passa-se às próximas etapas. À medida que o projeto avança nas sucessivas etapas e revisões, vão sendo removidas as incertezas tecnológicas e os conseqüentes riscos do investimento. Criou-se assim um sistema de controle dos riscos técnicos do investimento e, ao mesmo tempo, de alocação inteligente dos recursos, visando a cada etapa diminuir tais riscos técnicos.

Segundo Cooper, esse processo dos contratos espaciais, também adotado em programas militares norte-americanos, começou a ser empregado pelas empresas industriais em projetos de desenvolvimento de produtos destinados ao mercado civil. Nesse mercado, a principal falha do processo é a ausência de um cliente definido. Sem ele, a própria empresa precisa definir os requisitos que o produto deve atender para conquistar clientes e vencer a concorrência no mercado, ou seja: o marketing, como sugere a fórmula de Freeman, torna-se uma atividade essencial na definição, no desenvolvimento e no lançamento bem-sucedidos do projeto.

Cooper (1983) sugere então adaptar o processo de etapas e revisões de projetos de engenharia. Para tanto, prescreve atividades de engenharia e marketing integradas e colaborativas ao longo de sete etapas,[3] desde a concepção, passando pelo desenvolvimento, até o lançamento do novo produto.

O número sete nada tem de mágico. Empresas diferentes, atuando em variados mercados, recorrem a processos que podem variar de três a uma dúzia de etapas.[4] É necessário um número maior de etapas para gerenciar bem o risco de projetos mais ambiciosos. Por outro lado muitas etapas tornam excessivamente complexa a gestão das atividades dos projetos.

Para este capítulo, entretanto, o fundamental é a oportunidade que a divisão do processo em etapas e revisões cria para, desde o início de um projeto, introduzir atividades voltadas à adequação ao uso, à qualidade no processo e à produção dos novos produtos. Desde o começo, um bom processo de desenvolvimento deve prever atividades que permitam identificar o público-alvo e checar suas necessidades e desejos, assim como traduzi-las em requisitos para o projeto e, finalmente, em especificações técnicas. Da mesma forma, um bom processo de desenvolvimento precisa incluir atividades voltadas a garantir a produção com qualidade e baixo custo dos novos produtos, ou seja: precisa assegurar o desenvolvimento simultâneo do produto e respectivos processos de produção, visando aproveitar ao máximo os recursos existentes e competências nas quais a organização se destaca.

3 UM PROCESSO BEM-CONCEBIDO

> Um processo de desenvolvimento de projetos precisa ser BEM-CONCEBIDO e BEM-EXECUTADO de modo a, em cada projeto, promover a integração entre funções e garantir que todas as atividades importantes sejam realizadas.

Cooper e Edget alertam para o fato de que não basta ter um processo formal. Seus estudos mostram que há pouca correlação entre a simples existência de um processo formal e o bom desempenho no processo de desenvolvimento. Para eles, o que conta é a natureza do processo e a qualidade de sua execução, o que significa que o processo precisa estar assentado nas melhores práticas, aquelas que provaram promover o bom desempenho no desenvolvimento de produtos. Um bom processo precisa ser bem-concebido e praticado com excelência. Nesta seção, será tratada a boa concepção do processo.

---

[3] É curioso saber que Robert Cooper registrou a marca *Stage-gate* com a qual designa esse tipo de processo de desenvolvimento de produtos. Algumas empresas seguiram-lhe os passos e criaram nomes próprios para seus respectivos processos. A Kodak usa o nome MAP, a GE usa Tollgates, A Ericsson tem o PROPS, entre outras. No Brasil, empresas como a Natura, a Perdigão e a Embraer usam sistemas análogos, embora ainda sem nomes registrados.

[4] Para conhecer o número e as etapas de processos efetivamente utilizados, podem-se consultar Clark e Wheelwright (1993, Capítulo 6) ou Cooper (2000).

De início, é preciso rapidez. Um bom processo acelera a execução dos projetos, encurtando o tempo entre seu início formal e o lançamento. Aliás, se quisermos seguir Roseneau, trata-se de acelerar o tempo até o alcance dos objetivos de lucro da organização. Para ele, o lançamento é apenas um marco intermediário do processo de desenvolvimento de produtos até que se alcancem os objetivos de lucratividade visados. Mas, cuidado: rapidez não significa afobamento. É preciso cumprir todas as tarefas do desenvolvimento e não, simplesmente, suprimir as necessárias. A forma para realizar isso é introduzir a simultaneidade de fases na execução, identificar e tornar as equipes proficientes nas melhores práticas de realizar atividades fundamentais.

Um bom processo precisa promover a integração de funções, pois sua ausência foi identificada já por Freeman (1982) como um dos principais problemas do desenvolvimento de inovações industriais. Para Clark e Wheelwright (Capítulo 7), a boa integração funcional assenta-se em trabalho conjunto e boas comunicações internas e externas. Para a efetiva integração, Clark e Wheelwright recomendam que o processo de desenvolvimento preveja atividades e metas para os principais grupos funcionais em todas as etapas do processo de desenvolvimento. Sem pessoas trabalhando "simultaneamente" em todas as frentes de trabalho importantes para o sucesso do projeto, não há engajamento nem efetiva participação no desenvolvimento do produto. Isso exige a formação de equipes multidisciplinares, a atribuição clara de responsabilidades e poderes suficientes para o alcance dos objetivos de negócio. Além disso, as pessoas envolvidas precisam adquirir as habilidades pessoais da resolução de problemas em equipe (Leonard-Barton, Capítulo 3).

Um bom processo precisa ser capaz de traduzir conhecimento do mercado e tecnológico em especificações de produto e ter objetivos de projeto claros e alinhados com as metas e estratégias de negócio da empresa. Como lembram Clark e Wheelwright (Capítulo 1), entre os principais problemas enfrentados por projetos que atrasam e ficam muito caros estão o de indefinições estratégicas que demoram a ser resolvidas e a falta de uma visão integradora na condução do projeto. Para eles, isso decorre claramente da falta de planejamento e participação da alta direção antes do início dos projetos.

Um bom processo é essencialmente um mecanismo para administrar o risco do desenvolvimento. Como mostrou a seção anterior, isso se faz mediante um processo estruturado em etapas, em que as primeiras estão voltadas para obtenção de informações e conhecimento que permitam definições e eliminação de incertezas e as finais enfatizam a execução do planejamento. Ou, como lembra Cooper, um bom processo deve reforçar a realização de um bom trabalho preliminar sobre alternativas técnicas e perspectivas de mercado. Frise-se aqui a importância de uma ênfase no mercado e no cliente desde o início do projeto. Ao contrário do que parece à primeira vista, o risco de mercado é maior que o risco técnico, na maioria dos projetos de desenvolvimento de produtos. E esse risco só pode ser diminuído se houver forte ênfase nas atividades de marketing desde a caracterização da oportunidade de negócio identificada.

Por fim, um bom processo precisa reconhecer que nunca estará definitivamente pronto. Sempre há margem para aperfeiçoamento. A cada projeto é preciso rever onde o processo poderia ser melhorado. Cada projeto é uma fonte de lições que deve ser sistematicamente aproveitada. Esta é a missão das revisões pós-projeto (Clark e Wheelwright): de um lado, verificar os resultados e, de outro, aprender, para evitar os erros e reproduzir os acertos de gestão em novos projetos. A flexibilidade na execução e a melhoria contínua levaram Cooper (1994) a definir o que chama de processo de terceira geração, aquele que pode ser implementado de modo a responder às necessidades de cada projeto e é objeto de esforço contínuo de aperfeiçoamento.

4 QUALIDADE NA EXECUÇÃO

Um processo de desenvolvimento de produtos bem-concebidos é um começo. Contudo, a execução é essencial. Sem qualidade na execução, de nada adianta um bom processo no papel. E quais são os elementos da boa execução? Esse, claro, é um tema polêmico e ainda aberto. Todavia, tanto a pesquisa acadêmica como a prática de desenvolvimento de produtos destacam algumas práticas. A seguir, vem um rol de práticas essenciais à qualidade de execução:

- ❑ Equipes multifuncionais.
- ❑ Líderes de projeto e dirigentes capacitados.
- ❑ Organização dos projetos.
- ❑ *Contract book*.
- ❑ Ciclos de protótipos e testes.
- ❑ Ferramentas e instrumental adequados.
- ❑ Resolução partilhada de problemas.
- ❑ Habilidades especiais e excelência técnica.
- ❑ Flexibilidade.
- ❑ Boas revisões de projeto.

Um elemento central na boa execução de projetos é garantir condições para o bom desempenho e a integração do trabalho. É a necessidade de equipes multifuncionais. Cabe frisar a necessidade de planejar atividades e engajar pessoal de marketing desde o início do projeto. Da mesma forma, o pessoal da produção deve ser rapidamente convocado para dar início ao desenvolvimento de processos, informar as limitações e vantagens do ambiente de produção e iniciar a seleção e engajamento de parceiros e a preparação dos fornecedores.

Equipes multifuncionais eficazes somente são viáveis se a empresa dispuser de um quadro de líderes de projeto. Esses indivíduos precisam ser treinados e cultivados como comandantes de projeto, função que exige habilidades pessoais e competências diferenciadas em relação a um técnico ou dirigente funcional. Um bom gerente de projeto deve, entre outros predicados, ser estrategista, líder, negociador, especialista, vendedor (do projeto), ter visão de conjunto (técnica e de mercado).

Contudo, no desempenho de uma equipe multifuncional, a organização do projeto tem uma importante contribuição a dar. Quanto mais inovador o projeto, mais importante a multifuncionalidade e mais provável o choque entre ele e as estruturas administrativas funcionais da empresa. Nesse caso, coloca-se a necessidade de definir com clareza as responsabilidades e poderes delegados à equipe de projeto. Clark e Wheelwright (Capítulo 8), embora reconheçam que uma variedade de abordagens pode ser adotada, recomendam a predominância das equipes peso pesado de projeto. Trata-se de ter uma equipe básica dedicada ao projeto com controle dos principais recursos e decisões de sua execução. Os autores reconhecem que essa estrutura é um exagero para projetos incrementais e talvez seja insuficiente para projetos ambiciosos que fogem das áreas de negócios habituais da empresa. Argumentam, entretanto, que uma empresa que adote a equipe peso pesado como fórmula predominante teria facilidade para ajustar a estrutura para projetos incrementais ou ambiciosos. Roseneau lembra que a idéia de equipe dedicada não é prática para projetos pequenos. Reinertsen, por outro lado, prefere frisar o aspecto da clara divisão de poderes e responsabilidades entre a equipe e as áreas funcionais, sugerindo uma lista de assuntos na qual se deve definir a quem cabe a palavra final, ou seja, estabelecer quando prevalecem os procedimentos e normas regulares voltados para a estrutura funcional e quando deve prevalecer a equipe do projeto.

Outro elemento fundamental na qualidade de execução é a existência de uma definição formal da missão e dos objetivos do projeto, explicitamente comprometidos entre a equipe e a direção da empresa. Clark e Wheelwright exemplificam esse ponto com a idéia do *contract book* assinado entre os membros da equipe e a direção da Motorola. O contrato é preparado pela equipe e negociado com a direção e contém um sumário executivo, plano de negócios e objetivos, planos de desenvolvimento, qualidade e manufatura, resultados esperados e medidas de desempenho e incentivos. Um bom contrato elimina incertezas e deixa claro o terreno de atuação e as obrigações da equipe e da empresa.

Não é suficiente meramente prever atividades para membros da equipe multidisciplinar. Há todo um conjunto de ferramentas que tem grande contribuição a dar para melhorar o desempenho da equipe de projeto. Tais ferramentas podem ser agrupadas sob o rótulo *Design for Excelence* ou DFX. São técnicas como a casa da qualidade ou da produtibilidade, livros de regras de desenvolvimento e sistemas integrados de auxílio ao projeto e à manufatura (Clark e Wheelwright, Capítulo 9). Seu uso deve ser recomendado e as pessoas treinadas na sua aplicação, o que nos leva ao elemento seguinte, que é o treinamento do pessoal nessas técnicas e sua aplicação aos problemas de desenvolvimento da empresa.

É preciso um esforço permanente para que os membros das equipes sejam treinados nas técnicas de desenvolvimento e adquiram novos hábitos e habilidades de trabalho, por exemplo, a competência de resolução partilhada de problemas em equipes multidisciplinares, aspecto muito bem frisado por Leonard-Barton (Capítulo 3). A excelência técnica é elemento vital na qualidade dos projetos. O mais difícil é reconhecer sua ausência em certas áreas vitais para um projeto e aceitar a necessidade de buscar apoio externo. Aqui, o realismo e a estratégia da empresa devem ser utilizados ao máximo, para evitar a armadilha tentadora de reinventar a roda. A empresa deve saber concentrar esforços no desenvolvimento e na aplicação das suas "competências essenciais" (Prahalad e Hamel) e buscar parcerias e fornecedores para o que não é o seu foco de atuação.

Por fim, Cooper (1994) frisa a importância de flexibilidade na concepção e execução do processo de desenvolvimento de produtos. Projetos menores não necessitam percorrer um processo com tantas etapas e revisões. Várias revisões podem ser consolidadas, fazendo um processo de seis fases passar a ter apenas duas, por exemplo, para projetos de menor vulto e risco.

Um elemento central da boa execução do processo de desenvolvimento e nexo de articulação entre a alta direção e o andamento dos projetos são as revisões de projeto. Elas são também um modo privilegiado de avaliação da carteira de projetos e seu planejamento agregado, mediante os quais se aplica a estratégia da empresa aos projetos de desenvolvimento de novos produtos, razões suficientes para dedicar-lhes a próxima seção.

5 AS REVISÕES DE PROJETO

Cada fase do processo de desenvolvimento de produtos começa e termina com uma revisão de projeto. A revisão de projeto é uma atividade que trata de cada projeto individualmente, mas também os coloca no conjunto do esforço de desenvolvimento da empresa. Essa inserção estratégica tanto pode ser implícita nos critérios de aprovação dos projetos como explícita, dependendo da opção exercida na concepção do processo de desenvolvimento. Examinaremos a revisão explícita da carteira de projetos na próxima seção, junto com o papel da estratégia no processo de desenvolvimento.

Na revisão de projeto, três atividades intimamente relacionadas são realizadas, a saber:

1. Verificar se o projeto alcançou as metas postas no início da fase.
2. Deliberar se o projeto deve prosseguir, prosseguir condicionado, ser reciclado, ir para a prateleira ou terminar.
3. Estabelecer objetivos e aprovar planos para a próxima fase.

Assim, antes de mais nada, a revisão de projeto é uma oportunidade para verificar a qualidade do trabalho realizado até aquele momento. Três possibilidades se apresentam. Primeira: se o projeto cumpriu as metas, pode-se passar à segunda atividade, preocupando-se apenas em avaliar se continua atraente com as novas informações coligidas na etapa findada.

Segunda: se o projeto não alcançou as metas, cabe decidir se é possível prosseguir, adiando-se o seu cumprimento. Por vezes, ele não alcançou metas que podem ser tratadas em separado, caso em que é possível sua aprovação, sujeita a comprovação posterior ao alcance da meta. Outras vezes, pode-se forçar um novo ciclo de trabalho para concluir as metas propostas e submeter o projeto à nova revisão.

Terceira: há ocasiões em que o não-cumprimento das metas representa o encontro de dificuldades técnicas insuperáveis ou a verificação da inviabilidade econômica do projeto, circunstância em que não se deve hesitar em dar fim a ele. Aliás, uma das vantagens do processo em fases, com revisões, é mostrá-las o mais cedo possível, evitando o desperdício de recursos. Uma das marcas de um processo de qualidade é a existência de revisões honestas e duras, que matem projetos sem boas perspectivas.

Mas a decisão de dar prosseguimento a um projeto não depende apenas de ele alcançar suas metas. Em face de uma sempre limitada disponibilidade de recursos, o surgimento de novas idéias e oportunidades e a constante mudança de clientes, concorrentes e tecnologia, a empresa deve continuamente avaliar se aquele projeto continua sendo prioritário, considerando as demais alternativas de aplicação dos recursos. Muitas vezes a prioridade muda. É o caso de pôr o projeto na prateleira, aguardando novos recursos, ocasião mais propícia ou seu aproveitamento parcial no escopo de outro projeto.

Se ele está sendo bem-conduzido e continua prioritário, cabe estabelecer aonde deve chegar na fase seguinte, até a próxima revisão. É preciso rever os planos para as próximas fases, à luz da informação e de conhecimento obtidos na etapa anterior. Claro que os planos revistos podem, mais uma vez, levar à rediscussão da prioridade ou interesse de um projeto.

Tudo isso evidencia que cada revisão começa com a entrega de uma série de documentos contendo informações, especificações e resultados necessários à avaliação da fase encerrada, assim como planos para as próximas etapas. Um bom processo de desenvolvimento deve prever o que será entregue e em qual estágio, a cada revisão. Deve também prever, tanto quanto possível, quais os critérios que serão aplicados na análise, avaliação e deliberação sobre a continuidade ou interrupção do projeto.

As revisões devem utilizar critérios técnicos de análise dos projetos. Mas não podem se limitar a eles. Precisam aplicar também critérios de mercado, financeiros e estratégicos. Não se deve esquecer os objetivos de negócio que o desenvolvimento de produtos tem em uma empresa. Os critérios técnicos e de negócio podem ser aplicados simultaneamente ou em reuniões diferentes. Cabe aqui lembrar que são diferentes os perfis das pessoas que devem julgar se o projeto cumpre os dois tipos de critérios. Determinar se os critérios técnicos estão ou não sendo alcançados e se poderão ser cumpridos nas próximas fases é assunto para quem entende profundamente da tecnologia envolvida. Já o negócio depende de conhecimento do mercado e da estratégia da empresa, província de marketeiros e executivos. Por isso, empresas, como a Ericsson, separam as revisões técnicas e as colocam como premissa para as do negócio proposto para o projeto. No sistema de desenvolvimento da Ericsson do Brasil, que segue um padrão internacional da empresa, existem *milestones* – revisões de projeto que tratam apenas do aspecto técnico – e *tollgates* – reuniões dedicadas a verificar a viabilidade e prioridade do projeto enquanto negócio. Há executivos que participam de ambas as reuniões e outros que só freqüentam os *tollgates*.

Por fim, é preciso frisar que uma revisão de projeto envolve pessoas, seus esforços e suas ambições e por isso exige cuidados especiais no modo de conduzi-la. Cooper e Edget mostram muito bem alguns cuidados importantes como a ordem da reunião, a postura dos participantes e a comunicação dos resultados ao líder e outros membros do projeto, entre outros.

É evidente que a estratégia da empresa é fundamental na elaboração dos critérios que se aplicam à decisão de prosseguir ou não com um projeto. É claro, portanto, que essa mesma estratégia deve orientar seu planejamento e sua execução. A qualidade de projeto depende, em última instância, de uma boa estratégia de desenvolvimento e da sua aplicação nas decisões de execução e interrupção de projetos. Por isso, dela tratamos na próxima seção.

6 ESTRATÉGIA NO DESENVOLVIMENTO DE PRODUTOS

Se qualidade é adequação ao uso, conformidade à especificação e qualidade total no projeto, torna-se necessária grande clareza sobre o que se sabe fazer bem e o que os clientes desejam para escolher oportunidades, conceber produtos e planejar projetos. Isso exige estratégia.

Clark e Wheelwright (1993) colocam com muita propriedade a importância de uma estratégia de desenvolvimento. Ela é o instrumento que orienta a tomada de decisões da alta direção e o pensamento e ação dos gerentes e técnicos envolvidos no desenvolvimento.

Como lembra Ansoff (1988), a estratégia define um conjunto de critérios explícitos para guiar a concepção, o planejamento e a execução dos projetos estratégicos. De modo mais abrangente, pode-se acrescentar que uma estratégia serve aos propósitos de:

❏ Identificação e seleção de oportunidades de negócio.

❏ Concepção de novos produtos voltados a tais oportunidades.

❏ Estabelecimento de metas de negócio para esses produtos.

❏ Alocação dos recursos de desenvolvimento na carteira de projetos.

> Cooper (1999) define três pedras fundamentais do desenvolvimento de produtos: uma ESTRATÉGIA DE PRODUTOS, o comprometimento adequado de RECURSOS e um bom PROCESSO de desenvolvimento bem-executado.

A missão da estratégia de novos produtos é definir o tipo de oportunidade de negócio que a empresa prefere em função de suas vantagens competitivas e da possibilidade de criar sinergia nas atividades da empresa ou, dito de outra maneira, a estratégia serve para focar os recursos em negócios nos quais a empresa tenha alta competência e condições de se colocar em vantagem ante a concorrência.

Claramente, isso exige a concentração das estratégias funcionais da empresa. Clark e Wheelwright (1993, Capítulo 3) enfatizam a harmonização da estratégia tecnológica[5] e de produto/mercado em uma estratégia de desenvolvimento de produtos. A estratégia de desenvolvimento, na sua visão, deve permitir para cada projeto a elaboração de objetivos claros, coerentes com os demais projetos e compartilhados por todos os envolvidos. Deve ainda orientar o planejamento agregado da carteira de projetos, alcançando-se assim uma alocação de recursos exeqüível e evitando que suas necessidades excedam a disponibilidade de recursos críticos.

Não é objeto deste texto aprofundar-se no processo de elaboração de uma estratégia de desenvolvimento de produtos. Aqui, interessa apenas frisar que uma boa estratégia serve para conceber e selecionar oportunidades de negócio e projetos que aproveitem e potencializem a competência da empresa em face da concorrência existente e potencial. Sem uma estratégia definida, falta foco na escolha de segmentos de mercado a serem atendidos, o que torna mais difícil alcançar qualidade no processo

---

[5] Para esses autores, a expressão *estratégia tecnológica* tem duas dimensões que podem ser tratadas em separado. De um lado, é vista como o desenho de orientações sobre quais tecnologias interessam à empresa e definições sobre como obtê-las. De outro, os autores incluem também orientações que cuidam de garantir a coerência e o foco das operações de produção, mais características do que a literatura de administração de operações costuma chamar de estratégia de operações.

de desenvolvimento de produtos. E a estratégia também oferece orientação essencial nas decisões e ações de implementação de projetos.

7 O SISTEMA DE INOVAÇÃO NATURA[6]

Um bom exemplo de qualidade de projeto de produtos pode ser visto no Brasil, no caso da Natura. Empresa de cosméticos várias vezes indicada a melhor do seu ramo pela revista *Exame*, em sua edição Melhores e Maiores, a Natura tem uma extensa linha de produtos (cerca de 400 itens de estoque) que se renova rapidamente (em torno de um terço anualmente) e, por isso, exige uma administração sistemática do desenvolvimento de produtos. Tipicamente, a empresa toca de forma simultânea de 30 a 50 projetos de novos produtos, os quais duram entre seis meses e dois anos e são levados por equipes de seis a dez especialistas.

A Natura tem uma vice-presidência de inovação que reúne técnicos e especialistas de marketing, contando com uma equipe total de cerca de 400 pessoas. A essa vice-presidência compete conduzir todo o esforço de inovação da empresa.

O processo de desenvolvimento de produtos é dividido em cinco fases: desenvolvimento de idéias exploratórias, desenvolvimento de idéias factíveis, operacionalização da idéia, implementação da idéia e lançamento.

A primeira fase é a da aquisição de tecnologia e conceito avançado (Nascimento e Vicentini, 2002), como é chamada a nova tecnologia dominada pela Natura. Nela, atua um grupo específico chamado Tecnologia de Conceito Avançado, o qual executa um plano de aquisição de tecnologia, com horizonte de planejamento de três anos e de execução de projetos de dois anos. O resultado dessa fase são tecnologias dominadas pela Natura, oriundas de aquisição ou de desenvolvimento interno ou de ambos. Uma vez dominadas, as tecnologias assim adquiridas podem ser aplicadas no desenvolvimento de produtos e processos. Quando decorrem desse esforço prévio de aquisição de tecnologia, as idéias exploratórias de novos produtos compõem um documento chamado *pré-briefing*.

A decisão sobre se a tecnologia está efetivamente dominada e se o caso precisa ser passado ao desenvolvimento de produtos é tomada na reunião semanal do comitê de negócios, que é liderado pelo vice-presidente de inovação da Natura, integrado pelos dirigentes da vice-presidência de inovação da Natura, que acompanha e delibera sobre o andamento dos projetos. Existe ainda o comitê de inovação, presidido pelo presidente de operações da Natura e pelos vice-presidentes de inovação e comercial, que se reúne mensalmente. Os projetos estratégicos e o sistema de inovação Natura são o objeto de atenção desse comitê, que examina o aspecto estratégico do esforço de inovação da empresa.

As idéias factíveis têm duas origens. Resultam de idéias exploratórias aprovadas no *pré-briefing* ou vêm das gerências de unidade de negócios. Cada área de negócios da empresa é objeto das atenções de uma gerência dedicada, a gerência de unidade de negócios, dentro da vice-presidência de inovação. Essa gerência é a responsável

---

[6] As informações desta seção foram tiradas de Nascimento, Marx e Yu (2001).

desde o nascimento da idéia do novo produto até o seu lançamento. Tanto as idéias exploratórias como as factíveis, que não resultam de uma fase exploratória anterior, provêm de um esforço sistemático de busca de novas idéias que envolve colaboradores, consultores, pesquisadores de universidades, revistas especializadas, fornecedores de matérias-primas e embalagens e parceiros.

Uma idéia considerada factível é objeto de um esforço de desenvolvimento realizado com o concurso de uma dupla: um gerente/coordenador de marketing, que lidera o esforço, e um técnico da área de pesquisa e desenvolvimento de produtos, que também integra a vice-presidência de inovação. Com ela, a Natura espera garantir a existência de um claro conceito de produto e, ao mesmo tempo, consistência técnica à elaboração da nova idéia. A dupla pode consultar e pedir ajuda a outros especialistas caso seja necessário ao desenvolvimento da idéia factível. O objetivo dessa fase é converter a tecnologia em protótipos, definir o conceito técnico e demonstrar o interesse comercial. Desse esforço resulta um *briefing* contendo o conceito e estimativas para um plano de negócios. Novamente opina o comitê de negócios que delibera sobre o projeto, considerando aspectos técnicos e de negócios. Quando se trata de uma linha estratégica, seja pelo seu impacto potencial na imagem da empresa, seja pelo vulto dos investimentos envolvidos, a decisão é objeto de revisão também no comitê de inovação.

Aprovado o *briefing*, é montada a equipe do projeto para executar a fase de operacionalização da idéia. Os objetivos dessa fase são desenvolver os componentes do mix de produto e quantificar o interesse pelo consumidor e a robustez comercial. Concluída essa fase, a equipe deve submeter um plano executivo I à aprovação do comitê de negócios. O plano executivo I detalha o conceito do produto; refina estimativas de negócio; estabelece a estratégia preliminar de lançamento e apresenta alternativas de fabricação.

Segue-se a fase de implementação da idéia que, sob responsabilidade da equipe de projeto, objetiva adquirir moldes e equipamentos, definir mix final do produto e produzi-lo. Essa fase se conclui com a preparação e aprovação do plano executivo II, o qual contém os objetivos finais de negócio, assim como a estratégia de lançamento do novo produto.

Finalmente, aprovado o plano executivo II, acontece o lançamento do novo produto, fase que se estende por seis meses após sua introdução no mercado. Finda essa etapa, acontece uma avaliação do projeto.

Ao longo de todo o processo, são realizadas pesquisas, tanto quantitativas como qualitativas, assim como testes de utilização do produto com consumidores. Funcionários voluntários da empresa também participam dos testes dos produtos. Aliás, por ser voltada para produtos de consumo, a Natura coloca muita ênfase na definição do conceito do produto, critério fundamental para aprovação de novos projetos, e no marketing, que lidera o processo de desenvolvimento de produtos.

Orientando todo o processo, a Natura tem um planejamento estratégico, anualmente revisto, com horizonte de cinco anos. Com base nesse planejamento estratégico, as várias áreas elaboram planos estratégicos com horizonte de três anos. Um deles é o já citado plano de aquisição de tecnologia. Finalmente, cada área elabora planejamentos operacionais, com horizontes de um ano.

Trata-se assim de uma empresa que apresenta um processo completo para lidar com a aplicação sitemática e bem-sucedida dos seus recursos para investimento em inovação em produtos. Não é a única. Em pesquisas recentes, constata-se a existência de estratégia e processos de inovação em empresas de setores muito diferentes, como Embraer, Perdigão, Daimler Chrysler do Brasil, Ericsson do Brasil, TV Cultura, Multibrás, AGCO do Brasil, entre outras. Com maior ou menor grau de formalidade, tais estratégias e processos de desenvolvimento servem para orientar, disciplinar e levar ao sucesso o desenvolvimento de novos produtos.

Considerações Finais

Qualidade no desenvolvimento de produtos decorre da qualidade de projeto. Trata-se da qualidade na execução das atividades do processo de inovação.

O que o exame deste assunto sugere é a necessidade de a empresa contar com um processo formal de desenvolvimento de produtos e/ou serviços. Mas não basta um processo formal. É preciso que ele esteja concebido de forma alinhada às estratégias e filosofia de gestão da empresa. Ou seja: a qualidade no desenvolvimento começa com a qualidade na concepção de um bom processo de desenvolvimento que adote as melhores práticas para as necessidades da empresa.

Um belo processo no papel não é suficiente para dar qualidade ao desenvolvimento. Há que dotá-lo de qualidade na execução. E qualidade na execução resulta de recorrer e bem-executar práticas aqui realçadas, tais como equipes multifuncionais ou revisões de projeto bem-conduzidas. Também é preciso enfatizar o preparo e a escolha de líderes de projeto e a capacitação da empresa e de seus funcionários em ferramentas modernas de projeto.

E mais. A qualidade no desenvolvimento depende de uma estratégia bem-formulada de novos produtos. É ela que informa os critérios de decisão utilizados nas revisões de projeto, assim como as tarefas a serem cumpridas ao longo do processo e, da mesma forma, orienta a identificação e seleção de oportunidades, a concepção de produtos e o planejamento e execução de projetos.

Convém reconhecer ainda que o melhor e mais bem-executado processo de desenvolvimento é um alvo móvel. Cabe à empresa criar auditorias e melhoria contínua de processo, visando aproveitar o aprendizado da empresa projeto a projeto e também o potencial de incorporação de novidades via inteligência competitiva e interação com universidades e sua pesquisa sobre o tema.

Questões para Discussão

1. Por que a adequação ao uso é fundamental no desenvolvimento de produtos?
2. Qual a contribuição de Cooper no aperfeiçoamento do sistema de etapas e revisões?
3. Quais as práticas essenciais à boa execução do processo?
4. Para Cooper, em que difere a concepção e a execução de projetos de menor porte e menos ambiciosos?
5. Quais razões podem levar ao término precoce de um projeto e como elas diferem?
6. Como Clark e Wheelwright vêem a estratégia de desenvolvimento?

Referências Bibliográficas

ANSOFF, I. *The new corporate strategy*. Nova York: John Wiley & Sons, 1988.

BOWER, J. L.; BARTLETT, C. A.; CHRISTENSEN, C. R.; PEARSON, A. E.; ANDREWS, K. R. *Business policy*: text and cases. Boston: Irwin, Homewood, Il, 1991.

CLARK, K. B.; WHEELWRIGHT. S. C. *Managing new product and process development*, 1993.

COOPER, R. A process model for industrial new product development decisions. *IEEE transactions on engineering management*, 1983, vol. EM-30, n. 1.

_____. Third generation new product process. *Journal of product innovation management*, p. 3-14, nov. 1994.

_____. *Product leadership*. Cambridge: Perseus Books, 2000.

COOPER, R.; EDGET, S. *Product development for the service sector*: lessons from market leaders. Cambridge: Perseus Books, 1999.

COOPER, R.; EDGET, S.; KLEINSCHMIDT, E. *Portfolio management for new products*. Boston: Addison-Wesley, 1998.

LEONARD-BARTON, D. *Wellsprings of knowledge*. Boston: Harvard Business School Press, 1995.

MINTZBERG, H. *The rise and fall of strategic planning*. Nova York: Prentice Hall, 1994.

NASCIMENTO, P. T. S.; MARX, H.; YU, A. S. O. O sistema de inovação Natura. In: 3º Congresso Brasileiro de Gestão do Desenvolvimento de Produtos. Florianópolis, 2001. *Anais...* Florianópolis, Universidade Federal de Santa Catarina, 2001. CD-ROM.

NASCIMENTO, P. T. S.; VICENTINI. E. A gestão de tecnologia na Natura. *XXXVII Congresso Latino-Americano de Escolas de Administração*. Porto Alegre, 22-25 de outubro de 2002. CD-ROM.

REINERTSEN, D. G. *Managing the design factor*. Nova York, Londres, Toronto, Sydney, Cingapura: The Free Press, 1997.

ROSENEAU Jr., M. D. *Successful product development*: speeding from opportunity to profit. Nova York: John Wiley & Sons, 2000.

Capítulo 7

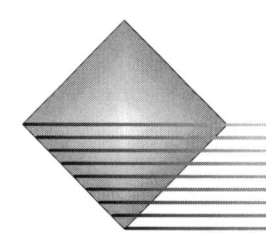

Qualidade no Processo de Projeto

Márcio Minto Fabrício e *Silvio Burrattino Melhado*

INTRODUÇÃO

O projeto pode ser visto como uma habilidade intelectual humana que opera pela criatividade, por técnicas e conhecimentos, na busca de soluções para problemas e desafios. Também pode ser percebido como um processo social que envolve diferentes agentes que intervêm no seu desenvolvimento, circunscrito por limitações temporais, regulamentares, econômicas etc.

Desvendar os mistérios da qualidade do projeto é mais do que uma questão de defini-la: é investigar seu significado, sua abrangência, seus agentes e suas implicações.

Compreender o funcionamento do processo de projeto é, portanto, colocar questões do tipo: Como funciona o processo intelectual de resolução de problemas? Quais habilidades são necessárias para desempenhá-lo? Como diferentes agentes e projetistas desempenham o ato de projetar? Qual o papel do ambiente institucional e normativo nas práticas de projeto? Quais paradigmas norteiam a integração dos agentes e dos projetos?

A seguir, propomo-nos a analisar o processo de projeto, suas origens e sua evolução para contextos socioprodutivos que ampliam o problema da criação a um coletivo multidisciplinar e vinculam o processo de projeto às exigências, restrições e características ambientais de um determinado processo de produção.

1 DESENVOLVIMENTO HISTÓRICO DO PROCESSO DE PROJETO

Uma significativa inflexão na capacidade de produção humana ocorreu com o desenvolvimento científico, a partir do Renascimento e sua posterior associação às técnicas e ao trabalho durante a Revolução Industrial, marcando o surgimento da tecnologia.

A tecnologia pode ser caracterizada pela incorporação de conhecimentos da ciência moderna às técnicas e meios de produção.

Segundo Gama (1986), a tecnologia vai se constituir, a partir do século XVII, em um contexto histórico preciso, relacionado ao surgimento da ciência moderna, à Revolução

Industrial, ao desenvolvimento do capitalismo com a divisão social do trabalho e à transmissão formal do conhecimento.

Na técnica, o planejamento é associado à experiência prática. O pensar e o fazer são exercidos pelos indivíduos de forma experimental e empírica e fazem parte de uma mesma essência – *o saber fazer*.

A tecnologia pressupõe um desenvolvimento intelectual, abstrato, prévio à execução, por intermédio da mediação de leis e conhecimentos científicos. Na tecnologia, o pensar é relacionado ao conhecimento formal e abstrato da ciência e posteriormente associado às técnicas de produção. O pensar e o fazer são dissociados e exigem habilidades distintas.

Gama (1986) define tecnologia como:

> (...) estudo e conhecimento científico das operações técnicas ou da técnica. Compreende o estudo sistemático dos instrumentos, das ferramentas e das máquinas empregadas nos diversos ramos da técnica, dos gestos e dos tempos de trabalho e dos custos, dos materiais e da energia empregada.

Com a tecnologia, a execução é subordinada às soluções previamente desenvolvidas. Trata-se agora de saber fazer o que foi projetado anteriormente e, na maioria dos casos, por outros indivíduos. Surge, pois, a divisão social do trabalho com o trabalho intelectual sendo dissociado das atividades físicas.

O projeto como prática de planejamento desvinculada do fazer, mediado por desenhos e abstrações, teve origem no *Renascimento* italiano,[1] passando pela Revolução Industrial,[2] quando o emprego consciente da tecnologia se difundiu e se consolidou no século XX, com a utilização generalizada da tecnologia e, conseqüentemente, do projeto.

No século XVII, vários desenvolvimentos matemáticos e físicos foram apropriados para utilizações de engenharia. São vários os avanços desse período, dentre eles: a obra de Bonaventura Cavalieri sobre geometria e trigonometria; a geometria analítica por Descartes (1637); a lei de elasticidade dos corpos de Robert Hooke (1653-1703); a descoberta do cálculo das probabilidades por Pascal e Pierre de Fermat (1601-1665); o cálculo diferencial e integral, por Newton e Leibniz (Barsa, 2000).

Assim, são vários os exemplos renascentistas elucidativos da transformação na maneira de pensar cientificamente a produção de objetos e da utilização de desenhos como ferramenta de pensamento artístico e técnico; são dados nos projetos de máquinas de Leonardo da Vinci que não só representam como será a máquina, por desenhos, mas exploram seu funcionamento e a maneira como serão construídas (Cross, 1999).

---

[1] Como Renascimento designa-se o poderoso movimento artístico e literário que surgiu na Itália dos séculos XV (Quattrocento) e XVI (Cinquecento), irradiando-se depois para a Europa, ao norte dos Alpes, promovendo em toda parte um pronunciado florescimento da arquitetura, escultura, pintura, artes decorativas, literatura e música, assim como um novo enfoque da política (Encyclopaedia Britannica do Brasil Publicações Ltda. – Barsa, 2000).

[2] Em sentido restrito, a expressão "Revolução Industrial" aplica-se às transformações econômicas e técnicas ocorridas na Grã-Bretanha, entre o século XVIII e o XIX, com o surgimento da grande indústria moderna. Em sentido amplo, refere-se à fase do desenvolvimento industrial que corresponde à passagem da oficina artesanal ou manufatura para a fábrica. No plano econômico geral, esse processo foi acompanhado pela transformação do capitalismo comercial, que se iniciara no Renascimento, no capitalismo industrial (Encyclopaedia Britannica do Brasil Publicações Ltda. – Barsa, 2000).

Portanto, foi no Renascimento que surgiram as primeiras experiências do que hoje chamamos de projeto e iniciou-se o uso sistemático do desenho como principal ferramenta de pensar e representar o projeto.

Ao curso do século XVIII, deu-se uma série de reflexões e experiências sobre o conceito moderno de estrutura e sistema estrutural, caracterizada pela "canalização de esforços" e pela performance estrutural, colocando o problema em termos de cálculos que permitiram verificar as hipóteses de concepção. Uma das primeiras aplicações do cálculo infinitesimal no problema das estruturas foi desenvolvida pelo engenheiro militar e físico Charles-Augustin Coulomb, que revolucionou o cálculo de abóbadas e cúpulas em um ensaio apresentado em 1773 (Picon, 1993).

Um importante marco histórico para o estabelecimento do projeto como atividade profissional, consciente e formal foi a fundação das escolas de engenharia nos séculos XVIII e XIX, como a "École Nacionale de Ponts et Chaussées" (primeira escola de engenharia do mundo, criada em 1747) e outras como a "École des Mines" (1783) e a "Ecole Polytechnique" (1794)[3] na França, a Escola Politécnica em Coimbra, Portugal (1837), ou o "Politecnico di Torino", na Itália (1859).

No Brasil, as escolas de engenharia tiveram origem militar com a antiga "Real Academia de Artilharia, Fortificações e Desenho", criada ainda no Brasil Colônia (1792) e que mais tarde se tornaria a Escola Politécnica do Rio de Janeiro (1874), voltada exclusivamente para o ensino civil. Posteriormente, várias outras importantes escolas de engenharia foram criadas no país: Escola de Minas de Ouro Preto (1876), Escola Politécnica de São Paulo (1893), Escola de Engenharia de Porto Alegre (1896), Escola Politécnica da Bahia (1897) etc.

Com as escolas de engenharia, consolidou-se também o ideário cartesiano[4] de abordar os problemas pela sua divisão e subdivisão em partes específicas e isoladas, de forma a permitir um tratamento aprofundado das questões envolvidas e a posterior composição dessas partes – *o todo é a soma das partes* ("Discurso sobre o método", Descartes, 1637).

Assim, a engenharia colocou uma perspectiva tecnológica e mais coletiva (multidisciplinar) para o tratamento dos problemas de concepção de novos objetos. De acordo com Picon (1996):

> Engenheiros se definem cada vez menos como artistas servindo um príncipe, à maneira do engenheiro-arquiteto da Renascença e da época clássica. Eles se consideram responsáveis por uma forma mais coletiva de progresso, e (...) defendem novos valores como utilidade pública e prosperidade.

Para Alexander (1960) apud Louridas (1999), em uma visão histórica, pode-se distinguir o projeto sem projetistas profissionais e os projetos de projetistas com uma educação formal para projetar. Ou estabelecer distinção entre o projeto vernacular e o projeto com desenhos e métodos.

---

[3] Um breve histórico sobre essa Escola pode ser encontrado em <http:/www.polytechnique.fr/infoEcole/historique/brevehistoire.html#deb> acessado em 2/1/2002.

[4] O termo "cartesiano" tem origem a partir do nome latinizado: Renatus Cartesius, do filósofo francês René Descartes (1596-1650) e denota um seguidor ou uma idéia desse filósofo.

No primeiro caso, o projeto seria praticado de forma inconsciente (*unselfconscious design*) e apresentaria duas características básicas: os projetistas seguem "normas" ditadas pela tradição (às vezes de centenas de anos) e freqüentemente incorporam características místicas e rituais; e o projeto é direto, respondendo a problemas imediatos e vivenciados pelo "projetista" que, em geral, cria e participa da execução da criação.

No segundo, o projeto feito por projetistas seria um ato consciente (*selfconscious design*) e institucionalizado. Os projetistas necessitam de qualificações formais conseguidas, em geral, em escolas. Muitas vezes essa qualificação é condição para que o projetista integre uma corporação profissional e possa exercer determinadas atividades de projeto.

Com a Revolução Industrial e as novas necessidades de escalas de produção, surgiram iniciativas de elaboração de normas técnicas que estabeleceram parâmetros e padrões universais para determinados produtos ou serviços, de forma a beneficiar a cooperação e o intercâmbio desses produtos e serviços.[5] Em 1839, Sir Joseph Withworth estabeleceu uma padronização para rosca de parafuso; em 1873, surgiram as primeiras normas para chapas e fios; em 1875 se deu a confecção do metro (unidade de medida), em Paris; em 1877 foi editada norma sobre especificações e ensaios de cimento Portland. Posteriormente, já no século XX, foram fundados os organismos certificadores com a incumbência de estabelecer e controlar a normalização técnica. Em 1901, foi fundada a British Engineering Standards Committee, na Inglaterra, o Bureau of Standards, nos Estados Unidos, e no Japão editou-se a primeira norma técnica. No Brasil, a ABNT (Associação Brasileira de Normas Técnicas) data de 1940 (Valentin, 1997).

De fato, com a Revolução Industrial, a sociedade humana tornou-se mais complexa e passou por um intenso processo de divisão social do trabalho, que se refletiu nos projetos, primeiramente, pela cisão entre projetar e produzir.

Dessa forma, o projeto contemporâneo não é apenas uma forma de criar soluções para problemas imediatos; é também uma forma estruturada e qualificada de pensar e resolver questões, que faz uso de conhecimentos e métodos formais e cientificamente válidos.

2 O PROCESSO DE PROJETO NA INDÚSTRIA

Na indústria seriada, para cada projeto é produzido um grande número de unidades de produto, levando a que o processo se repita inúmeras vezes. Com isso, os projetos do produto e da produção permanecem os mesmos (ou praticamente os mesmos) por vários ciclos de produção.

O processo mental de projeto é sem dúvida complexo e exige múltiplas habilidades intelectuais e motoras, bem como os sentidos (em especial a visão), a memória, o raciocínio, as habilidades manuais etc. que, aliás, estão envolvidas em quase todas as atividades humanas.

---

[5] Definição de normalização: "Processo de formulação e aplicação de regras para um tratamento ordenado de uma atividade específica, para o benefício e cooperação de todos os interessados e em particular para obtenção de economia global ótima, levando na devida conta condições funcionais e requisitos de segurança" (Valentin, 1997).

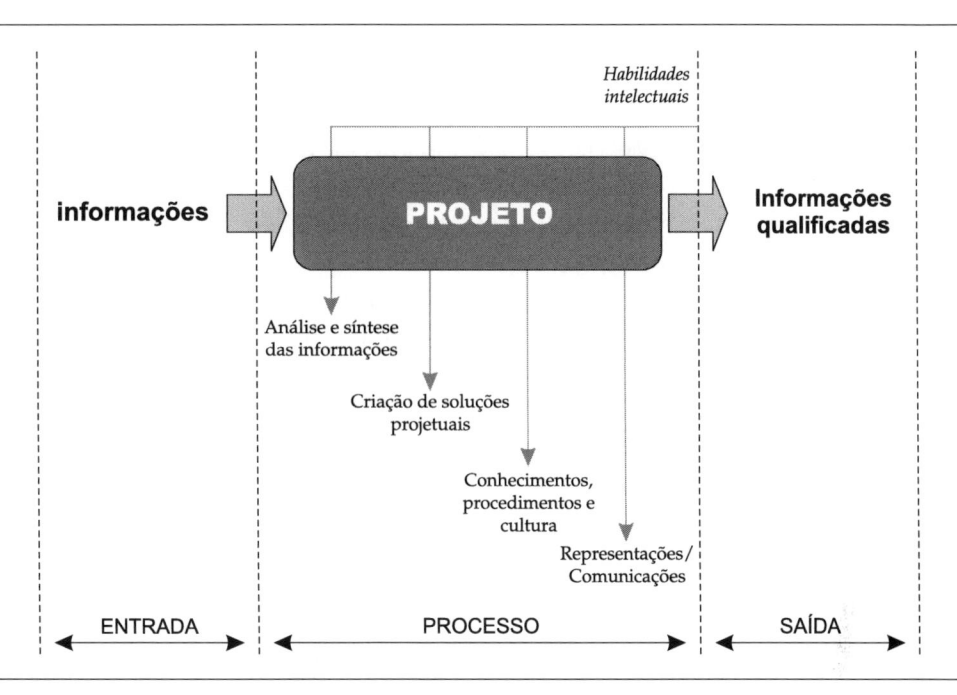

Figura 7.1 Processo intelectual de projeto.

> Sem se considerar diretamente as capacidades básicas relacionadas aos sentidos e às habilidades motoras, pode-se dizer que, nos projetos, as principais habilidades intelectuais exercidas estão relacionadas à capacidade de análise e síntese de informações e problemas, à criatividade e ao raciocínio, ao conhecimento (ligado ao campo da memória e das técnicas de armazenamento de informação) e à capacidade de comunicação e interação entre diferentes indivíduos (Lawson, 1994; Purcell e Gero, 1996; Oxman, ed. 1996; Purcell, ed. 1998; Cross, 1999; Louridas, 1999; Oxman, 2000; Dorst e Cross, 2001; Eckardt, 2001).

A capacidade analítica e de síntese está presente na formulação do problema de projeto. Trata-se de, a partir de informações e demandas iniciais, obter, ordenar, classificar e hierarquizar várias informações aparentemente desconexas e formular um problema a ser resolvido.

A criatividade e o raciocínio expressam a capacidade humana de propor soluções espaciais, técnicas, funcionais, financeiras, comerciais originais e desenvolver soluções coerentes com o problema posto.

O conhecimento está fundamentado nas experiências e formações anteriores dos projetistas e medeia a criação e o desenvolvimento das soluções projetuais. Associada ao conhecimento está a cultura de produção, que demarca repertórios projetuais e produtivos ligados aos costumes e necessidades de um povo ou região e que são introjetados na sua formação e nos raciocínios projetuais.

A representação e a comunicação exibem tanto uma forma de apresentar as soluções desenvolvidas (desenhos técnicos, maquetes, modelos virtuais) para serem executadas ou apreciadas, como uma forma de apoio e extensão ao desenvolvimento intelectual das soluções projetuais (esboços, simulações etc.).

Embora se possa tratar de particularidades de cada uma dessas habilidades, é preciso reconhecer que, nos processos mentais, elas acontecem de forma inter-relacionada e são mutuamente dependentes.

Nitidamente, as quatro habilidades mencionadas se misturam e se processam de maneira interativa, mas também é possível perceber um certo fluxo que parte da compreensão do problema e chega à representação das soluções, mesmo que esse ciclo se processe repetidamente e, por vezes, com ausência de uma ou mais etapas ou inversão entre elas.

De fato, o processo mental de projeto se realiza pelos aprimoramentos sucessivos das idéias e da compreensão do problema inicial. Em um processo no qual a totalidade das questões projetuais está posta desde o início do projeto, o que evolui é o aprofundamento que vai sendo construído ao longo do caminho.

Assim, do ponto de vista intelectual, na passagem de uma "fase" para outra não se marcam rupturas no processo de projeto; trata-se mais de um processo de amadurecimento contínuo, que gradativamente desloca o foco de desenvolvimento do projeto (Figura 7.2).

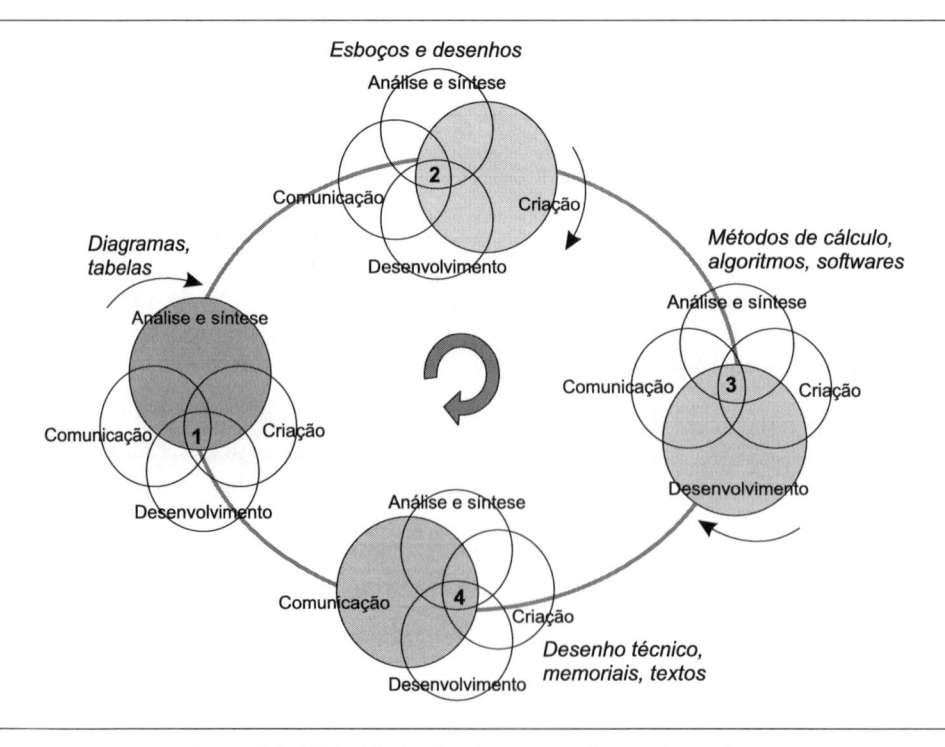

Figura 7.2 Habilidades intelectuais ao longo do projeto.

No início do projeto, o maior esforço é dedicado à compreensão do problema (esforço de análise); em um segundo momento, a ênfase vai migrando para a formulação de soluções (esforço de criação); em seguida, passa para o desenvolvimento das soluções (aprimoramento do projeto pelos conhecimentos, procedimentos e métodos) e, por fim, caminha para o detalhamento e a apresentação das soluções (esforço de representação e comunicação).

A cada uma das principais habilidades de projeto pode-se associar um tipo de técnica de auxílio ao pensamento predominante. Nas fases de análise, destacam-se os diagramas e tabelas que são usados para representar e sistematizar idéias. Nas fases de criação, predominam os esboços e desenhos livres, utilizados como ferramenta de desenvolvimento e simulação de idéias. Durante o desenvolvimento das soluções de projeto, destacam-se os métodos de cálculo, os algoritmos numéricos e, recentemente, os softwares de simulação e análise que são utilizados para estudar e qualificar as soluções projetuais com base em conhecimentos científicos e práticos acumulados. Por fim, os desenhos técnicos e os textos explicativos são utilizados para viabilizar a comunicação e transmitir as informações contidas no projeto para os demais agentes envolvidos.

3 A QUALIDADE NO PROCESSO DE PROJETO

Em seu sentido genérico, segundo o dicionário, Ferreira (1986), a qualidade é definida como: "propriedade, atributo ou condição das coisas ou das pessoas capaz de distingui-las das outras e de lhes determinar a natureza".

Embora seja definida como um atributo intrínseco de coisas ou pessoas, é importante observar que a qualidade não pode ser identificável e mensurável diretamente, sendo definida a partir de características que confiram qualidades às coisas. Assim, o conceito "qualidade" é passível de diferentes interpretações, conforme seu uso e dependendo dos interesses de quem o utiliza.

Segundo Shewhart (1931) apud Toledo (1993), sempre existem duas dimensões associadas à qualidade:

❏ *Dimensão objetiva* – relativa às propriedades físicas próprias do objeto em questão.
❏ *Dimensão subjetiva* – referente à capacidade que as pessoas têm de perceber e mensurar as características objetivas ou subjetivas agregadas ao objeto.

Essa conceituação traduz o ideário predominante nas décadas de 30 e 40, principalmente entre técnicos e engenheiros, que colocavam a qualidade como "perfeição técnica", associada a uma visão objetiva (Toledo, 1993).

Nos anos 50 e 60, intensificaram-se as publicações na área de garantia da qualidade, por autores que hoje são chamados de "gurus da qualidade" (Juran, Deming, Feigenbaum, Ishikawa), que focaram sua atenção nos campos da Administração e da Engenharia da Qualidade.

Com o esgotamento do modelo "taylorista-fordista", a partir da década de 70, e o surgimento de um novo paradigma de "produção enxuta" de origem japonesa (Koskela, 1992), associado à ascensão de novos hábitos de consumo que valorizaram a qualidade e a diferenciação dos produtos e serviços (Fabricio, 1996), a competitividade passou a ser determinada, também, por critérios de qualidade e desempenho.

> Com a evolução do conceito, passou-se a considerar que a qualidade pode assumir diferentes significados, de acordo com o enfoque de cada agente e de cada processo, podendo-se concluir que, ao longo do ciclo de vida do produto, diversos interesses são postos em jogo e, com isso, a "qualidade" assume diferentes dimensões, sendo considerada como a integração dos resultados dessas diferentes dimensões.

Muitas dessas dimensões estão diretamente relacionadas ao processo de concepção e projeto do produto, que deve ser capaz de considerá-las e otimizá-las conjuntamente, de forma a satisfazer às necessidades de todas as pessoas envolvidas em produção, uso, operação e manutenção e em todas as fases do ciclo de vida do produto.

Nos dias de hoje, a qualidade se afirmou como um conceito de extrema importância para a competitividade das empresas e para a sociedade em geral, sendo notória a tendência de trazer os esforços despendidos em prol da qualidade para a concepção dos processos, em contraponto à antiga noção de controle e de inspeção. Essa visão contemporânea trouxe para o projeto um enfoque mais sistêmico e coerente com as necessidades demonstradas pelo mercado consumidor, de evolução constante dos produtos, da redução de seus custos e de seus impactos ambientais.

Também do ponto de vista operacional, pela sua capacidade de antecipar e solucionar pontos críticos para a implementação de inovações e influenciar o resultado final quanto à qualidade e custos, cada vez mais a forma de projetar exige alterações, acompanhando as tendências verificadas na evolução dos próprios meios de produção.

> O desafio contemporâneo para o projeto está colocado na concepção integrada dos múltiplos aspectos do ciclo de vida dos produtos, considerando seu desempenho e impactos em diferentes fases, da fabricação ao uso, da extração de matérias-primas à disposição (descarte) do produto no meio ambiente.

O projeto, como se percebe, tem seu papel extremamente dependente das suas inter-relações com outros setores, internos e externos à empresa.

Para Mitchell (1994) apud Kalay et al. (1998) o processo de projeto é alicerçado sobre um paradigma social no qual a concepção e o desenvolvimento de produtos resultam de complexas interações entre os interesses envolvidos e das contribuições de especialistas.

Desde 1970, existe a idéia do projeto como um processo multidisciplinar e incremental que pode ser associado, metaforicamente, à figura de uma espiral ou vórtice de procedimentos (Melhado e Henry, 2000). O processo social de projeto é por natureza multidisciplinar e desenvolvido em uma série de passos interativos que devem conceber, descrever e justificar soluções para as necessidades dos clientes e da sociedade em geral (Austin et al., 1999).

Para Oliveira (1999) apud Jobim et al. (2000), a participação de muitos intervenientes no processo de projeto implica várias interfaces entre projetos e decisões e exige um elevado e bem-organizado intercâmbio de informações.

Nesse contexto, a gestão do processo de projeto envolve a mobilização dos agentes necessários e interessados na condução do projeto, sua organização no tempo e no espaço e a administração dos interesses particulares de cada um, com a conseqüente mediação e gerência dos conflitos, de forma a obter um serviço de projeto amplo e de qualidade.

De acordo com Zarifian (1998), o "valor-desempenho" representa o valor dos produtos e serviços a partir de um conjunto de desempenhos referentes a custo, qualidade, variedade e inovação.

A introdução do "valor-desempenho" mostra o cliente e suas percepções do produto como principal referencial para a competitividade das empresas.

> Segundo Melhado (1999), a partir de uma visão fundamentada na gestão da qualidade, o projeto pode ser compreendido como um processo que, a partir de dados de entrada, deve apresentar soluções que respondam satisfatoriamente às necessidades dos clientes a quem o produto se destina.

Tabela 7.1 Componentes da qualidade no processo de projeto

Componentes	Aspectos relacionados		
Qualidade do programa (*briefing*)	Pesquisas de mercado		
	Necessidades dos clientes		
	Equacionamentos econômico, financeiro e comercial		
	Coerência, clareza e exeqüibilidade das especificações de programa		
Qualidade das soluções de projetuais	Atendimento ao programa		
	Atendimento às exigências de desempenho	Segurança de uso	
		Usabilidade	
		Ergonomia	
		Durabilidade e desempenho ao longo do tempo	
	Sustentabilidade	Matérias-primas especificadas	
		Rejeitos inerentes às especificações do projeto e ao processo de produção adotado	
		Consumo de energia na produção	
		Consumo de energia na utilização	
		Fonte de enegias renováveis	
		Disposição de resíduos sólidos (possibilidade de coleta seletiva e reciclagem)	
		Disposição de resíduos líquidos	
	Manufaturabilidade	Racionalização	
		Padronização	
		Integração e coerência entre projetos	
	Atendimento às exigências de economia	Custos de produção	
		Custos de operação	
		Custos de manutenção	
		Custos de disposição do produto (descarte)	
Qualidade da apresentação	Clareza de informações		
	Detalhamento adequado		
	Informações completas		
	Facilidade de consulta		
Qualidade dos serviços associados ao projeto	Agilidade e cumprimento dos prazos de projeto		
	Custo de elaboração de projetos		
	Comunicação e envolvimento dos projetistas		
	Compatibilidade entre as disciplinas de projeto		
	Acompanhamento do projeto durante a produção		
	Acompanhamento da distribuição do produto		
	Assistência técnica		

Para tanto, as necessidades dos clientes devem ser traduzidas em parâmetros, que serão parte integrante dos dados de entrada (programa), e os dados de saída (projetos) devem contemplar soluções para o produto e para sua produção, sendo verificados em face dos primeiros. Ainda segundo Melhado (1999), para alcançar sucesso, o projeto deve ser analisado criticamente pelos seus participantes e validado pelos clientes, de forma a garantir a sua coerência com as metas propostas e com o processo de produção subseqüente. Tais relações são representadas simplificadamente na Figura 7.3.

As saídas, uma vez validadas, devem ser encaminhadas à produção, sendo arquivadas conforme sua configuração inicial ou após modificações, solicitadas pelos clientes ou pela produção. As modificações, por sua vez, podem ser de dois tipos: modificações do projeto ou modificações do programa, as quais obrigatoriamente sendo resultantes de uma alteração dos dados de entrada iniciais.

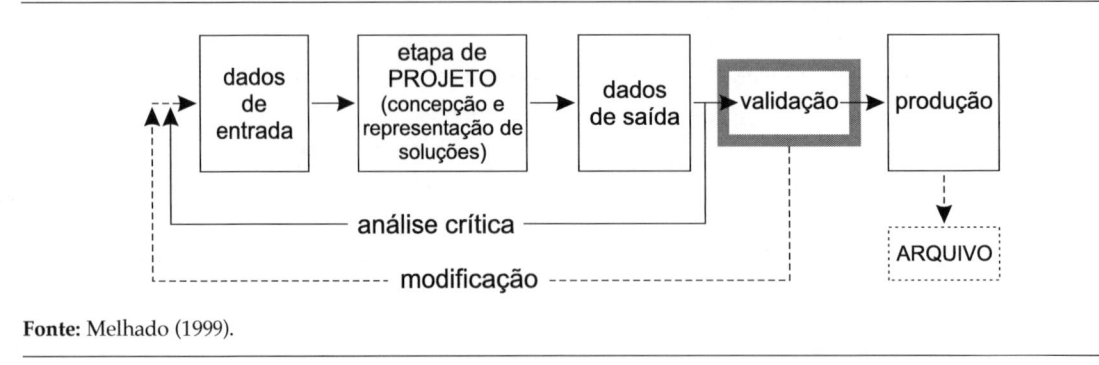

Fonte: Melhado (1999).

Figura 7.3 O processo de projeto segundo a ótica da gestão da qualidade.

Para Melhado (2001), é preciso reconhecer que o projeto é um processo interativo e coletivo que exige uma coordenação das atividades, compreendendo momentos de análise crítica e de validação das soluções, sem com isso inviabilizar o trabalho dos especialistas envolvidos. Porém, se o projeto não for desenvolvido com a participação de todos os especialistas o mais cedo possível e de forma metodologicamente adequada, a validação ou aprovação não contribuirá muito. É fundamental discutir o método, para obter-se a qualidade ao longo da etapa, validando-se ao final o resultado de um trabalho conjunto, que já tem qualidade.

Como um processo exercido coletivamente e inserido em estruturas econômico-produtivas, o projeto guarda um claro caráter social e as interações entre os agentes são fundamentais para o resultado global do processo.

4 ENGENHARIA SIMULTÂNEA

Um novo paradigma para o desenvolvimento de produtos empregado nas empresas de ponta é chamado, na literatura, Engenharia Simultânea (ES).

Os primeiros estudos sobre Engenharia Simultânea, tal como é entendida hoje, e a sua utilização sistemática por empresas ocidentais, remontam à segunda metade da década de 80. A denominação *"Concurrent Engineering"* ou Engenharia Simultânea (termo mais freqüente na literatura e também adotado neste trabalho)[6] foi proposta e caracterizada primeiro pelo *Institute for Defense Analysis (IDA)* do governo norte-americano.

> "Engenharia Simultânea: uma abordagem sistemática para integrar, simultaneamente, projeto do produto e seus processos relacionados, incluindo manufatura e suporte. Essa abordagem é buscada para mobilizar os desenvolvedores (projetistas), no início, para considerar todos os elementos do ciclo de vida, da concepção até a disposição, incluindo controle da qualidade, custos, prazos e necessidades dos clientes." (Institute for Defense Analysis – IDA, 1988, apud SCPD, 2002).[7]

Na realidade, muitas das principais características de desenvolvimento de produtos e processos, por meio da ES, podem ser encontradas na indústria japonesa a partir da década de 70 (Hartley, 1998).

Segundo Hartley (1998), no final da década de 70, a fabricante de veículos japonesa *Honda Company* consegue ampliar a qualidade de seus produtos e a eficiência de suas fábricas pela adoção de "times" multidisciplinares de desenvolvimento de produto, compostos por funcionários de diferentes departamentos da empresa e por engenheiros convidados dos seus principais fornecedores.

Atualmente, vários trabalhos investigam e descrevem a aplicação da Engenharia Simultânea no desenvolvimento de novos produtos. Nesses trabalhos, podem-se notar algumas diferenças, dando destaque a um ou outro aspecto do conceito de ES e privilegiando uma ou outra dimensão mais importante para o desenvolvimento integrado de novos produtos.

Dando ênfase à integração entre produto e processo, Stoll (1988) defende que o desenvolvimento de produtos seja realizado de forma coordenada com as soluções e especificações do produto, com as metas de processo (como prazos, custos etc.) e considerando-se as características do sistema de produção da empresa (tecnologia de produção, máquinas e ferramentas disponíveis e a capacitação dos recursos humanos).

Com essa visão, Hall (1991) apud Chiusoli (1996) apresenta a seguinte definição: "Engenharia Simultânea – ES –, também denominada Engenharia Concorrente ou Engenharia Paralela, tem sido definida (...) como o projeto simultâneo do produto e de seu processo de manufatura."

---

[6] Na tradução para o português, Kruglianskas (1995) defende que a palavra *concurrent* tem o sentido de concomitante; assim, a tradução por simultânea expressa melhor a idéia contida no termo em inglês, uma vez que a tradução direta pelo termo concorrente pode também ser interpretada como concorrência, no sentido de competição entre os envolvidos no processo de projeto. Na literatura, abordagens similares à da *Concurrent Engineering* ou Engenharia Simultânea, em português, podem ser encontradas com as denominações em inglês de *Design Integrated Manufacturing, Synchronous Engineering, Concurrent Product/Process Development, Team Approach, Life-Cycle Engineering, Product and Cycle-time Excellence, Overlapping Engineering* e em português com as denominações de Engenharia Paralela, Engenharia Concomitante e Engenharia Concorrente.

[7] SCPD – Society of Concurrent Product Development. <http://www.soce.org/> acessado em 10/4/2002.

Em uma ampliação da definição anterior, introduzindo o conceito de ciclo de vida do produto, Baker e Carter (1992) colocam que:

> Engenharia Simultânea é uma aplicação sistemática de integração do desenvolvimento do produto, incluindo manufatura e manutenção. Sua intenção é integrar o desenvolvimento, desde o princípio, de todos os elementos do ciclo de vida de um produto.

Alguns autores associam, em suas definições, a necessidade de interação entre as diversas fases do ciclo de vida do produto com a idéia de que ela é obtida pela participação precoce, nos projetos, de pessoas com várias especialidades e com diversas visões do produto (equipes multidisciplinares e interdepartamentais).

Outro ponto central nas definições de Engenharia Simultânea é a integração no projeto de visões de diferentes agentes do processo de produção, como distribuição, comercialização, marketing e assistência técnica, conformando equipes de projeto multidisciplinares e multidepartamentais capazes de considerar, precocemente, as demandas dos clientes internos ao processo de produção e o desempenho do produto ao longo de seu *ciclo de vida*.

Para a mobilização de uma força-tarefa multidepartamental, é essencial romper com as barreiras hierárquicas rígidas e estabelecer organogramas matriciais ou funcionais cruzados na conformação das equipes de projeto.

De acordo com Hartley (1998), as forças-tarefas de projeto na indústria automobilística contam normalmente com a participação de: engenheiros de projeto de produto; engenheiros de produção; pessoal de marketing; compras; finanças e representantes dos principais fornecedores de equipamentos e componentes.

Todos os membros da equipe dispõem de todas as informações sobre o projeto e podem interagir, projetando simultânea e coordenadamente diferentes aspectos do novo produto.

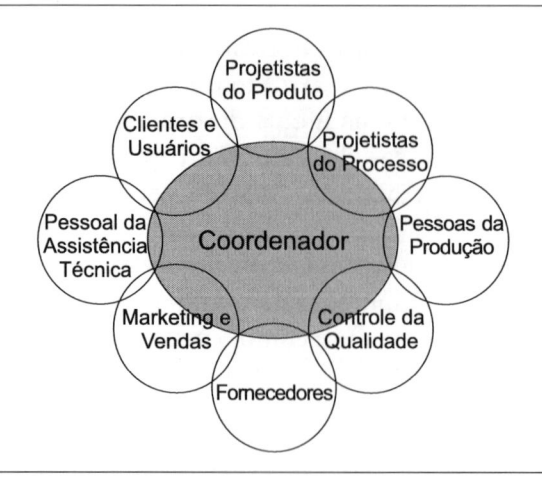

Figura 7.4 Representação esquemática das interações entre os principais participantes de uma equipe multidisciplinar genérica de ES.

Em trabalho que envolveu o estudo de setenta empresas norte-americanas que aplicaram a Engenharia Simultânea no desenvolvimento de novos produtos, Schneider (1995) apud Takahashi (1996) apresenta os seguintes resultados médios obtidos por essas empresas em relação ao processo seqüencial de desenvolvimento (Tabela 7.2).

Tabela 7.2 Vantagens obtidas por empresas norte-americanas que implantaram programas de ES

Benefícios do desenvolvimento de produtos com engenharia simultânea	
Tempo de desenvolvimento	30% - 50% menor
Mudanças de engenharia	60% - 95% menor
Refugos e retrabalhos (no processo)	75% menor
Defeitos	30% - 85% menor
Tempo de lançamento de novos produtos (*time-to-market*)	20% - 90% menor
Qualidade em geral	100% - 600% maior

Fonte: Schneider (1995) apud Takahashi (1996).

Na mesma linha, Muniz Jr. (1995) apresenta uma compilação bibliográfica com os resultados obtidos por algumas empresas, entre outras mudanças gerenciais, pela implantação da Engenharia Simultânea (Tabela 7.3).

Esse último autor analisa os ganhos no projeto do avião EMB 145 da Embraer, que foi desenvolvido com auxílio de técnicas de ES, em relação ao projeto de modelos anteriores da empresa: EMB 120 (Brasília) e CBA 123.

Tabela 7.3 Exemplos de vantagens obtidas pela Engenharia Simultânea na gestão do processo de projeto de novos produtos industriais

Empresa	Produto	Descrição dos benefícios
Honeywell	Termostato	Tempo de desenvolvimento de 4 para 1 ano
Apple	Mouse	Aumento no rendimento da manufatura de 40% para 99,9%
		Corte de 45% nos custos
Ford	Carro – Taurus/Sable	Redução de US$ 700/veículo
		Redução de 30% nos custos de manufatura
Navistar	Caminhões	Tempo de desenvolvimento de 2 para 1 ano
AT&T	Telefones	Tempo de desenvolvimento de 5 para 2,5 anos
IBM	Proprinter	Redução de 30 para 3 min no tempo de montagem
NCR	Terminal	Economia de US$ 1,1 milhão nos custos do trabalho
		Redução de 75% no tempo de montagem em relação ao modelo anterior – 85% menos partes
IBM	Laptop	Desenvolvimento de protótipos dez semanas depois do projeto – 50% do tempo usual
Boeing	Avião – Work Together (Boeing 777)	Liberação dos desenhos 1,5 ano mais cedo que no desenvolvimento do 767
		Tempo de colocação dos bagageiros internos é de 2 horas no 777 contra 2 dias no 747
		Primeiro modelo no qual se consegue montar pontas de asas sem necessidade de ajustes posteriores

Considerações Finais

Na indústria seriada, valores como agilidade no desenvolvimento de novos produtos, qualidade, inovação e eficiência produtiva têm-se tornado fundamentais para enfrentar a competitividade.

Para responder aos novos desafios competitivos, as empresas têm valorizado o processo de desenvolvimento do projeto dos produtos, como uma etapa essencial para sua qualidade e eficiência produtiva.

Para a aplicação de técnicas inovadoras de gestão do projeto em uma empresa, a primeira indagação deve ser se a forma de gestão escolhida atende às necessidades competitivas da empresa e das demais partes envolvidas e se está de acordo com as forças competitivas atuantes na indústria e com as orientações estratégicas da empresa (Porter, 1989).

É preciso perceber que a simples existência de sistemas de gestão da qualidade dos diversos agentes não garante a qualidade do produto e a gestão da qualidade não pode ser tratada como uma questão interna de cada um dos agentes participantes. É preciso que tais sistemas e a atuação de todos os participantes do processo de produção sejam integrados, de forma a garantir um todo harmônico e coerente, o que seria um dos objetivos facilitados pela introdução da Engenharia Simultânea.

O desenvolvimento de produto pela ES na indústria está relacionado a três objetivos básicos: redução do custo com a ampliação da manufaturabilidade dos projetos (integração projeto do produto – projeto da produção); diferenciação no mercado pela introdução de produtos inovadores antes da concorrência (inovação e redução do prazo de projeto) e ampliação da qualidade dos produtos (diferenciação pela qualidade).

Como facilitador e catalisador da integração entre os especialistas envolvidos, a Engenharia Simultânea, freqüentemente, é associada à utilização intensiva da tecnologia de informação e dos recursos de telecomunicações, como ferramentas de apoio às decisões e à interação entre as especialidades.

As novas tecnologias abrem, por um lado, novas possibilidades de cálculos e simulações durante o projeto, ampliando a capacidade de desenvolvimento tecnológico dos produtos. Por outro, as possibilidades das telecomunicações e a colaboração a distância em uma mesma base de dados de projeto permitem a integração de projetistas geograficamente separados e agilizam a troca de informações entre os agentes.

Fato cada vez mais reconhecido, a coordenação entre os sistemas de gestão e os esforços de melhoria da qualidade devem começar pelo projeto, uma vez que é nessa fase em que são tomadas as principais decisões, com as maiores repercussões em termos de custos e qualidade.

Questões para Discussão

1. O que você compreende como qualidade do projeto?
2. Quais os principais elementos da qualidade no processo de projeto?
3. Quais as principais diferenças entre um processo de projeto tradicional (seqüencial) e um processo de Engenharia Simultânea?
4. Escolha um produto para contextualizar as questões tratadas no texto, desenvolvendo sua aplicação neste produto.

Referências Bibliográficas

AUSTIN, S. et al. Analytical design planning technique: a model of the detailed building design process. *Design studies*, v. 20, n. 3, p. 279-96, maio 1999.

BAKER, B. S.; CARTER, D. E. *CE-Concurrent engineering*: the product development environment for the 1990. Massachusetts: Addison-Wesley, 1992.

BARSA, 2000. *Nova Enciclopédia Barsa*. São Paulo: Encyclopaedia Britannica do Brasil, 2000. CD-ROM.

CHIUSOLI, R. F. Z. *Engenharia simultânea*: estudo de casos na indústria brasileira de autopeças. Dissertação (Mestrado) – Universidade Federal de São Carlos, São Carlos, 1996.

CROSS, N. Natural intelligence in design. *Design Studies*, v. 20, n. 1, jan. 1999.

DORST, K.; CROSS, N. Creativity in the design process: co-evolution of problem-solution. *Design Studies*, v. 22, n. 5, set. 2001.

ECKARDT, B. V. Multidisciplinarity and cognitive science. *Cognitive Science*, v. 25, p. 453-70, 2001.

FABRICIO, M. M. *Processos construtivos flexíveis*: projeto da produção. Dissertação (Mestrado) – Escola de Engenharia de São Carlos, Universidade de São Paulo, São Carlos, 1996.

FERREIRA, A. B. H. *Novo dicionário da língua portuguesa*. 2. ed. Rio de Janeiro: Nova Fronteira, 1986.

GAMA, R. *A tecnologia e o trabalho na história*. São Paulo: Nobel/Edusp, 1986.

HARTLEY, J. R. *Engenharia Simultânea*: um método para reduzir prazos, melhorar a qualidade e reduzir custos. Porto Alegre: Bookman, 1998.

JOBIM, M. S. S.; JOBIM, H. F.; ESTIVALET, K. G. Proposta para interação dos conceitos de qualidade arquitetônica. In. Seminário Internacional Nutau´2000 – Tecnologia e Desenvolvimento, 2000, São Paulo. *Anais...* São Paulo: FAU/USP, 2000. CD-ROM.

KALAY, Y.; KHEMLANI, L.; CHOI, J. W. An integrated model to support distributed collaborative design of buildings. *Automation in construction*, n. 7, p. 177-88, 1998.

KOSKELA, L. *Application of the new production philosophy to construction*. (Technical Report, n. 72). Stanford: Stanford University/Cife, 1992.

KRUGLIANSKAS, I. Engenharia simultânea e técnicas associadas em empresas tecnologicamente dinâmicas. *Revista de Administração*, São Paulo, v. 30, n. 2, p. 25-38, 1995.

LAWSON, B. *Design in mind*. Oxford: Butterworth, 1994.

LOURIDAS, P. Design as bricolage: anthropology meets design thinking. *Design Studies*, v. 20, n. 6, nov. 1999.

MELHADO, S. B. O plano da qualidade dos empreendimentos e a engenharia simultânea na construção de edifícios. Encontro Nacional de Engenharia de Produção, 1999, Rio de Janeiro. *Anais...* Rio de Janeiro: UFRJ/Abepro, 1999. CD-ROM.

_____. *Gestão, cooperação e integração para um novo modelo voltado à qualidade do processo de projeto na construção de edifícios*. Tese (Livre-docência) – Escola Politécnica, Universidade de São Paulo, São Paulo, 2001.

MELHADO, S. B.; HENRY, E. Quality management in french architectural offices and its singularities In: Quality Assurance Conference on Implementation of Construction and Related Systems: a global update, 2000, Lisboa. *Proceedings...* Lisboa: CIB (TG 36), 2000.

MUNIZ Jr., J. *A utilização da engenharia simultânea no aprimoramento contínuo e competitivo das organizações* – estudo de caso do modelo usado no avião EMB 145 da Embraer. Dissertação (Mestrado) – Escola Politécnica, Universidade de São Paulo, São Paulo, 1995.

OXMAN, R. Design media for the cognitive designer. *Automation in construction*, v. 9, 2000.

_____. (Ed.). Design cognition and computation. *Design Studies*, v. 17, n. 4, out. 1996.

PICON, A. Architeture, sciences et techniques. *L'Encyclopedia Universalis*, Corpus, t. 2, p. 843-51, jan. 1993.

PORTER, M. *Vantagem competitiva*: criando e sustentando um desempenho superior. Tradução de Elizabeth Maria de Pinho Braga. Rio de Janeiro: Campus, 1989.

PURCELL, T. (Ed.) Sketching and Drawing. *Design Studies*, v. 19, n. 4, 1998.

PURCELL, T.; GERO, J. Design and other types of fixation. *Design Studies*, v. 17, n. 4, out. 1996.

SOCIETY OF CONCURRENT PRODUCT DEVELOPMENT (SCPD). Disponível em: <http:www.soce.org/>. Acesso em: 10 de abr. de 2002.

STOLL, H. W. Design for manufacture. *Manufacturing engineering*, v. 100, n. 1, p. 67-73, 1988.

TAKAHASHI, V. P. *Proposta de um modelo de auxílio à tomada de decisão na adoção de técnicas de engenharia simultânea*. Dissertação (Mestrado) – Escola de Engenharia de São Carlos, Universidade de São Paulo, São Carlos, 1996.

TOLEDO, J. C. *Gestão da mudança da qualidade de produto*. Tese (Doutorado) – Escola Politécnica, Universidade de São Paulo, São Paulo, 1993.

VALENTIN, J. *Norma e qualidade*. São Paulo, s. n., 1997.

ZARIFIAN, P. *Valeur, organisation et compétence dans la production de service*: esquisse d´un modèle de la production de service. São Paulo: USP, 1999.

Capítulo 8

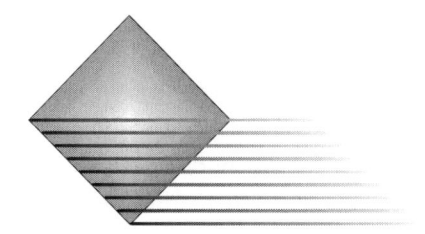

Qualidade na Gestão de Suprimentos

Sheyla Mara Baptista Serra

INTRODUÇÃO

É inerente à organização das empresas a utilização de fornecedores externos. Freqüentemente, isso se torna uma de suas principais dificuldades, visto que esses fornecedores nem sempre se mostram eficientes na realização de seu trabalho. Mesmo que uma empresa tenha por política produzir internamente a maior parte de seus produtos, ela não pode prescindir do agente fornecedor, enfrentando, assim, sérios obstáculos nesse contexto. Para diminuir os problemas, eles precisam ser adaptados às diretrizes e necessidades de seus contratantes.

Na organização tradicional, com várias empresas fornecedoras, além de a empresa se preocupar com a qualificação dos seus funcionários e procurar gerenciar bem os seus recursos, ela deve-se preocupar também com o seu entorno. Normalmente, terá necessidade de compartilhar filosofias, expectativas e informações com outras empresas, que não possuam necessariamente a mesma orientação.

Assim, este capítulo procurará estudar como as empresas, de modo geral, estão se relacionando com seus fornecedores e quais as estratégias mais utilizadas para melhorar o desempenho desse tipo de arranjo organizacional.

1 SETOR DE SUPRIMENTOS

As empresas não costumam executar seus produtos sem a utilização de fornecedores externos de materiais e serviços. Assim, faz-se necessário que exista um setor na empresa responsável diretamente pela escolha e interação com os fornecedores. Esse setor, normalmente conhecido como de **suprimentos** ou de compras, está diretamente relacionado à estrutura administrativa da empresa.

O setor de suprimentos é o responsável direto pela relação comercial entre fornecedores e consumidor. Essa relação envolve diversos agentes, tornando-se bastante complexa. Por isso, deve merecer atenção especial por parte das empresas, pois o agente fornecedor é quem subsidiará – no prazo, custo e qualidade esperados – os insumos que serão utilizados nos produtos.

Os fornecedores devem estar adaptados às necessidades de seus contratantes, caso contrário, podem vir a se tornar um grande problema para a empresa, gerando aumento de gastos, devido à falta de qualidade dos produtos e queda na produtividade dos serviços.

O setor de suprimentos de uma empresa é de importância fundamental para a produção de produtos com qualidade. Se esse setor não estiver atuando com regularidade, surgirão problemas como: queda da produtividade, devido à ausência do insumo no momento de sua utilização; diminuição da motivação do operário que, na ausência do insumo, tem de ficar trocando de serviço até que o material esteja disponível; baixa qualidade do produto, ocasionada pela falta de um controle de qualidade eficiente dos insumos desde o projeto até a entrega do produto final.

As etapas mais críticas para uma gestão eficiente da cadeia de suprimentos são: especificação dos materiais, fluxo de suprimentos, fornecedores, negociação, comunicação e informação. Verifica-se a preocupação dos agentes envolvidos quanto à análise sistêmica do processo de aquisição de suprimentos, principalmente em relação à gestão integrada da qualidade.

2 ESTRATÉGIAS DE INTEGRAÇÃO VERTICAL

Uma das estratégias que mais se destacam no ambiente competitivo entre indústrias fragmentadas – nas quais nenhuma empresa possui uma parcela considerável do mercado – é a de **integração vertical**. Nesse ambiente competitivo, existem numerosas empresas que competem entre si, e nenhuma possui parcela representativa ou influencia significativamente no resultado do setor em que está inserida.

De um modo geral, a essência da estratégia de integração vertical consiste em definir se uma empresa irá "fazer ou comprar" (*make or buy*) seus insumos básicos, componentes ou serviços auxiliares.

Segundo Porter (1991), a decisão de integrar verticalmente uma empresa deve extrapolar uma simples análise de custos e investimentos necessários. Para tanto, devem ser considerados também os problemas estratégicos mais amplos da integração em comparação com o uso de transações de mercado, bem como com alguns desconcertantes problemas administrativos que surgem e que podem afetar o sucesso dessa empresa.

Se a empresa resolver "integrar", a questão principal passa a ser como se auto-organizar para completar o seu trabalho. Se, por outro lado, a firma decide adquirir alguns insumos em outras empresas, a questão principal passa a ser como gerenciar eficientemente esses relacionamentos.

Harrigan apud Villacreses (1995) descreve quatro estratégias genéricas de integração vertical, e cada uma representa diferentes graus de aversão ao risco, desejos de controle e objetivos em termos de fatia de mercado (*market-share*) ou de lucros de longo prazo. Essas estratégias são:

❑ *Integração total*: as empresas compram e vendem internamente todos os seus requerimentos de um serviço ou material em particular.

❑ *Integração parcial:* as empresas obtêm parte de seus requerimentos externamente.

❑ *Quase-integração:* é o estabelecimento de uma relação entre os negócios verticalmente relacionados, situando-se entre os contratos a longo prazo e a propriedade integral.

❑ *Não-integração:* as empresas simplesmente adquirem todas as matérias-primas, componentes e serviços, conforme a sua necessidade.

Para esse autor, uma empresa opta entre essas diferentes estratégias perante um conjunto de forças dinâmicas do setor, inerentes ao ambiente competitivo ou às características de cada organização. Assim, em determinados contextos, existirá uma tendência para a adoção de determinada estratégia.

Para diversos autores, tanto a integração como a desintegração verticais apresentam vantagens e desvantagens significantes. Bianchi (1995) identificou as principais vantagens dessas estratégias, que estão apresentadas na tabela a seguir.

Tabela 8.1 Principais vantagens da integração e da desintegração verticais

Vantagens da integração vertical	Vantagens da desintegração vertical
a) menores custos de transação	a) menor necessidade de capital
b) garantia de fornecimento e venda	b) saídas balanceadas
c) facilidade de integração	c) aumento da flexibilidade
d) maior retorno financeiro	d) aumento da especialização
e) maior barreira à entrada de novas empresas	

Fonte: Bianchi (1995).

De acordo com Porter (1991), muitos dos benefícios da integração, freqüentemente, são obtidos sem incorrer em seus custos pelo uso de uma quase-integração, que "são alianças entre empresas relacionadas verticalmente sem título de propriedade integral". Consegue-se agregar também as vantagens da não-integração citadas anteriormente.

Uma adaptação dessa estratégia de quase-integração é o termo de "quase-empresa" (*quasifirm*) apresentado por Eccles (1981). A "quase-empresa" é descrita como uma forma de organização estável, em que as condições permitem que se possa desenvolver um tipo de parceria. Como exemplo, contratantes e contratados podem formar uma unidade organizacional estável quando as condições e as posturas de cada empresa permitirem.

Entretanto, essa quase-integração deve ocorrer de forma organizada e programada, pois uma contratação ou subcontratação intensiva, sem critérios, pode prejudicar o controle do processo produtivo, resultando em produtos de baixa qualidade e com custos maiores, devidos a desperdícios, retrabalhos, ociosidades etc.

Alguns autores mencionam que a subcontratação das tarefas básicas críticas podem conduzir a sérios problemas de coordenação e controle do fluxo de trabalho. Por isso, deve ser criada uma estratégia que permita manter o controle direto sobre as tarefas críticas e, ao mesmo tempo, manter flexibilidade e/ou proteger a produção contra as incertezas inerentes à aquisição de recursos e às mudanças do ambiente.

Pensando nisso, Villacreses (1995) orienta os gerentes de empresas a desenvolverem estratégias de integração adequadas, de acordo com os seguintes critérios:

❏ Avaliação das capacidades internas da empresa.

❏ Não-capacitação interna, se existem empresas competitivas externas que podem satisfazer a essa necessidade.

❏ Desenvolvimento de bom relacionamento com um grupo central de fornecedores de qualidade.

❏ Utilização regular dos mesmos subcontratados e fornecedores, podendo recorrer a outras empresas pré-qualificadas, para monitorar as condições de preços e tecnologias no mercado de trabalho.

❏ Revisão constante das estratégias de integração vertical para adaptação às possíveis alterações no ambiente competitivo.

Assim, dada a grande utilização da estratégia de desverticalização, os contratantes devem buscar técnicas e ferramentas adequadas à gestão de seus fornecedores.

3 GESTÃO INTEGRADA DA CADEIA DE SUPRIMENTOS

Os modelos estratégicos de administração de empresa mais utilizados demonstram que a capacidade que ela tem de fazer acordos comerciais está muito condicionada à cadeia de negócios em que está inserida. Por isso, a melhoria da competitividade empresarial só pode ser alcançada se todo o conjunto de empresas envolvidas no processo de produção estiver comprometido com os objetivos comuns. Além disso, o correto conhecimento de suas responsabilidades e da cadeia de relacionamento cliente/fornecedor também auxilia no desenvolvimento do grupo.

Na indústria seriada, existe o entendimento de que é responsabilidade do contratante administrar e fazer crescer os seus fornecedores, integrando-os ao seu sistema operacional e otimizando os custos globais. Com isso, as organizações procuram formar uma rede dinâmica com alto poder competitivo.

Segundo Vrijhoef e Koskela (1999), essa rede de relacionamento necessita de um gerenciamento integrado, denominado Gestão da Cadeia de Suprimentos *(Supply Chain Management – SCM)*, que pressupõe o desenvolvimento de uma metodologia que visa à transformação do modo tradicional independente de gerenciar os estágios da produção, para um controle integrado e para o conhecimento global dos diversos fluxos existentes na produção. Para esses autores, a cadeia de suprimentos pode ser entendida como uma rede de organizações que se envolve em diferentes processos e atividades que produzem valor na forma de produtos e serviços a serem recebidos por um cliente final.

Algumas empresas japonesas constataram que muitas causas de problemas de qualidade encontrados transcendiam suas fronteiras, originando-se em seus fornecedores ou mesmo em estágios anteriores da cadeia produtiva. Assim, passaram a adotar mecanismos para controlar a interface entre empresas. Esse procedimento tornou-se um meio indispensável ao crescimento, não apenas pela garantia da adequada margem de lucro, como, principalmente, forma de assegurar a qualidade do processo.

Dessa forma, para determinar o custo total do fornecimento, deve ser avaliada a integração da cadeia de suprimentos. Para Merli (1994), os fornecedores devem ser analisados no que diz respeito aos aspectos econômicos identificados em nível operacional. Ou seja: o contratante deve observar as condições de fornecimento que afetam o custo total do serviço, além de seu preço. Os seguintes fatores identificados na Tabela 8.2 devem ser observados nessa análise.

O custo da qualidade encontrado nas empresas pode ser decorrente da não-conformidade de fornecedores de materiais, produtos e serviços. Assim, deve-se também, analisar na composição dos custos os possíveis atrasos de fornecimento, o não-atendimento das especificações, a desqualificação da mão-de-obra, a impossibilidade de produção dos lotes pedidos, a quantidade elevada dos retrabalhos, as dificuldades financeiras do fornecedor, entre outras situações.

Portanto, devem ser tomadas medidas que diminuam ou evitem esses problemas. Um exemplo é a aquisição de produtos certificados que, apesar de se apresentarem mais caros, diminuem os custos do controle de comprovação e garantem mais qualidade e produtividade à produção.

Outro importante aspecto da cadeia de suprimentos é o sistema logístico de informações, estabelecido quando existem várias empresas trabalhando conjuntamente, que necessita de um planejamento detalhado e integrado.

Tabela 8.2 Avaliação do custo total

Avaliação do custo total	
Custos da qualidade	Inspeção/testes de recebimento
	Estoques de segurança
	Sucata/retrabalho
	Gerenciamento de conflitos
	Assistência técnica/garantias/reclamações
	Perda de imagem
	Outros custos (na produção e na assistência técnica)
Custos da garantia de entrega	Estoques intermediários
	Paradas na produção
	Atrasos de entrega
	Vendas perdidas
Custos de tempo de resposta (*lead time* de fornecimento)	Necessidade de programação
	Estoques de segurança por variação de previsão
Custos de lotes de reposição	Estoques médios do item interessado
	Riscos de obsolescência
Custos de falta de melhoria	Perda do aumento das margens de contribuição
	Falta da redução dos custos da qualidade
Custos da obsolescência tecnológica	Custos de adequação do atraso
	Valor da falta das oportunidades

Fonte: Merli (1994).

Outro modo de se eliminar esses problemas corresponde à utilização de ferramentas gerenciais, como *lean production*, *just-in-time*, sistemas de gestão da qualidade etc. Essas filosofias de produção sugerem que as empresas busquem fornecedores especializados no mercado. Caso não existam ou não possam ser capacitados ou ainda não se comprometam com o estabelecimento de um relacionamento mutuamente benéfico, a implantação de tais filosofias pode estar fadada ao fracasso.

Assim, pode-se verificar que o processo de gerenciamento da cadeia de suprimentos é bastante complexo e deve, por isso, contar com uma metodologia própria e com o comprometimento de todos os agentes envolvidos na manutenção das metas traçadas.

4 ESTRATÉGIAS DE RELACIONAMENTO

A evolução organizacional da empresa contratante e a conscientização dos seus empresários proporcionam uma mudança no relacionamento com os fornecedores. A empresa cliente possui alto grau de influência no tipo de relacionamento a ser estabelecido. Porém, dado o despreparo dos agentes envolvidos, muitos são os problemas encontrados nessa prática. Entre eles está o baixo desempenho dos fornecedores que, muitas vezes, é resultante de situações como a negociação de preços que impedem o lucro, a perenidade do fornecedor e o investimento em melhorias. Além disso, a retenção de informações sobre o planejamento da produção e das compras pode induzir o fornecedor a não cumprir os compromissos estabelecidos.

Na implementação das relações entre empresas e fornecedores, deve ser feita uma clara distinção entre a prática legal do poder de barganha e sua forma mais pejorativa, exploratória. Enquanto a busca por maior poder de barganha é legítima, a habilidade em exercer esse poder – sem sacrificar a longo prazo a sobrevivência da outra parte, garantindo-lhe possibilidades de crescimento – parece ser o fundamento das relações de cooperação.

Segundo Merli (1994), existem quatro diferentes níveis de relacionamento entre contratantes e fornecedores, a saber:

- *Abordagem convencional:* nela ocorre a prioridade de preços baixos e o relacionamento entre as partes se dá como entre adversários; a inspeção de recebimento dos produtos ocorre em 100% dos casos.
- *Melhoria da qualidade:* aqui são priorizados a qualidade do produto ou serviço, os relacionamentos de longo prazo, a redução do número de fornecedores, a compra de sistemas e não apenas a de componentes.
- *Integração operacional:* nesse momento, as principais prioridades são o controle dos processos dos fornecedores, os investimentos comuns em pesquisa e desenvolvimento, os programas de melhoramento dos fornecedores, a implantação de sistemas de garantia da qualidade.
- *Integração estratégica:* busca o gerenciamento comum dos procedimentos de negócios, a avaliação global dos fornecedores (tecnológica e estrategicamente), as parcerias com fornecedores mais importantes, a integração entre os sistemas de garantia de qualidade, entre outros.

Continuando, esse autor menciona que, em função dos possíveis arranjos dos níveis de relacionamento, os fornecedores podem ser classificados como normais, integrados e *comaker*. A cada um é dado um tratamento diferenciado.

Dessa forma, a Tabela 8.3 apresenta uma matriz que tem por finalidade facilitar a definição antecipada do tipo de relacionamento, considerando a disponibilidade e a importância do recurso ou serviço a ser contratado. Essa tabela é denominada "Matriz de Kraljic" e é utilizada como ferramenta de classificação das estratégias operacionais a serem adotadas em relação aos fornecedores.

Tabela 8.3 Matriz de Kraljic

		DISPONIBILIDADE	
		Muita disponibilidade	**Pouca disponibilidade**
IMPORTÂNCIA	Muita	Ênfase na **COMPETITIVIDADE** • negociação • controle econômico	Ênfase na **INTEGRAÇÃO** • controle econômico • garantia de suprimentos • controle a longo prazo
	Pouca	**NENHUMA ÊNFASE** • aquisições pouco significativas	Ênfase na **ESTABILIDADE** • garantia de suprimentos • controle a longo prazo

Fonte: Villarinho (1999).

Na interpretação dessa tabela, observa-se que, conforme à classificação do item requerido em relação a sua "disponibilidade" e "importância", será adotada a estratégia adequada de relacionamento com os fornecedores. Por exemplo: quando o material ou o serviço possuir grande importância e poucos fornecedores disponíveis no mercado, a classificação orientará para que a empresa contratante busque trabalhar com a política de integração, visando à "parceria". O parâmetro "nenhuma ênfase" significa que o material ou serviço atende a uma especificação mínima de qualidade.

A avaliação do fornecedor deve ser feita para determinar também sua continuidade e capacidade de fornecimento, além de qualificá-lo segundo as condições mínimas requeridas nos planos de qualidade do contratante. Assim, diminuem-se os riscos de interrupção do processamento ou da prestação do serviço.

Outra forma de se garantir a oferta do produto ou serviço é a busca da parceria, que apresenta muitas vantagens. O objetivo principal da parceria é melhorar o desempenho dos resultados e aumentar os lucros das empresas e, ao mesmo tempo, reduzir o custo do produto e/ou do serviço.

Conley e Gregory (1999) também declaram a importância da parceria em um relacionamento entre empresas, principalmente as pequenas. Construction Industry Institute (CII) menciona que a parceria pode ser entendida como

> um acordo de longo prazo, celebrado entre duas ou mais organizações, com o propósito de melhorar o objetivo específico do negócio pela maximização dos resultados de cada participante. Isso requer a substituição dos tradicionais relacionamentos adversários por uma cultura de compartilhamento sem considerar as fronteiras organizacionais. O relacionamento é baseado

na confiança, na dedicação aos objetivos comuns e no respeito aos valores e expectativas de cada parceiro. Dessa forma, espera-se obter melhor eficácia, menores custos, aumento da oportunidade de inovação e melhoria contínua da qualidade de produtos e serviços.

De acordo com Koelle (1992), para o surgimento da parceria devem ser respeitados os seguintes princípios básicos:

❑ Estabelecimento de relacionamentos de longo prazo.
❑ Limitação do número de fornecedores ativos.
❑ Estabelecimento de um sistema de qualificação global.
❑ Preferência de contratação de fornecedores já qualificados.
❑ Avaliação de fornecedores pelo custo global.
❑ Colaboração com os fornecedores para tornar seus processos mais confiáveis e menos custosos.

Outro incentivo que contribui para a implantação da parceria é a implantação de sistemas de gestão da qualidade. Com ele, as empresas visam à evolução nos relacionamentos tradicionais de desverticalização, agregando todas as vantagens de uma "quase-integração", conforme já mencionado.

5 DESENVOLVIMENTO DOS FORNECEDORES

A iniciativa da melhoria deve partir de quem recebe o produto ou serviço, passando a ser mais exigente e estabelecendo parâmetros de qualidade a serem seguidos.

Na gestão operacional e na gestão estratégica do fornecimento, deve-se mudar o tratamento dado aos fornecedores. Não basta apenas qualificar o fornecedor, mas deve-se ir além, ajudando-o a identificar e eliminar suas fraquezas organizacionais. Desse modo, o papel do fornecedor deve ser valorizado e constantemente estimulado, a fim de adequá-lo às novas exigências do mercado. Isso quer dizer que o relacionamento, apesar de tender a ser estável, deve ser também dinâmico.

Para Martins apud Villarinho (1999), o desenvolvimento é um esforço organizacional e sistemático que objetiva criar e manter uma rede de fornecedores competentes. O cliente deve ajudar o fornecedor a obter as condições necessárias para o fornecimento ideal, surgindo, a partir daí, um grau de interação e de concentração de esforços comuns.

Segundo Kaibara (1998),

> desenvolver um fornecedor consiste na prestação de serviços de consultoria e de assessoria, buscando auxiliá-lo na identificação e análise de problemas relacionados com políticas empresariais, organização administrativa, adequação de métodos e processos de fabricação.

Por isso, o objetivo básico do desenvolvimento de fornecedores é dar orientação e suporte à área de suprimentos interna, mediante a avaliação e seleção de fontes potenciais de fornecimento.

Como todo processo, deve seguir uma sistemática de implantação e de melhoria. O desenvolvimento de fornecedores é um programa que se inicia por uma etapa de seleção e avaliação, seguida de uma etapa de aclaramento dos requisitos para a qualidade e, por fim, uma etapa de certificação para avaliação e homologação do fornecedor.

Esse programa deverá ser sistematizado, procurando absorver as inovações do mercado e conciliando os objetivos e expectativas das empresas participantes. Em função dos objetivos do desenvolvimento, nem todos os fornecedores serão selecionados para esse programa.

Com base no conceito de desenvolvimento de fornecedores, Kaibara (1998) elaborou uma metodologia de capacitação dos fornecedores. Para essa proposta, a autora estudou a evolução do relacionamento entre clientes e fornecedores de uma empresa da indústria seriada, a fim de tornar possível a consolidação da parceria. Sua proposta é também direcionada às empresas que visam à obtenção de maiores vantagens competitivas pela melhoria da gestão de seus fornecedores, independentemente do setor da economia em que estejam inseridas. Resumidamente, as principais etapas de desenvolvimento dessa metodologia são:

- *Estudo do produto:* determinação da viabilidade técnica e comercial.
- *Pesquisa das fontes potenciais de fornecimento:* verificação das condições de atendimento às especificações exigidas.
- *Pré-seleção das fontes potenciais:* coleta de informações técnicas e comerciais sobre o fornecedor.
- *Avaliação técnica, comercial e da gestão empresarial:* definição de parâmetros de análise e julgamento da potencialidade do fornecedor, segundo as diretrizes e necessidades da empresa contratante.
- *Diagnóstico:* análise minuciosa dos dados obtidos para determinar os pontos fortes e fracos no sistema organizacional do possível fornecedor.
- *Seleção dos fornecedores:* julgamento do mérito e da adequação das propostas.
- *Elaboração do plano de desenvolvimento do fornecedor:* programação de palestras, cursos de formação, treinamentos, visitas técnicas etc.
- *Execução do plano de melhorias:* implantação das melhorias na empresa fornecedora;
- *Encerramento das atividades de desenvolvimento:* conclusão com sucesso, quando o fornecedor assimila a metodologia empregada, ou interrupção, quando se obtém resultados inexpressivos, ou falta de comprometimento e de apoio da alta administração do fornecedor.
- *Certificação do fornecedor:* comprovação da qualidade do serviço mediante a outorga de um certificado.

A implantação de um programa de desenvolvimento pode trazer progressos significativos para as empresas participantes, principalmente de relacionamento entre os funcionários da área produtiva com os fornecedores. Além disso, as empresas podem conseguir significativos aumentos de competitividade no mercado.

6 SELEÇÃO E AVALIAÇÃO DE FORNECEDORES

A seleção é uma das atividades mais importantes no processo de aquisição de produtos e/ou serviços. Uma escolha malfeita e sem critérios pode comprometer a eficiência do processo produtivo no qual o item ou serviço a ser adquirido se insere. A adoção de procedimentos padronizados de avaliação e seleção de fornecedores constitui importante instrumento na gestão de dados e de recursos de uma empresa.

Para que a seleção seja facilitada, a escolha do fornecedor adequado pode ser baseada em uma escala de desempenho com conseqüentes notas atribuídas. Os critérios de seleção devem receber pesos, conforme o tipo e a utilização do material a ser comprado ou do serviço a ser contratado. Assim, a escolha do fornecedor mais indicado se apoiaria sobre uma avaliação por pontos, na qual o melhor pontuado deveria ser o fornecedor em potencial.

Porém, para chegar a esse entendimento simplificado, deve ser realizada uma análise minuciosa das reais condições do serviço a ser prestado, de modo que a decisão seja a mais confiável. Por exemplo: é preciso identificar o custo total do fornecimento ou do serviço.

Os critérios mais importantes de seleção vão depender do tipo de contratação que está sendo feita. Podem ser analisados: a competência profissional, a capacidade gerencial, a disponibilidade de recursos, a imparcialidade ante os concorrentes, a apresentação de um preço justo, a integridade profissional e a existência do sistema de garantia da qualidade, entre outros parâmetros de avaliação.

Assim, as empresas devem procurar desenvolver um processo de seleção que seja adequado às suas estratégias e filosofias como contratante. Para que a seleção seja eficaz, é necessário avaliar a proposta de serviço segundo os critérios considerados mais importantes. Para uma eficiente gestão dos fornecedores de serviços e mão-de-obra, é necessário discutir o processo produtivo no qual se inserem a fim de se obter orientações práticas.

Serra (2001), em sua tese de doutoramento, apresenta as diretrizes específicas de gestão para os processos de seleção, avaliação, formalização da contratação e organização dos **subempreiteiros** nos canteiros de obras das construtoras. Pelo estudo de cada etapa do processo de gestão desenvolvido, procura contribuir de forma inovadora para a modernização do setor, uma vez que não existe um modelo específico de gestão de fornecedores de serviços para a indústria da construção civil, principalmente para o subsetor edificações. Uma de suas contribuições é a confecção do mapa de avaliação das propostas dos subempreiteiros, que se caracteriza por apresentar graficamente todos os parâmetros considerados importantes para a decisão do fornecedor mais indicado de serviço. A análise a ser feita considerará de forma integrada e global todos os dados das propostas.

Uma vez que o fornecedor já tenha prestado serviço para a construtora, para facilitar sua seleção, pode ser confeccionado um sistema de avaliação de fornecedores de materiais, de componentes e serviços de construção. Com o histórico do seu desempenho, busca-se a orientação da decisão de sua nova contratação com base nesse sistema, procurando assim retirar uma possível subjetividade do processo e agregar as vantagens já identificadas naquele fornecimento.

Esse tipo de avaliação já é bastante comum na indústria seriada. Isso se deve, em parte, aos requisitos dos sistemas de gestão da qualidade baseados na norma ISO 9000, em que está firmada a necessidade de uma metodologia documentada de avaliação de fornecedores de materiais e serviços.

Com base nessa justificativa, Amorim (2000) apresenta um sistema cooperativo de avaliação de fornecedores com critérios unificados para facilitar a comparação entre empresas diferentes, que pode ser utilizado por elas como parâmetro de seleção. Esse sistema pode ser utilizado como fonte de investigação e como meio de divulgação do desempenho do material ou serviço prestado. As informações obtidas permanecem armazenadas no sistema. Esse banco de dados passa a auxiliar o processo de aquisição, podendo ser acessado sempre que necessário. Dessa forma, as empresas participantes emitem e tornam conhecidos seus próprios julgamentos, além de poderem compartilhar informações sobre os fornecedores cadastrados no sistema. Essa avaliação acompanha toda a prestação dos serviços pelos fornecedores, que são sistematicamente avaliados, proporcionando condições que podem orientar as tomadas de decisões.

Da mesma forma, pode ser criada uma sistemática de qualificação dos fornecedores, com o fim de facilitar o julgamento de seu desempenho. As informações das avaliações também são cadastradas em um banco de dados e determinam os níveis de classificação dos fornecedores. Quando esse cadastro for utilizado para a seleção do fornecedor, os critérios de avaliação devem ser: qualificação no processo da empresa, situação financeira, histórico, capacidade de fornecimento, qualidade do atendimento, filosofias de trabalho e preço do produto ou serviço. Conforme a necessidade, qualquer um desses parâmetros pode ser priorizado durante a seleção.

Quando a seleção considerar fornecedores novos sobre os quais o contratante ainda não possui informações do seu desempenho, serão adotados outros métodos de avaliação, tais como: visitas às empresas fornecedoras, referências de outras empresas clientes e aplicação de questionário.

Segundo Kaibara (1998), a visita ao fornecedor para qualificação deve ser realizada por uma equipe que detenha conhecimentos técnicos e comerciais a respeito do assunto, verificando as seguintes condições:

a) A estrutura organizacional do fornecedor.

b) O planejamento, o controle e as melhorias da qualidade do fornecedor.

c) O processo, as instalações e os laboratórios do fornecedor.

d) A capacidade de atendimento comercial do fornecedor.

e) Os recursos de pessoal do fornecedor.

f) A situação financeira do fornecedor.

Caso se trate de um fornecimento crítico, a empresa pode ainda adotar procedimentos diferenciados de avaliação. Portanto, os métodos de investigação a serem utilizados devem ser mais detalhados ou rigorosos.

7 CERTIFICAÇÃO DE FORNECEDORES

Cada organização, no momento da compra de produtos e serviços, pode adotar os diferentes tipos de certificação existentes, como as normas internacionais ISO 9000 (Gestão da Qualidade) e ISO 14000 (Gestão Ambiental). Alguns setores industriais criam também os próprios selos de certificação da qualidade, tais como na construção civil, os diversos níveis do PBQP-H (Programa Brasileiro de Qualidade e Produtividade no

Habitat) do Governo federal e do Qualihab, do Governo do Estado de São Paulo, que procuram levar em consideração o que lhes é mais adequado às peculiaridades e necessidades específicas. Muitas dessas sistemáticas já se consolidaram como eficientes na determinação das práticas de gestão da qualidade e são usadas também como um diferencial competitivo.

Entre os principais requisitos para uma empresa se certificar encontra-se a fase de aquisição de seus produtos, serviços e mão-de-obra. O contratante deve criar uma sistemática que facilite o controle, a qualificação e a avaliação dos fornecedores cadastrados. Além disso, devem ser criados procedimentos que facilitem a análise crítica para assinatura do contrato e sua manutenção conforme combinado.

A certificação pode ser de primeira, segunda ou terceira parte. É de primeira parte quando a própria empresa atesta que seu sistema de qualidade atende aos requisitos de uma norma; de segunda parte, quando o atestado é fornecido pelo contratante da empresa que realiza auditorias no seu sistema de qualidade. A certificação é de terceira parte quando um órgão independente, denominado OCC (Organismo de Certificação Credenciado), reconhecido pelo Inmetro, realiza auditorias no sistema de gestão da qualidade e comprova sua conformidade aos requisitos de determinada norma.

Entretanto, a certificação de segunda parte – um programa de certificação próprio da empresa – pode requerer um trabalho intenso para avaliar, qualificar e certificar os fornecedores escolhidos. Além disso, é necessário um forte e estreito acompanhamento das partes envolvidas para manter o programa sempre bem-direcionado. Deve ser visto como um compromisso a longo prazo entre contratante e contratado.

Para que realmente possa ocorrer a certificação, que é a comprovação pública de que os critérios estabelecidos foram satisfeitos, deve-se contar com um programa de qualificação que adapte gradualmente os fornecedores capacitados às necessidades da empresa contratante. O processo de qualificação de fornecedores da empresa deve ser dinâmico e estar claramente definido para não prejudicar o fornecedor. A evolução deve ser gradativa e ocorrer mediante atendimento dos requisitos especificados.

A efetiva implantação de um sistema de certificação depende do compromisso da alta gerência das empresas envolvidas com sua execução e manutenção. Os resultados não serão imediatos, por isso é que os relacionamentos devem visar à perenidade e ao fortalecimento de vínculos, como a parceria.

Considerações Finais

O relacionamento de adversários entre os agentes contratantes e contratados deve ser aos poucos substituído pela necessidade de integração operacional e estratégica dos negócios. Com elas, busca-se o compartilhamento dos lucros, o estabelecimento da parceria, o reconhecimento pelo trabalho bem-feito e pela reciprocidade de direitos e deveres de ambas as partes.

Outra análise importante é a busca do próprio conhecimento da estrutura organizacional das empresas envolvidas na gestão dos suprimentos, com a qual podem-se eliminar gargalos e fraquezas que impeçam o desenvolvimento organizacional das empresas. Também é facilitada a definição de estratégias competitivas e alianças empresariais que proporcionem o crescimento do negócio.

Os contratantes devem proporcionar meios adequados de desenvolvimento das habilidades e capacidades de seus contratados, porque o crescimento de qualquer integrante da cadeia de suprimentos contribui para toda a rede de organizações empresariais.

Também os contratados devem estar conscientizados de que possuem uma significativa influência na implementação de melhorias no ambiente de trabalho. Antigos concorrentes podem passar a se articular para oferecerem, conjuntamente ao mercado, diversos produtos ou serviços integrados com maior valor agregado como, por exemplo, a garantia de assistência técnica.

A proposição e desenvolvimento de ferramentas gerenciais adequadas a cada estilo empresarial é uma importante condição para o sucesso dessa visão integrada da cadeia de suprimentos, conferindo-lhe mais agilidade e confiança. Além disso, a utilização da informática como importante veículo de comunicação e integração deve ser explorada para conferir mais agilidade e credibilidade ao processo de gestão dos suprimentos.

A busca pela qualidade do processo deve ser encarada como meta de todos os agentes participantes da cadeia produtiva: empresários, trabalhadores e governo. Assim, a indústria pode-se desenvolver e contribuir ainda mais para o crescimento da economia brasileira e melhoria das condições sociais.

Questões para Discussão

1. Qual a importância dos fornecedores para o desempenho da empresa contratante?
2. Como a contratante deve gerenciar seu relacionamento com os fornecedores?
3. Quais os passos de um processo de desenvolvimento de fornecedores?
4. Como estruturar um processo de seleção e avaliação de fornecedores?
5. Qual a importância da qualificação e certificação de fornecedores para os envolvidos?

Referências Bibliográficas

AMORIM, S. R. L. Sistema de avaliação de fornecedores: uma experiência cooperativa no setor de edificações no Estado do Rio de Janeiro. In: Encontro Nacional de Tecnologia do Ambiente Construído, Entac 2000, Salvador. *Anais...* Salvador: UFBA/UEFS/Uneb, v. 1, p. 682-687, 2000.

BIANCHI, M. G. *Terceirização no Brasil*. 181f. Dissertação (Mestrado em Engenharia de Produção) – Escola Politécnica, Universidade de São Paulo, São Paulo, 1995.

CONLEY, M. A.; GREGORY, R. A. Partnering on small construction projects. *Journal of Construction Engineering and Management*, v. 125, n. 5, p. 320-324, set./out. 1999.

ECCLES, R. G. The quasifirm in the construction industry. *Journal of Economic Behavior and Organization*, v. 2, p. 335-357, 1981.

KAIBARA, M. M. *A evolução do relacionamento entre clientes e fornecedores*: um estudo de suas principais características para a implantação da filosofia JIT. Dissertação (Mestrado em Engenharia de Produção) – Engenharia de Produção da Universidade Federal de Santa Catarina, Florianópolis, 1998. Disponível em: <http://www.eps.ufsc.br/disserta98/kaibara/index.html>. Acesso em: 18 de dez. de 2000.

KOELLE, P. A. *Modelo de implantação da qualidade assegurada na construção civil*. 135f. Monografia (conclusão do curso de Engenharia de Produção) – Escola Politécnica, Universidade de São Paulo, São Paulo, 1992.

MERLI, G. *Comarkership*: a nova estratégia para os suprimentos. Tradução de Gregório Bouer. Rio de Janeiro: Qualitymark, 1994. 264 p.

PORTER, M. E. *Estratégia competitiva*: técnicas para análise de indústrias e da concorrência. 7. ed. Rio de Janeiro: Campus, 1991, 362 p.

SERRA, S. M. B. *Diretrizes para gestão dos subempreiteiros*. 360f. Tese (Doutorado em Engenharia de Construção Civil) – Escola Politécnica, Universidade de São Paulo, São Paulo, 2001.

VILLACRESES, X. E. R. Análise estratégica da subcontratação em empresas de construção de pequeno porte. In: FORMOSO, C. *Gestão da qualidade na construção civil*: uma abordagem para empresas de pequeno porte. Porto Alegre, 1995. p. 49-80.

VILLARINHO, M. E. *Um sistema de qualificação de fornecedores através da aplicação da metodologia do gerenciamento de processos*. Dissertação (Mestrado em Engenharia de Produção) – Engenharia de Produção. Universidade Federal de Santa Catarina, Florianópolis, 1999. Disponível em: <http://www.eps.ufsc.br/disserta99/villarinho/index.htm>. Acesso em: 18 de dez. de 2000.

VRIJHOEF, R.; KOSKELA, L. Roles of supply chain management in construction. In : TOMMELEIN, I. (Ed.). Conference of the International Group for Lean Construction (IGLC-7), 7 ed. 1999, Berkeley. *Proceedings*... Berkeley, Estados Unidos: University of California, p. 133-146, jul. 1999.

Capítulo 9

Gestão da Qualidade sob o Enfoque da Administração de Recursos Humanos

Mariluci Alves Martino

INTRODUÇÃO

As inovações tecnológicas modificam o perfil do trabalho e do emprego e o ambiente globalizado acarreta novos formatos de empresas e formas de gestão como: contratos temporários, terceirizações, organizações virtuais, projetos transnacionais, teletrabalho etc. Em conseqüência, as formas de gestão do trabalho têm apresentado algumas mudanças importantes em termos de estratégias e procedimentos. Uma das correntes emergentes prega a necessidade de envolver, incentivar e motivar a participação dos trabalhadores, comprometendo-os com os objetivos organizacionais e com o próprio trabalho. É nesse contexto que a abordagem da administração de recursos humanos para a qualidade se desenvolve, propondo bases distintas das praticadas até então, na busca da constituição de uma força de **trabalho flexível** e cooperativa.

A proposta deste capítulo é discutir as características das novas tendências de gestão do trabalho praticadas no cenário da reestruturação, voltadas ao comprometimento com a gestão da qualidade total. Trata-se mais especificamente da questão do comprometimento dos trabalhadores nesse novo contexto do trabalho e de gestão. A questão fundamental que permeia hoje a administração das pessoas nas grandes empresas é a organização do trabalho. Estaria, então, o ambiente empresarial, que desenvolve ações da gestão da qualidade, implantando, de fato, o modelo de administração de recursos humanos? O que se percebe em termos de processos produtivos é que a lógica da especialização intensiva do trabalho, típica da chamada produção em massa (estilo fordista), vem também sendo rompida, desenvolvendo novas relações sociais do trabalho, a partir de atividades em pequenos grupos.

1 A GESTÃO DO TRABALHO

As empresas foram, por dois séculos, os motores da **sociedade industrial**. Universidades, escolas, museus, teatros e até as igrejas se apoderaram da prática industrial taylorista-fordista[1] e dos princípios da administração científica que contribuíram para a organização de empresas com estrutura piramidal verticalizada, nas quais se tem uma estrutura de funcionários composta predominantemente por operários freqüentemente semi-analfabetos e por funcionários dedicados a tarefas repetitivas.

Todavia, o interesse sobre as pessoas no trabalho foi despertado por Taylor, nos Estados Unidos, no começo de 1900. Seu trabalho contribuiu para aperfeiçoar o reconhecimento e a produtividade para os trabalhadores na indústria. Taylor assinalou que, assim como existe uma melhor máquina para o trabalho, também existem maneiras melhores de as pessoas executarem suas atividades. Com certeza, o objetivo ainda era a eficiência técnica, mas pelo menos a administração foi despertada para a importância de um fenômeno negligenciado até então, ou seja, a alienação do trabalho humano, pois, do ponto de vista psicológico, milhares de trabalhadores em todas as profissões são alienados. Alienam-se quando pensam que não há nada a ser apontado como obra sua, e quando não podem ver a relação entre o que fazem e os resultados finais do seu trabalho. Essa é a descrição que Marx faz do trabalhador vivendo sob a condição de alienação. Ele assim se refere:

> De um lado, a possibilidade ausente do trabalho como experiência lúdica, criadora, através do qual o trabalhador compõe, como se fosse um artista, o seu próprio mundo. Do outro, a realidade do trabalho, como trabalho forçado, trabalho sem investimento erótico, trabalho que se faz não pelo prazer que dele se deriva, mas apenas porque, com o que dele se ganha, o trabalhador pode se dar ao luxo de se dedicar um pouco àquilo de que ele gosta, fora do trabalho (apud Guimarães, 1995).

Então, a grande questão que se levanta é: como implantar a filosofia da qualidade em um ambiente em que pouco é valorizado o ser humano? Será que uma companhia cujos trabalhadores estejam desanimados, inseguros quanto ao futuro e com dúvidas quanto ao compromisso da administração de fazer que o serviço seja realizado de acordo com o que deve ser, pode competir com outra, na qual trabalhadores sabem que a administração está do seu lado? A resposta é simples: oferecer aos trabalhadores um tratamento mais humano, com necessidades e valores humanos comuns, eliminando assim a relação superficial, antagonística entre a administração e trabalhadores.

> A descoberta da relevância do fator humano na empresa veio proporcionar o refinamento da ideologia da harmonização entre capital e trabalho. Assim, verificamos algumas experiências de gestão que passam a reconhecer o empregado como parceiro e, nesse aspecto, a mais eficaz comumente conhecida é a das indústrias japonesas.

2 A EXPERIÊNCIA DO JAPÃO

O Japão, país que fora arrasado pela Segunda Guerra Mundial, tinha de implementar ações urgentes de reestruturação e a pergunta era: como reestruturar a produção industrial

---

[1] O Taylorismo caracterizou-se por separar o trabalho de concepção e o trabalho de execução, passando para a classe patronal e de engenheiros a função de pensar, deixando para a massa operária a função exclusiva de executar, desqualificando e massificando o trabalho, enquanto se qualifica o capital.

em um país arrasado pela guerra, pobre em recursos naturais e com um mercado pequeno? A resposta foi a seguinte: se os japoneses se empobreceram em virtude da guerra e a concorrência norte-americana era sufocante, para que o Japão pudesse ser mais competitivo no mercado internacional, seu sistema produtivo não poderia mais ficar preso ao rígido modelo taylorista-fordista, mas tornar-se mais flexível, apresentando ao mesmo tempo muitos modelos em pequena escala e com qualidade. Foi a partir desse enfoque que o presidente da Toyota, Kiichiro Toyoda, em 1945, declarou ser vital "alcançar os norte-americanos" em três anos, sem o que seria o fim da indústria automobilística japonesa.

Sendo assim, a Toyota desenvolve, adapta e modifica o fordismo, dando origem à filosofia do toyotismo, que passa a ser um marco de ruptura entre a rigidez taylorista-fordista. No sistema fordista, a meta era produzir o máximo, em grandes séries e vender era tarefa do departamento comercial. Para o Japão essa concepção de produção não era rentável. Na lógica da produção japonesa a idéia é a necessidade de produzir muitos modelos de veículos, cada um em pequena quantidade, e a demanda é que deve fixar o número de cada modelo a ser produzido. Assim, a empresa só produz o que é vendido e o consumo condiciona toda a organização da produção. Para simplificar: existe um estoque mínimo de veículos apresentados aos clientes, que escolhem seus carros; a Toyota então reconstitui o estoque em função do que foi vendido e produz os carros que faltam. Dessa maneira, a produção é puxada pela demanda e o crescimento pelo fluxo.

Na lógica do toyotismo, em vez do trabalho desqualificado, o operário torna-se polivalente. Em vez de linha individualizada, ele se integra em uma equipe. Em vez de produzir veículos em massa para pessoas que não conhece, ele fabrica um elemento para a "satisfação" da equipe que está na seqüência de sua linha. Em síntese: com o toyotismo, desaparece o trabalho repetitivo, ultra-simples, desmotivante e embrutecedor. Finalmente, estamos na fase do enriquecimento das tarefas, da satisfação do consumidor e do controle de qualidade (Gounet, 1999).

No entanto, para atingir a meta da qualidade na produção era preciso também "reorganizar" o trabalho na fábrica e motivar o trabalho em equipe e a produção com "alto" índice de qualidade. Essa foi a estratégia da Toyota. O primeiro passo foi a educação e o treinamento dos trabalhadores e dos funcionários dos altos escalões, buscando incorporar neles os princípios básicos para garantir a qualidade e distribuir responsabilidade, pois os méritos e os ônus na produção não recairiam sobre a empresa, mas sobre eles. O que está por trás desses conceitos é, fundamentalmente, a necessidade de melhorar cada vez mais o desempenho pessoal e organizacional. A operacionalização desses e de conceitos similares, como energização e sensibilização, pressupõe a mudança da função de pessoal, na qual o antigo modelo burocrático conhecido como Administração de Pessoal é suprimido, dando lugar à Administração de Recursos Humanos (ARH). Daí a importância da conexão entre Gestão de Qualidade e Administração de Recursos Humanos, como veremos adiante.

3 QUALIDADE E GESTÃO DE RECURSOS HUMANOS

Moldar o futuro de uma organização orientada para a qualidade requer a institucionalização de valores que guiem os empregados rumo à situação desejada, dotando-os de um objetivo palpável para o qual direcionem suas ações e seus anseios. Os investimentos em recursos humanos garantem alto nível de polivalência e plurifuncionalidade dos assalariados, possibilitando a eficácia das inovações organizacionais. Ao lado da reformulação dos processos empresariais e até como sua conseqüência, é requerida uma verdadeira revolução nos valores humanos e culturais da empresa, capaz de criar e manter um ambiente organizacional com hierarquia menor, trabalhadores mais qualificados, estruturas mais flexíveis e com valores éticos que orientem aplicações construtivas da ciência e da tecnologia. Por isso, Guimarães (1995) afirma que é necessário não somente mudar os processos, conjuntamente, como também mudar as pessoas e a cultura organizacional, tal como os japoneses gostam de dizer: "A qualidade começa com a educação e termina com a educação" porque a empresa é um todo de partes interdependentes, que circula e gera conhecimento, de forma permanente e a uma velocidade muito maior do que qualquer escola.

Esse raciocínio tem uma implicação mais abrangente do que pode parecer à primeira vista, pois a qualificação das pessoas para o trabalho não se dá simplesmente pela leitura da sua descrição de cargos ou de manuais de operação. Tal pensamento implica uma orientação sistêmica na qual todos os indivíduos e grupos devem entender como seu trabalho se encaixa no sistema, quem são seus fornecedores e clientes internos e como seu trabalho afeta o produto ou serviço final entregue ao consumidor ou usuário.

Segundo o autor, essa orientação implica ainda no entendimento dos processos ou das tecnologias com os quais cada empregado trabalha: como funcionam, quais suas capacidades, o que causa variações e quebras, como planejar e gerenciar um projeto de melhoramento, como trabalhar em grupos, como planejar a mudança, as ferramentas científicas básicas, como coletar dados para determinar as fontes de problemas e variações. Trata-se da organização acreditar que esse nível de entendimento do trabalho de cada indivíduo e de cada grupo só pode ser alcançado com uma educação contínua e com um *feedback* regular entre eles e seus clientes internos e externos. Nesse sentido, é preciso implementar uma estrutura interna de suporte, que contemple as ferramentas capacitadoras da mudança. São elas:

- Gerência de processo.
- Liderança pelo exemplo.
- Institucionalização dos novos valores.
- Planejamento estratégico da mudança.
- Visão organizacional.
- Compartilhamento de propósitos comuns.
- Motivação.
- Treinamento e educação.

Quando a qualidade e a produtividade melhoram, o preço de um produto pode ser reduzido, resultando em uma fatia maior do mercado e mais empregos. Mas, quando o crescimento se estabiliza e a produtividade aumenta ainda mais, o esperado é que sejam necessários menos trabalhadores para aquele produto. Será que as pessoas são mercadorias, para serem contratadas quando necessárias e liberadas quando já não se precisa mais delas? Esse ponto de vista não condiz com a melhoria contínua, tão valorizada na gestão da qualidade. Quando um número menor de pessoas é necessário para um determinado produto, elas devem ser treinadas e requalificadas para servirem em novas áreas na companhia.

Para Aguayo (1993), naturalmente os trabalhadores resistirão a mudanças que visem à melhoria, pois, historicamente, ela sempre resultou em maiores rendimentos para os administradores e acionistas, mas menos empregos e menos segurança para os demais. Entretanto, esse fato já não ocorre em uma companhia que tenha adotado a filosofia da qualidade – para uma organização comprometida com a filosofia da qualidade, seu destino e o de seus trabalhadores estão interligados. Trata-se de uma filosofia segundo a qual todos ganham, contrária da mais comum na qual "eu ganho, você perde". O raciocínio é simples: à medida que a produtividade aumenta e os custos diminuem, os lucros aumentam. Com a alta qualidade, os trabalhadores podem-se orgulhar do seu trabalho e a segurança no emprego melhora. Ganham os acionistas, os administradores e os trabalhadores.

> De modo geral, a gestão dirigida à obtenção do comprometimento dos trabalhadores caracteriza-se pela utilização de políticas de Administração de Recursos Humanos atreladas ao planejamento global da organização e relacionadas à visão de inovações, de melhorias e a uma linguagem comum entre todos.

4 UM NOVO PARADIGMA DE GESTÃO DE RECURSOS HUMANOS

Os projetos de mudanças das empresas rumo à qualidade e competitividade devem abraçar uma teoria que integre mudanças estruturais às mudanças humanas, em busca da ressignificação do trabalho humano e do alcance da finalidade social da organização, como: proporcionar bens e serviços, criar empregos e melhorar a qualidade de vida. Essa lógica convida a Administração de Recursos Humanos a transformar-se em um Departamento Estratégico, no qual são alinhados os objetivos individuais e os organizacionais. Para tanto, algumas práticas são relevantes para a eficácia desse enfoque:

- ❏ Reconstrução de valores gerenciais – Entende que as pessoas são consideradas seres humanos e não simples recursos empresariais, promovendo a integração entre o indivíduo e a empresa.
- ❏ Promoção da Administração Participativa – Os funcionários são convidados a opinar e a participar das decisões de curto, médio e longo prazos. Esse tipo de atitude proporciona visibilidade e transparência das ações das empresas, favorecendo o comprometimento das pessoas.
- ❏ Valorização do **capital intelectual** por meio de planos de carreira, banco de talentos, mapeamento de competências etc.
- ❏ Treinamento constante, objetivando desenvolver qualidades nos recursos humanos para habitá-los a serem mais produtivos e contribuir para o alcance dos objetivos

organizacionais, além de propiciar novas perspectivas de trabalho, promover mudanças de atitudes negativas para favoráveis, desenvolvendo idéias e conceitos.

❑ Criação de mecanismos sistemáticos de comunicação que possibilitem divulgar entre os empregados informações referentes a missões, objetivos e resultados, políticas internas, de modo que amplie o canal de livre expressão e participação dos níveis operacionais, utilizando encontros periódicos entre direção, gerência e empregados operacionais.

❑ O fator liderança influencia diretamente nos programas de qualidade, pois o líder deverá ser capaz de, em uma situação social, influenciar os outros a partir de suas idéias e por meio de suas ações; nesse sentido, seu papel é significativo para propiciar aos empregados a sensação de bem-estar no ambiente de trabalho, disseminando as estratégias de qualidade, de maneira a conscientizar sobre a importância de executar trabalho com qualidade.

> A contribuição da área de recursos humanos para obtenção da qualidade é decisiva e direta, uma vez que treinamento é um dos itens principais. Segurança, higiene, medicina do trabalho e integração de novos empregados também são atividades importantes nesse processo, devendo estar devidamente estruturados. Portanto, cabe à gestão de recursos humanos, juntamente com a equipe de qualidade, coordenar a elaboração de procedimentos de recursos humanos, disseminando a política da qualidade no âmbito da organização, de maneira a assegurar que todas as funções sejam exercidas após o devido treinamento de seus funcionários.

Considerações Finais

A filosofia da qualidade requer que as organizações desenvolvam produtos e serviços que ajudem as pessoas a viverem melhor. Fornecer bens e serviços é a razão de ser de uma organização. Ao proporcionar serviços e produtos que estejam sempre melhorando, uma organização cria clientes fiéis.

A gestão da qualidade prevê investimento nos recursos humanos, de forma a capacitá-los no entendimento dos processos, apresentando como meio para obtê-lo a educação mais globalizante e o treinamento em ferramentas da qualidade, que englobam instrumental estatístico simples para gestão dos processos a todos os níveis hierárquicos e estatística mais elaborada para técnicos e engenheiros. Procura também envolver as pessoas de um mesmo setor em reuniões para discutir os problemas do dia-a-dia do seu trabalho, não privilegiando a hierarquia, como é o caso dos Círculos de Controle de Qualidade (CCQs). Além disso, a filosofia da qualidade se baseia nas idéias de Herzberg e Maslow para gerir os recursos humanos. Valoriza os incentivos de natureza psicológica e promove o enriquecimento das tarefas, tornando-as menos mecânicas. Há também substancial coordenação *top-down*,[2] o que traduz uma tendência na forma de implementação desse modelo.

O gerenciamento da qualidade depende dos interesses dos atores, do ambiente no qual a empresa está inserida e da tecnologia envolvida. Na verdade, o modelo de gestão de qualidade

---

[2] Refere-se ao comprometimento do alto escalão com os projetos de qualidade. Essa expressão significa que o comprometimento pela qualidade começa nos níveis e cargos mais elevados, descendo aos operacionais.

é um projeto autônomo desenvolvido pela empresa. Deve-se levar em conta sua própria cultura, tecnologia e relação com o mercado e as características específicas de sua situação de operação. No entanto, a racionalidade que envolve a noção de eficiência é válida para as mais diversas situações práticas. Com a gestão da qualidade não é diferente. A racionalidade em torno da nova norma de eficiência pode ser observada na prática das organizações. A hipótese mais provável é que a filosofia da qualidade seja um modelo de gestão proposto para gerir a inter-relação mercado-empresa – uma empresa "voltada para fora" e capaz de promover uma nova concepção de gestão, distante do modelo taylorista.

Quanto à motivação, vemos que a ênfase fica em esclarecer a importância do trabalho, treinar e criar identidade com a empresa, partindo do pressuposto de que, se é bom para a empresa é bom para o empregado. Nesse discurso, quanto mais o empregado se envolver, maior sua garantia de emprego e benefícios econômicos (muitas vezes, o termo utilizado é "crescer"). Os incentivos de uso mais apropriado em empresas colaborativas estão voltados para recompensar o desempenho **empreendedor** dos empregados, pela sua participação eqüitativa na criação de valor e nos retornos de projetos nos quais se envolvem. Empresas inovadoras estão também experimentando a vinculação dos empregados a um *banco de talentos* para o desenvolvimento de novas oportunidades de negócio, além de muitas variações de bônus atrelados a resultados mensuráveis e a metas de desempenho. As novas fontes de motivação para o trabalho só podem germinar e ser cultivadas quando os processos gerenciais de conduzir o negócio e de liderar as pessoas começam também a ser mudados.

> De modo geral, pode-se dizer ainda que as empresas com programas para gestão da qualidade inseridos em um modelo de gestão mais amplo dos recursos, com a alta administração engajada e que utilizam o desdobramento de metas (ou gerenciamento pelas diretrizes), são as que apresentam programas mais consistentes, que caminham mais rápido e cujas transformações são duradouras, há menos idas e vindas na implantação. São também empresas que têm dado maior atenção às mudanças voltadas para a gestão dos recursos humanos, procurando adequar as necessidades de multi-habilidades com correspondentes alterações nos planos de carreira e introdução da participação nos resultados.

Enfim, a estratégia de comprometimento na chamada Administração de Recursos Humanos para a qualidade passa a ser privilegiada, tendo em vista que as formas de controle e submissão típicas do padrão taylorista-fordista seriam inapropriadas, face aos requerimentos atuais da flexibilidade e qualidade dos serviços e produtos (Walton, 1985, apud Ruas e Antunes, 1996). Entretanto, Ruas e Antunes (1996) nos chamam a atenção para a seguinte questão: seria essa uma estratégia adaptável à manufatura tradicional ou seria especialmente aplicável aos novos processos industriais? Nesse sentido, vale um questionamento acerca da introdução de novos modelos de gestão: quais as condições de adaptação dessa estratégia em países do Terceiro Mundo? Onde as condições socioeconômicas dos trabalhadores são mais precárias? Que fatores são mais relevantes e devem ser levados em conta? Os internos (estrutura hierárquica, sistemas de trabalho e de recompensa), os de ordem situacional (interesse dos acionistas, filosofia gerencial, mercado de trabalho e estrutura do sindicato) ou fatores externos (a demanda do mercado de consumidores, as relações do mercado de trabalho, o estágio do ciclo de vida do produto, as relações sindicais, as flutuações nos segmentos de mercado, a estrutura dos custos, a estrutura da organização etc.)? Desse modo, o aspecto contingencial da ARH é visto como uma estratégia apropriada, tendo em vista a variação de alguns fatores gerados pela interação da empresa com o ambiente.

Na realidade as novas tendências de gestão do trabalho estão associadas ao porte das empresas e a alguns segmentos industriais mais dinâmicos. Assim, a abordagem de Administração de Recursos Humanos, que busca o comprometimento, fornecendo *empowerment*[3] e envolvimento dos empregados pelo uso estratégico da gestão do trabalho e das políticas de RH, apresenta maior difusão entre as grandes empresas e entre as pertencentes aos setores mais dinâmicos.

Questões para Discussão

1. A descoberta da relevância do fator humano na empresa veio proporcionar o refinamento da ideologia da harmonização entre capital e trabalho. Portanto, podemos afirmar que há nítida convergência entre Gestão de Recursos Humanos e Estratégia?

2. Na lógica do toyotismo, em vez do trabalho desqualificado, o operário torna-se polivalente. Sendo assim, conceitos como trabalho em equipe e enriquecimento das tarefas fazem parte do novo modelo de gestão. O que pressupõem esses conceitos?

3. "A qualidade começa com a educação e termina com a educação!" Esse pensamento implica uma orientação sistêmica. Como ela pode ser interpretada?

4. Os projetos de mudanças das empresas rumo à qualidade e competitividade devem abraçar uma teoria que integre as mudanças estruturais às humanas. Essa lógica convida a administração de recursos humanos a transformar-se em departamento estratégico, o que implica criar outros mecanismos sistemáticos de gestão. Quais são esses mecanismos?

5. Como podem ser interpretados os **aspectos contingenciais** da Administração de Recursos Humanos?

Referências Bibliográficas

AGUAYO, R. *Dr. Deming*: o americano que ensinou a qualidade total aos japoneses. Tradução de Luiz Carlos do Nascimento Silva. Rio de Janeiro: Record, 1993.

ANTUNES, R. *Adeus ao trabalho. Ensaio sobre as metamorfoses e a centralidade do mundo do trabalho*. 6. ed. São Paulo: Cortez, 1999.

BOOG, G. G. *Manual de treinamento e desenvolvimento ABTD*. 3. ed. São Paulo: Makron Books, 1999.

DOWBOR, L. *O que acontece com o trabalho*. Artigo on-line: 2001. <http://ppbr.com.ld>

DRUCKER, P. Ferdinand. *Administrando em tempos de grandes mudanças*. São Paulo: Pioneira, 1996.

DUBAR, C. A Sociologia do trabalho frente à qualificação e à competência. *Educação e Sociedade*, Campinas, ano XIX, n. 64, p. 87-110, 1998.

DUPAS, G. *Economia global e exclusão social*: pobreza, emprego, estado e o futuro do capitalismo. 2. ed. São Paulo: Paz e Terra, 1999.

---

[3] Elemento motivador pelo qual a empresa cria condições para que os funcionários possam participar das decisões que afetam o seu trabalho e estabelece a manutenção de atitude adequada, ajudando-os a terem mais autoconfiança.

GIL, A. C. *Gestão de pessoas*: enfoque nos papéis profissionais. São Paulo: Atlas, 2001.

GOUNET, T. *Fordismo e Toyotismo. Na civilização do automóvel*. São Paulo: Boitempo, 1999.

GUIMARÃES, J. L. *Qualidade competitiva no Brasil*. Salvador: Casa da Qualidade, 1995.

HARVEY, D. *Condição pós-moderna*. São Paulo: Loyola, 1992.

HIRATA, H. Os mundos do trabalho: convergência e diversidade num contexto de mudanças dos paradigmas produtivos. In: CASALI, A. et al. (Org.). *Empregabilidade e Educação. Novos caminhos no mundo do trabalho*. São Paulo: Educ (Editora da PUC-USP), Rhodia, 1997.

KEITH, D. *Comportamento humano no trabalho*. Tradução de Cecilia Witaker Bergamini, Roberto Coda. São Paulo: Pioneira, 1992.

LEITE, E. M. Reestruturação produtiva, trabalho e qualificação no Brasil. In: *Educação e trabalho no capitalismo contemporâneo*. São Paulo: Atlas, 1996.

LEITE, M. de P. *Trabalho em movimento:* reestruturação produtiva e sindicatos no Brasil. Campinas: Papirus, 1997.

MARTINO, M. A. *O mundo do trabalho e a formação profissional, a difícil adequação*. Dissertação (Mestrado) – PUC-SP, 2001.

POCHMANN, M. *O emprego na globalização. A nova divisão internacional do trabalho e os caminhos que o Brasil escolheu*. 1. ed. São Paulo: Boitempo, 2001.

RUAS, R.; ANTUNES, E. Gestão do trabalho, qualidade total e comprometimento no cenário da reestruturação. Texto preparado para o XX Encontro Nacional da Anpocs (Associação Nacional de Pós-Graduação em Ciências Sociais), Caxambu, out. 1996.

SENNET, R. *A Corrosão do caráter*: as conseqüências pessoais do trabalho no novo capitalismo. Rio de Janeiro: Record, 1999.

Capítulo 10

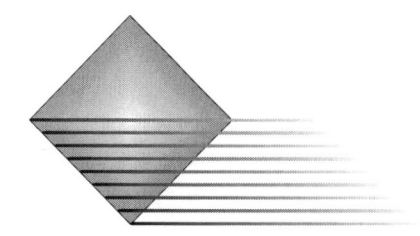

Qualidade na Terceirização

Sheyla Mara Baptista Serra

INTRODUÇÃO

Com a crescente delegação de serviços e atividades para outras empresas externas à empresa principal, torna-se fundamental criar condições para que esse processo se desenvolva de forma eficiente e programada. A terceirização alcança atualmente diversos setores industriais e é um fenômeno que se espalha rapidamente pelo mundo inteiro.

A implantação do sistema de gestão da qualidade não pode apenas estar presente dentro da empresa que o desenvolve. Ela deve atingir a todos os envolvidos no processo produtivo, inclusive aqueles que prestam serviços para o contratante. O relacionamento entre as empresas pode evoluir para a parceria, acarretando ou não vantagens para a integração e a desintegração vertical para todos os envolvidos.

É importante que as empresas a serem contratadas estejam legalmente constituídas, de modo que o contrato possa ser instrumento de controle entre as partes. A questão da restrição na legislação brasileira de que a terceirização só pode ocorrer nas atividades-meio da empresa precisa ser mais discutida.

Este capítulo procurará discutir quais as principais diretrizes e observações que devem ser seguidas para que o processo de terceirização ocorra sem problemas.

1 DEFINIÇÕES

Nos vários setores industriais, alguns termos, tais como subcontratação e terceirização, são utilizados corriqueiramente como sinônimos por empresários e profissionais atuantes, sem preocupação relacionada ao seu conceito e origem. Contudo não somente essas denominações são utilizadas para designar esse processo de contratação de terceiros por uma empresa principal. Fala-se também em filialização, reconcentração, desverticalização, horizontalização, externalização, exteriorização do emprego, focalização, parceria etc.

Em outros países, segundo Leiria e Saratt (1995), esse processo de reconcentração das atividades fundamentais da empresa, de enxugamento das estruturas, recebe dos norte-americanos o nome de *downsizing*. O descarte das atividades-meio, especialmente no setor de serviços, também atende pelo rótulo de *outsourcing*. Mas alguns executivos brasileiros preferem chamá-lo terciarização, pois o termo abre caminho para entender a relação do empresário com a economia terciária, a de serviços.

No Brasil, a literatura do campo tem procurado conceituar a diferença entre os termos, devida aos nossos rígidos aspectos trabalhistas. Contudo, constata-se a existência de uma divergência entre as várias definições e a interpretação por parte dos que tentam dar o veredicto final em assuntos jurídicos nessa área.

1.1 Subcontratação

A subcontratação entre empresas de vários tipos e tamanhos é uma característica da economia industrial moderna, segundo United Nations Industrial Development Organization (Unido, 1974). Em países industrializados, o subcontratado nem sempre representa uma pequena empresa. O subcontratado normalmente apresenta especialização, melhor desempenho ou produtos diferenciados para seus clientes.

> Para Unido (1974), uma relação de subcontratação existe quando uma companhia (chamada contratante) faz um acordo com outra empresa (chamada subcontratada) para a produção de partes, componentes, ou montagens de um "subproduto" a ser incorporado em um produto final que será vendido pelo contratante. Tal acordo pode incluir o processamento, a transformação ou a finalização de materiais ou partes destes pelo subcontratado.

Como complementação a isso, Pagnani (1989) define também que essa relação pode ser extrapolada para a prestação de serviços. E identifica os agentes, a saber:

a. *Contratante:* refere-se à empresa industrial cedente do serviço, produto ou conjunto de peças, cuja especificação técnica é de sua propriedade. Seu trabalho é, em parte, realizado por outra empresa, considerada secundária;

b. *Subcontratada:* diz respeito à empresa industrial aceitante da responsabilidade técnica e financeira de elaborar um produto ou um serviço, sob a especificação técnica da empresa primária.

Contudo, na aplicação dessas diretrizes, verifica-se que existem divergências conceituais. Nem sempre a especificação do produto é dada pelo contratante; muitas vezes, pode ser condicionada pelo cliente final. A atribuição da responsabilidade técnica e financeira nem sempre é entendida e pactuada entre as partes do modo como citado acima. Muitas vezes, um serviço é prestado sem que o subcontratado assuma as responsabilidades técnicas e legais dele oriundas, além de não fornecer assessoria de manutenção e garantia quanto a defeitos do serviço malprestado. Entretanto, isso é uma distorção que deve ser evitada pelas partes que celebram o acordo.

Atualmente, é muito comum encontrar terceiros que sejam orientados e estejam seguindo procedimentos especificados pelo contratante. Ocorre aí uma subordinação técnica, sem que seja caracterizada uma relação de emprego. Porém, quando a empresa subcontratada não é legalmente constituída, essa subordinação pode assumir a característica de vínculo empregatício da contratante com os empregados da contratada.

1.2 Terceirização

A estratégia de terceirização é um fenômeno recente, que surgiu nos Estados Unidos, antes da Segunda Guerra. Consolidou-se como técnica de administração a partir da década de 50, segundo Leiria e Saratt (1995). Com o desenvolvimento acelerado da indústria, rapidamente se espalhou pelo mundo. Verifica-se que os objetivos e características da terceirização têm evoluído ao longo do tempo, sujeitando as definições às modificações inerentes ao processo.

Para esses autores, "a **terceirização** é a agregação de uma atividade de uma empresa (**atividade-fim**) na **atividade-meio** de outra empresa".

Outra definição do termo terceirização é a de Queiroz (1992), que diz ser ela

> uma técnica administrativa que possibilita o estabelecimento de um processo gerenciado de transferência a terceiros, das atividades acessórias e de apoio ao escopo das empresas, que é a sua atividade-fim, permitindo a esta concentrar-se no seu negócio, ou seja, no objetivo final.

Para Oliveira (1998), denomina-se terceirização o liame que liga uma empresa tomadora à empresa prestadora de serviços, mediante contrato regulado pelo direito civil, comercial ou administrativo. Sua finalidade é realizar serviços coadjuvantes da atividade-fim. A empresa prestadora de serviços responde pela sua execução, não tendo a empresa tomadora qualquer possibilidade de ingerência na mão-de-obra da empresa contratada.

As definições evoluem na complexidade e apresentam dificuldades de compreensão de outros termos relacionados, como o que é atividade-fim, atividade-meio e terceiro.

Considerando a relação existente entre o contratado e o seu cliente, o terceiro seria o que não se envolve diretamente na primeira relação estabelecida entre ambos. Sua presença no negócio seria resultante de um segundo contrato que ele firmaria diretamente com aquele que foi contratado.

Para Bianchi (1995), "os **terceiros** são pessoas físicas ou jurídicas que passam a realizar atividades que antes eram feitas internamente. A atividade terceirizada é sua atividade-fim".

Podem-se, entretanto, questionar os requisitos utilizados para sua contratação. Não se pode aceitar que qualquer elemento seja admitido para o trabalho sem que haja uma pré-avaliação de sua qualificação. Queiroz (1992) ressalta esse fato, mencionando que o "**terceiro** é aquele que, com competência, especialidade e qualidade e ainda em condições de parceria, venha a prestar serviços a uma empresa contratante".

Verifica-se que existe uma tendência na definição do que é atividade-fim ou atividade-meio em um processo produtivo. Entretanto, nem sempre existe acordo quando se trata de caracterizar as atividades.

Segundo Amoroso apud Bianchi (1995),

as "atividade-fim" e "atividade-meio" podem ser divididas da seguinte forma:

a) **atividade-fim:** *ligada ao negócio, missão da empresa;*
b) **atividade-meio:** *pode ser dividida em dois grupos:*
   - *atividades de apoio: tipicamente segurança, refeitório, serviços contábeis e jurídicos;*
   - *atividades ligadas às atividades-fim: manutenção, vendas, distribuição, pesquisa e laboratório, etapas produtivas.*

Assim, pode-se aceitar que a terceirização está presente durante todo o ciclo do processo produtivo de uma empresa, não ficando restrita apenas a serviços, mas podendo atingir a produção de bens ou produtos.

É vital o conhecimento de quais são as atividades críticas ou estratégicas que proporcionam um diferencial competitivo ao produto e que podem ser terceirizadas ou mantidas sob o controle da empresa. Deve-se buscar a estratégia que apresente o maior ganho de vantagem competitiva, seja por redução de custo, aumento da qualidade e acesso a novas tecnologias, seja por liberação de recursos para as atividades-fim.

A terceirização já alcançou a condição de participação conjunta nas atividades-fim do processo produtivo das grandes empresas em vários países de Primeiro Mundo. Essa relação é fundamentada na responsabilidade mútua e na parceria comercial, que se baseiam em princípios de decisões conjuntas e crescimento comutativo. Por isso, é importante que a legislação brasileira se adapte à nova realidade.

2 OBJETIVOS DA TERCEIRIZAÇÃO

De um modo geral, o objetivo principal da terceirização não é apenas reduzir custos, como também conferir maior agilidade, flexibilidade e competitividade à empresa. Com a terceirização, a empresa objetiva a transformação dos seus custos fixos em variáveis, possibilitando o melhor aproveitamento do processo produtivo, a aplicação em tecnologia ou desenvolvimento de novos produtos.

Os principais objetivos podem ser separados nos grupos apresentados a seguir:

- *Redução de custos:* quando o preço praticado pelo mercado é menor que o custo interno de produção da empresa. Entre os mais importantes custos, encontram-se os encargos sociais que chegam quase a duplicar o valor pago em salário ao trabalhador. Assim, algumas atividades podem e devem ser transferidas a terceiros, com grandes ganhos de produtividade, qualidade e redução de custos. Profissionais especialistas podem fazer melhor e mais barato, pois têm mais domínio do processo produtivo, por meio da produção constante.

- *Focalização em atividades estratégicas ou de maior retorno:* é importante que a empresa defina quais são suas atividades prioritárias, sob o ponto de vista estratégico, ou de maior retorno financeiro. Assim, transferindo as restantes para terceiros, a empresa torna-se mais enxuta, o processo de decisão mais dinâmico, melhora-se o fluxo de informações, além de ficar mais especializada e flexível.

- *Melhoria da qualidade:* empresas capacitadas e especializadas são as mais indicadas para o fornecimento do produto e/ou serviço. Devem ser criados critérios para escolha e contratação não somente baseados no menor preço, como também na qualidade, na capacidade gerencial, no nível de desenvolvimento tecnológico, na garantia do produto e/ou serviço, entre outros.

- *Utilização e acesso de novas tecnologias:* quando um serviço não faz parte do objetivo principal ou *core business* de uma empresa, pode acontecer de não ser valorizado internamente. Assim, são concentrados os recursos para a realização e melhoria nos serviços essenciais, podendo ocasionar atrasos tecnológicos em outros serviços considerados não-essenciais. Dessa forma, a empresa pode procurar fornecedores capacitados e atualizados tecnologicamente e se tornar mais competitiva.

- *Mudanças organizacionais:* com as evoluções e alterações mercadológicas, a empresa deve responder com mais rapidez às mudanças setoriais. Deve, então, procurar utilizar novos métodos de organização e gerenciamento da mão-de-obra na busca de maior eficácia empresarial.

- *Racionalização produtiva:* a partir da definição do foco de atuação da empresa, deve-se racionalizar o sistema produtivo, delegando o que não é estratégico a terceiros. Desse modo, a estrutura torna-se menos complexa, mais enxuta e dinâmica.

- *Especialização flexível:* com a freqüente repetição e melhoria dos serviços, surgem empresas especializadas e com alta flexibilidade para atender a mudanças de pedidos de seus clientes. Cria-se uma grande empresa administradora rodeada por células produtivas: as fornecedoras de serviços ou produtos.

- *Adequação às tendências internacionais:* as relações entre fornecedores, produção e mercado diferenciam-se profundamente entre países e entre setores produtivos com diferentes modelos de produção. A relação entre quem executa o trabalho (ser humano ou máquina), quem o controla (líder, trabalhador ou cliente) e a sua execução (linha de montagem, produção em escala etc.) é fundamental para entender os diferentes modelos de organização. Por isso, a empresa deve conhecer a sua realidade para buscar a estratégia competitiva mais adequada.

Dadas as particularidades de cada indústria, observa-se que esses objetivos são almejados pelos vários agentes do processo produtivo, além da empresa principal. Porém, para que esse processo alcance mais facilmente os objetivos almejados, é necessário que os agentes envolvidos tenham comprometimento em relação ao que foi estipulado, conforme já mencionado.

3 FASES DE DESENVOLVIMENTO DA TERCEIRIZAÇÃO

Quando a empresa faz a opção de adotar a terceirização de serviços, seus dirigentes devem sistematizar a implementação desse processo internamente. Para obter sucesso, deve-se organizar o processo de acordo com as seguintes fases:

- *Análise e avaliação interna:* as necessidades de terceirização são analisadas e uma estratégia de implementação nas áreas escolhidas é desenvolvida. Essa iniciativa deve partir do mais alto nível hierárquico da empresa.

❏ *Planejamento:* é o detalhamento da hierarquia das necessidades dentro e fora da empresa, procurando identificar os possíveis fornecedores. Devem-se verificar a existência e a disponibilidade de fornecedores que possam oferecer seus produtos ou serviços com a qualidade, custo e produtividade desejados.

❏ *Implantação do processo:* constitui-se na pré-qualificação das empresas identificadas, na negociação com conseqüente formulação do contrato e na adequação dos funcionários da empresa para a eficiência do processo.

❏ *Gerenciamento:* deve ser criado um sistema de administração que permita avaliar o desempenho dos terceiros, facilitar comunicação interna, agilizar a resolução dos conflitos, ajudar as pessoas da empresa a se adaptarem ao novo modo de execução de tarefas, fazer a auditoria dos aspectos técnicos, trabalhista e administrativo.

A fase mais crítica de qualquer projeto de terceirização é a de planejamento, pois é nela que vão ser identificados os setores da empresa passíveis de transferência, que devem ser os que apresentam maiores probabilidades de sucesso na implantação do processo.

Atualmente, existem diversas formas de terceirização entre empresas no mercado, a saber: simples, franquia, compra de serviços, nomeação de representantes, concessão, locação de mão-de-obra e prestação de serviços. A prestação de serviços ocorre quando o terceiro intervém na atividade-meio do contratante, executando o seu trabalho nas suas instalações ou onde for determinado.

4 ORGANIZAÇÃO DA TERCEIRIZAÇÃO

É importante ressaltar que uma empresa industrial pode, temporária ou permanentemente, desempenhar a função de contratante e contratada ao mesmo tempo. Pode-se, inclusive, adotar uma hierarquia das empresas na condição de subcontratadas, qualificando-as como terceirizadas ou subcontratadas primárias, secundárias, terciárias etc. Essa classificação ocorre segundo sua localização, na ordem ou nível da fase de manufatura dos produtos, ou serviços subcontratados.

As empresas são organizadas em grupos hierárquicos, na forma de uma estrutura piramidal. No topo, localiza-se a empresa-mãe, responsável pela comercialização ou montagem final do produto, e que repassa para baixo, ou seja, para as empresas subcontratadas, as encomendas das peças e componentes necessários à montagem do produto final. Nos níveis intermediários ou na base da pirâmide estão localizadas as pequenas e médias empresas fornecedoras, classificadas de acordo com o seu nível de capacitação tecnológica e capacidade produtiva.

De acordo com as necessidades das contratantes, as empresas subcontratadas ou terceirizadas podem ser classificadas nas seguintes categorias, conforme Pagnani (1989):

❏ *por capacidade:* empresa contratada em razão dos fatores de produção da contratante estarem plenamente ocupados;

❏ *parcial:* empresa contratada, de forma ocasional ou permanente, que aloca parte dos seus recursos na fabricação de produtos ou execução de serviços de várias contratantes;

❏ *especializada:* empresa que presta serviços em função de sua capacidade e qualificação técnica;

❏ *econômica:* empresa que apresenta menores preços e custos tendo em vista sua capacidade de concorrência no mercado.

❏ *estrutural:* empresa menor que presta serviço e se origina da divisão de uma empresa principal (que participa como sócio majoritário).

> Com o aumento no número de empresas presentes no mesmo local, subcontratar ou terceirizar passa a significar também gerenciar, coordenar e harmonizar o desempenho das diversas unidades produtivas. Por isso, um processo de terceirização pode estar fadado ao fracasso se os fornecedores não estiverem integrados e não trabalharem conjuntamente com os objetivos da empresa terceirizante.

Verifica-se o surgimento de uma nova forma de terceirização, denominada **quarteirização** ou o que se chama de terceirização gerenciada. A quarteirização vem a ser a contratação de uma empresa especializada que se encarrega de gerenciar as empresas terceirizadas.

Outra estratégia utilizada para sanar possíveis deficiências do processo de subcontratação e incentivar o desenvolvimento da pequena e microempresa é a criação de redes de cooperação entre empresas, incentivada pelas instituições privadas ou governamentais. Um exemplo disso é a bolsa de subcontratação, que atende a diversas micro e pequenas empresas de vários setores industriais (Sebrae/SP, 2000).

Essa integração entre organizações cria condições operacionais e de infra-estrutura técnica para que as micro e pequenas empresas alcancem um certo nível de eficiência tecnológica e gerencial, melhorando o relacionamento entre contratadas e contratantes. Isso se faz por meio da especialização e do fornecimento de serviços e produtos em condições técnicas mais rigorosas e em termos mais econômicos. Tais uniões são estratégias claras de desenvolvimento do setor industrial, pois é sabido que as micro e pequenas empresas não têm condições de arcar sozinhas com os custos de aperfeiçoamento. Assim, formando grupos, o setor industrial evolui a custos rateados.

5 VANTAGENS E DESVANTAGENS DA TERCEIRIZAÇÃO

As principais vantagens e desvantagens da subcontratação e terceirização identificadas na indústria em geral podem ser observadas na Tabela 10.1, apresentada a seguir.

Muitas das desvantagens observadas são passíveis de melhoramentos se o processo de subcontratação ou terceirização for melhor gerenciado.

A subcontratação pode também resolver certos problemas de limitação física, tal como a falta de espaço quando há a necessidade de ampliação ou armazenamento de materiais.

Tabela 10.1 Vantagens e desvantagens da subcontratação e terceirização

Vantagens	Desvantagens
a) melhoria da qualidade dos serviços;	a) dificuldade de encontrar o parceiro ideal;
b) possibilidade da transferência de tecnologia sem custos extras;	b) dificuldade de formular contratos de parceria;
c) revisão estrutural e cultural da empresa;	c) necessidade de desenvolver estrutura para controle de contratos;
d) diminuição dos custos fixos e variáveis da empresa;	d) problemas com o corpo funcional da companhia;
e) maior facilidade de controle de custos pelo contratante;	e) desconhecimento da legislação trabalhista;
f) melhoria do ambiente de trabalho;	f) dificuldade na conversação com a alta administração;
g) focalização dos negócios da empresa em sua área de vocação;	g) dificuldade no controle do custo interno com a parceria;
h) economia de escala com redução no custo final do produto;	h) dificuldade no relacionamento com os sindicatos;
i) diminuição de risco de obsolescência de equipamentos;	i) risco de desemprego e não-absorção da mão-de-obra na mesma proporção;
j) possibilidade de crescimento sem grandes investimentos;	j) falta de cuidados na escolha dos fornecedores;
k) concentração dos talentos no negócio principal da companhia;	k) escolha de fornecedores não-qualificados que reduzem a qualidade do produto;
l) redução do custo de estoques;	l) possibilidade de a empresa não repassar ao consumidor a economia de escala obtida.
m) controle de qualidade do produto assegurada pelo fornecedor;	
n) ampliação do mercado para as pequenas e médias empresas; e	
o) criação de empresas de ex-funcionários.	

Um dos maiores problemas encontrados pelos contratantes diz respeito à fragilidade gerencial e técnica das pequenas firmas. As principais causas de insatisfação são: a deficiência no treinamento dos recursos humanos, a imprecisão na manutenção dos serviços e a avaliação ineficaz dos custos. Outra reclamação muito freqüente é que o subcontratado não fornece o seu serviço de acordo com as especificações, devido à falta, ou falhas, do controle de qualidade. Para prevenir tais situações, o contratante deve providenciar treinamento, assistência gerencial e materiais de qualidade garantida.

Uma das maiores vantagens para as pequenas empresas na subcontratação é atingida quando há constância nos pedidos de fornecimento. Isso ocorre quando o subcontratado possui um mercado garantido. Assim, ele se sente mais confiante para agilizar, melhorar ou especializar sua produção.

Por sua vez, a desvantagem principal para o subcontratado pode ocorrer na formação do preço de seu serviço, pois, quando há um mercado com grande concorrência, seu preço fica dependente das condições e valor estabelecidos pelo mercado e pelo contratante. Quando isso ocorre, o terceiro deve procurar competir por diferenciação do seu produto.

Uma das principais desvantagens da subcontratação para a sociedade é a burla da legislação trabalhista, que possui custos muito altos. Verifica-se que alguns empresários não estão desenvolvendo projetos de terceirização quando têm por objetivo a obtenção de ganhos com os prejuízos dos trabalhadores, seja pela desobrigação do pagamento dos encargos legais e sociais, seja pela redução dos benefícios e salários concedidos. Com isso, conseguem também eliminar gastos oriundos da admissão, treinamento e demissão de pessoal.

Visando minorar o atrito entre trabalhadores e empresários, são firmados acordos por meio de **contratos coletivos de trabalho** e da **flexibilização dos direitos trabalhistas**. O fortalecimento empresarial da organização não deve representar risco ao trabalhador, mas constituir-se em incentivo à sua qualificação. O importante é entender que esse processo de transferência de atividades é irreversível e que as empresas, os trabalhadores e a legislação devem se adaptar à realidade.

6 A FORMALIZAÇÃO DOS CONTRATOS DE PRESTAÇÃO DE SERVIÇOS

O registro das negociações durante a fase de contratação é de fundamental importância para minimizar problemas e conflitos entre as partes. O contrato deve ser considerado um instrumento gerencial que facilite a administração da empresa e de todos os envolvidos. Deve ser também o amparo legal para o efetivo cumprimento dos serviços e compromissos combinados e assinados pelas partes.

Inicialmente, devem-se atentar para as regras gerais de elaboração de contratos. Segundo Gasparini (1995), os contratos são compostos de três partes: o preâmbulo, o texto e o encerramento e se caracterizam por:

- *Preâmbulo:* é a parte superior do termo de contrato na qual são consignadas as partes, que devem ser identificadas por: nome, razão social, número de inscrição no Cadastro Nacional de Pessoa Jurídica (CNPJ), endereço, nome do representante da empresa e correspondente qualificação.
- *Texto:* é a parte mediana do contrato. Nele devem estar declaradas as cláusulas que expressem com precisão e clareza a vontade dos co-contratantes, no momento da celebração do contrato.
- *Encerramento:* é o fecho do contrato. Nele as partes declaram que, por estarem de acordo com o pactuado, assinam-no em tantas vias de igual teor e forma.

A quantidade de vias depende da vontade das partes. Devem ser, no mínimo, duas, uma para cada uma das partes. Um número maior de vias significa que podem ser arquivadas ou registradas em cartórios.

O contrato pode contar ainda com anexos ou encartes, como projetos, cartilhas ilustrativas etc., que visam esclarecer os procedimentos e as posturas a serem cumpridos durante a manutenção do acordo.

O texto do contrato pode ser dividido em duas partes: essenciais e acessórias. As primeiras, sob pena de nulidade do ajuste, não podem ser omitidas no texto, enquanto as últimas não afetam o conteúdo negocial, podendo ser omitidas. Por isso, admite-se que contratos diferenciados podem ser estabelecidos em função da diversidade de riscos existente em cada tipo de contratação.

Outra análise em relação à diversidade de tipos de contratos diz respeito ao nível de relacionamento estabelecido com o fornecedor de serviços ou de mão-de-obra, por exemplo: se primeiro contato ou parceria. Em todos esses contratos, existe o objetivo comum de prestação de serviço, sendo as expectativas e compromissos diferentes. Assim, as cláusulas contratuais poderão ser mais detalhadas ou mais preventivas quando se tratar de novatos.

Tabela 10.2 Cláusulas essenciais dos contratos

Cláusulas básicas (subcontratação e terceirização)	Cláusulas especiais (somente para terceirização)
1. Descrição do objeto.	1. Fornecimento de ART (Anotação de Responsabilidade Técnica) e aprovação de projetos, quando for o caso.
2. Prazo de execução e responsabilidade dos atrasos.	
3. Formação do preço do serviço, fornecimento de materiais e aluguel de equipamentos.	2. Garantia do serviço e assistência técnica.
4. Seguro/responsabilidade civil.	
5. Condições de pagamentos, reajustes e retenções.	
6. Obrigações das partes.	
7. Apresentação de comprovantes e documentos.	
8. Forma de fiscalização.	
9. Bonificações e prêmios.	
10. Segurança e saúde do trabalho.	
11. Inexistência de exclusividade de fornecimento.	
12. Aditamento do contrato e aceite do serviço.	
13. Multas e rescisão contratual.	

A parceria não deve ser apenas um mero acordo contratual, mas ter como objetivo a redução dos tradicionais relacionamentos adversários entre os agentes. Os parceiros podem formalizar suas intenções por meio de uma carta de princípios, que significa o compromisso de alcançar o objetivo comum. Os principais compromissos dessa carta podem ser: completar o serviço firmado no contrato com segurança, qualidade, estética e facilidades que atendam às necessidades de nossos clientes; completar o serviço citado dentro do custo e do orçamento inicialmente previstos, com justo e razoável lucro; estabelecer um canal de comunicação entre todos os membros, a fim de fortalecer o mútuo respeito entre as partes; resolver assuntos pendentes no mais baixo nível hierárquico apropriado; desenvolver métodos e processos inovadores que possam melhorar o projeto e a execução dos serviços. Com isso, espera-se destacar ainda mais a busca da melhoria não só da relação em si, mas de toda a cadeia produtiva na qual os co-contratantes se inserem.

Outra importante diferenciação dos contratos diz respeito ao desenvolvimento de tecnologia. Devem ser colocadas cláusulas exclusivamente referentes à forma correta de capacitar os operários, ao uso correto dos equipamentos, à responsabilidade técnica e civil, à execução de protótipos, entre outros. Por sua vez, o contratado deve buscar algumas garantias como o compromisso de continuidade do serviço, como forma de diminuir os riscos agregados ao investimento nessa nova capacitação.

Essas e outras questões também devem ser discutidas durante a negociação das condições do contrato.

Considerações Finais

O rearranjo organizacional, que ocorre com a delegação de atividades para outras empresas, deve ser cuidadosamente estruturado, planejado e adaptado à estratégia empresarial adotada. Para isso, as empresas devem ter o conhecimento do ambiente e das forças atuantes no mercado, para que as decisões sejam as mais adequadas à realidade da empresa. A definição de um planejamento estratégico é uma importante ferramenta que facilitará a implantação do processo de transferência de atividades.

Sabe-se que as estratégias de subcontratação e terceirização pressupõem responsabilidades que precisam ser mais divulgadas. Alguns empresários ainda ignoram essas exigências legais, porque continuam a visar à obtenção do máximo lucro, com a contratação de empresas denominadas "gatos". Não desconhecem a aplicação das penalidades, mas se expõem a riscos que poderiam ser evitados com uma contratação de empresas especializadas e legalmente constituídas. Tentam drasticamente reduzir custos, sem, contudo, objetivar a melhoria do desempenho da empresa.

As empresas a serem contratadas devem passar por processos estruturados de seleção, avaliação e organização do serviço no ambiente de trabalho da empresa contratante. A formação de um banco de dados ou cadastro de fornecedores de serviços e mão-de-obra é importante para dar agilidade e credibilidade aos processos de seleção e avaliação. A definição, *a priori*, das expectativas do contratante e das fases de trabalho do contratado traduz-se em uma estratégia eficaz para minimizar tempos improdutivos e problemas de conflito entre as partes.

Em mercados mais competitivos, já existe maior conscientização da necessidade de serem firmados acordos contratuais que estabeleçam antecipadamente os direitos e obrigações das partes. Apesar da importância de se definir os riscos de qualquer negócio, verifica-se que algumas empresas ainda relutam em estabelecer sua responsabilidade perante a outra parte. Mas isso é um entendimento errôneo da realidade, pois sabe-se que, dessa forma, as empresas assumem mais riscos do que os necessários, uma vez que não visualizam sistemicamente os diversos intervenientes na sua contratação.

Dessa forma, acredita-se que as empresas envolvidas no processo de terceirização empresarial trabalharão com mais confiança e estímulo e, conseqüentemente, com mais qualidade e produtividade, alcançando suas metas e se desenvolvendo organizadamente.

Questões para Discussão

1. Quais as diferenças entre as estratégias de subcontratação e terceirização?
2. Quais os principais motivos para a empresa adotar a estratégia de terceirização?
3. Que cuidados devem ser tomados na contratação de uma empresa terceirizada?
4. Qual a importância do registro do acordo entre empresas em um contrato?
5. Quais as conseqüências da terceirização na estrutura organizacional da empresa?

Referências Bibliográficas

BIANCHI, M. G. *Terceirização no Brasil*. 181f. Dissertação (Mestrado em Engenharia de Produção) – Escola Politécnica, Universidade de São Paulo, São Paulo, 1995.

GASPARINI, D. *Direito administrativo*. 4. ed. São Paulo: Saraiva, 1995, 651p.

LEIRIA, J. S.; SARATT, N. *Terceirização*: uma alternativa de flexibilidade empresarial. São Paulo: Gente, 1995, 122p.

NASCIMENTO, A. M. Subcontratação ou terceirização? *Revista de Direito do Trabalho*, São Paulo, n. 83, p. 20-25, set. 1993.

OLIVEIRA, F. A. Da terceirização e da flexibilização como estágios para a globalização. *Revista de Direito do Trabalho*, Curitiba, n. 61, jan. 1998. Disponível em: <http://www.genedit.com.br/2rdt/rdt61/estudos/francis.htm>. Acesso em: 18 de dez. de 2000.

PAGNANI, E. M. *A subcontratação na pequena e média empresa*. Campinas: Unicamp, 1989, 273p.

QUEIROZ, C. A. R. S. *Manual de terceirização*. 2. ed. São Paulo: STS, 1992, 115p.

SERRA, S. M. B. *Diretrizes para gestão dos subempreiteiros*. 360f. Tese (Doutorado em Engenharia de Construção Civil) – Escola Politécnica, Universidade de São Paulo, São Paulo, 2001.

SERVIÇO DE APOIO ÀS MICRO E PEQUENAS EMPRESAS DE SÃO PAULO (SEBRAE/SP). *Pesquisa de subcontratação industrial*. Realização: Enquete Pesquisa de Opinião e Mercado. Maio 2000. Disponível em: <http://www.sebrae.com.br/sebrae/sebraenovo/bolsaneg/download/Pesquisa Subcontratacao.ppt>. Acesso em: 13 de dez. de 2000.

UNITED NATIONS INDUSTRIAL DEVELOPMENT ORGANIZATION (UNIDO). *Subcontracting for modernizing economies*. Nova York: United Nations Publication, 1974, 135p (Série E.74.II.B.12).

Capítulo 11

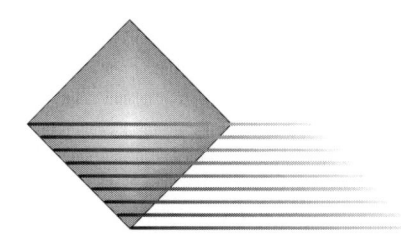

Qualidade de Vida no Trabalho

Valter Rodrigues de Carvalho

INTRODUÇÃO

Muito se tem discutido sobre a questão do trabalho. Categorias profissionais têm-se mobilizado em busca de melhores condições não apenas no sentido pecuniário, como também no sentido de que as empresas ofereçam aos seus funcionários oportunidades de desempenharem suas funções sem os desgastes ocasionadores de problemas físicos e mentais. O trabalhador moderno depara-se com o avanço tecnológico que vem ameaçando a sua permanência no emprego, mas, por outro lado, pode significar para ele um desafio que o motiva na busca da educação continuada e das especializações, para que acompanhe as mudanças verificadas, tornando-o apto a novas oportunidades ou ao crescimento dentro da organização em que está inserido.

Essa nova era – do conhecimento – exige que o trabalhador seja um empreendedor e esteja engajado nos princípios da **empregabilidade**. As empresas, do outro lado, estão atentas às suas inquietações, visto que os trabalhadores necessitam ser valorizados e compreendidos, pois a maior parte das suas vidas é de dedicação ao trabalho, permanecendo grande número de horas nos ambientes internos das organizações. Ignorar essas circunstâncias é desconhecer as leis que regem o próprio universo e estar se opondo ao **desenvolvimento sustentável**.

1 GÊNESE E EVOLUÇÃO

De acordo com Tozzi (1985), o problema em questão remonta à Revolução Industrial, quando, com o advento das fábricas espalhadas pelos centros urbanos, os pequenos agricultores e trabalhadores rurais migraram para as cidades e, sem qualificações para atenderem às necessidades do setor fabril, aglomeravam-se em moradias inadequadas e sem condições de higiene e limpeza. As cidades não possuíam infra-estrutura suficiente para atender às demandas emergentes.

As fábricas também não ofereciam ambientes saudáveis, capazes de proporcionar aos trabalhadores condições favoráveis para que executassem suas tarefas, o que provocava fadiga, decorrente dos excessos de esforços e demasiadas jornadas de trabalho. Nessa época, os operários não tinham nenhuma representação de classe nem lei que os protegesse, resultando em superexploração de mão-de-obra, porquanto os patrões tinham como objetivo somente o lucro, pouco importando o bem-estar social da classe operária.

A saúde das pessoas era comprometida em virtude da total falta de higiene dos ambientes fabris, em que proliferavam doenças não apenas pelo contágio, como, principalmente, pelo grande esforço físico a que eram submetidos os empregados. Sua alimentação era insuficiente e o que mais agravava sua situação eram os acidentes de trabalho, porquanto não se pensava em preveni-los e tampouco em qualidade de vida. O objetivo das fábricas estava centrado na produção e, conseqüentemente, no lucro.

Diversos movimentos em defesa dos trabalhadores surgiram na época, causando grandes conflitos entre patrões e empregados. Os baixos salários pagos pelos patrões contribuíam também para sua condição de miserabilidade. O principal movimento em prol do trabalhador surgiu sob a liderança de Luddi[1] que, revoltado com a exclusão social motivada pelos avanços tecnológicos que desempregavam a mão-de-obra desqualificada, começou a provocar incêndios nas fábricas em sinal de protesto à tecnologia.

Para Chiavenato (1993), as teorias da administração sofreram grandes influências dos economistas liberais que defendiam o princípio de que a ordem natural é perfeita. Postulavam que os bens naturais, sociais e econômicos têm caráter eterno, que os direitos humanos são inalienáveis e que existe uma harmonia preestabelecida em toda a coletividade de indivíduos.

Afirmavam também que devia haver uma separação entre a vida econômica e a influência estatal, porquanto, na visão liberalista, o trabalho segue os princípios econômicos e a mão-de-obra está sujeita às mesmas leis da economia que regem o mercado de matérias-primas ou o comércio internacional. Todavia, os operários dependem dos patrões porque são os donos dos meios de produção. O postulado principal do liberalismo é a livre concorrência. Nessa corrente de pensamento convém salientar que:

- ❑ Adam Smith visualizava o princípio da especialização dos operários e o da divisão do trabalho.
- ❑ James Mill sugeria medidas relacionadas com os estudos de tempos e movimentos como meios de incremento à produção.
- ❑ David Ricardo enfocava o trabalho como um fator de custo que envolvia capital, salário, renda, produção, preços e mercados.
- ❑ John Stuart Mill propunha um conceito de controle para evitar furtos nas empresas.

---

[1] Trabalhador chamado General Luddi, que liderou o movimento ludita.

> O liberalismo, doutrina econômica do período de desenvolvimento capitalista, que se fundamentava no individualismo, no jogo das leis econômicas naturais e na livre concorrência – foi responsável pela criação de intensos conflitos sociais. O capitalismo se agigantou com a criação de grandes grupos empresariais, caracterizados pela produção em larga escala, ocasionando situações problemáticas de organização de trabalho, de ambiente, de concorrência econômica e de padrão de vida.

Foi com o advento da Revolução Industrial, na Inglaterra, a partir de 1776, que as estruturas comercial, social, política e econômica sofreram profundas mudanças, ocasionadas pela invenção da máquina a vapor, por James Watt. Todavia, a administração sofreu maior influência com a segunda etapa da Revolução Industrial, por volta de 1860 a 1914, quando da revolução do aço e da eletricidade, provocada por três importantes acontecimentos: o desenvolvimento do aço, o aperfeiçoamento do dínamo e a invenção do motor de combustão interna. Houve nesse período várias transformações no setor industrial: a substituição do ferro pelo aço; a do vapor pela eletricidade e pelos derivados de petróleo; o desenvolvimento da máquina automática e, em conseqüência, a especialização do trabalho com maior ênfase no domínio da indústria pela ciência; no desenvolvimento de novas formas de organização capitalista e na formação de grandes acumulações de capital decorrentes dos trustes e de fusões de empresas. A Revolução Industrial deu origem, portanto, à burguesia industrial (donos da nova indústria) e ao proletariado (trabalhadores da nova indústria), consolidando o surgimento dessas classes e caracterizando as transformações sociais mais importantes da época que significaram a afirmação do modo de produção capitalista como inquestionavelmente dominante. Todavia, um dos seus efeitos mais significativos foi o acirramento da luta de classes, culminando com uma série de movimentos durante todo o século XIX. Foi a partir daí que o proletariado começou a criar entidades capazes de organizá-lo e fortalecê-lo nas lutas pela melhoria de condições de trabalho e de vida. Novas doutrinas econômicas e sociais foram elaboradas, vinculadas ao processo de industrialização e urbanização – o liberalismo e o socialismo.

2 ABORDAGEM CLÁSSICA DA ADMINISTRAÇÃO

Os primeiros trabalhos sobre administração surgiram no século XX, com o advento da Administração Científica de Taylor, dando ênfase às tarefas, e à Teoria Clássica de Fayol, que enfatizava as estruturas. Em virtude das conseqüências da Revolução Industrial, como o crescimento acelerado e desorganizado das empresas, seu aumento de dimensão e a necessidade de elevar a eficiência e a competência das organizações, originou-se a Abordagem Clássica da Administração.

A principal preocupação da Administração Científica foi tentar eliminar o fantasma do desperdício e das perdas sofridas pelas indústrias norte-americanas e elevar os níveis de produtividade por meio da aplicação de métodos e técnicas da engenharia industrial.

Fayol partia do todo organizacional e da estrutura para garantir eficiência a todas as partes envolvidas, tanto aos órgãos, seções e departamentos como às pessoas (ocupantes de cargos e executores de tarefas), ao contrário de Taylor, que estava centrado apenas nas tarefas, sem levar em consideração o homem enquanto executor. Ambos, porém, tinham o mesmo objetivo: a busca da eficiência das organizações. Mas foi com o aparecimento dos cientistas sociais, psicólogos e sociólogos que surgiu a **Teoria das Relações Humanas**, de Elton Mayo, época em que foram desenvolvidos estudos sobre o homem e o seu comportamento nas organizações, identificando o homem econômico e o homem social com desejos, anseios e necessidades.

Porém, Taylor foi o primeiro a dedicar-se aos estudos do trabalho, valorizando-o quando de suas preocupações sobre observação e estudos sistemáticos, pela administração científica, ao se configurar um grande aumento na capacidade e conseqüente alta de produção, elevando as massas trabalhadoras dos países desenvolvidos aos níveis desconhecidos na história. Mas, para Drucker (1997), isso apenas contribuiu para lançar as bases sobre as quais pouco se construiu a partir de então.

O operário recebeu pouca atenção e o trabalhador intelectual quase nenhuma, mesmo não faltando discursos de que o trabalho intelectual era o fator de desenvolvimento. Todavia as práticas dos estudos sérios e sistemáticos ficaram restritos a alguns aspectos das atividades do trabalhador.

A Administração como ciência não pode deixar que cientistas e estudiosos cumpram as suas tarefas e muito menos o trabalhador, porquanto o assunto necessita de atualização, pondo-se em prática os conhecimentos existentes, a fim de tornar o trabalho produtivo e o trabalhador realizado, dotado de espírito empreendedor. É preciso saber aplicar o conhecimento acerca do trabalho, dos trabalhadores e das suas atividades.

> A satisfação pessoal do trabalhador, desacompanhada de trabalho produtivo, é um fracasso; como também é fracasso o trabalho produtivo que destrói a realização do trabalhador. Nenhuma das hipóteses é, na realidade, sustentável por muito tempo (Drucker, 1997).

Conclui-se, portanto, que o trabalho, além de ser impessoal, é também objetivo – constitui-se em uma tarefa e como tal está sujeito à lei aplicada aos objetos pela qual estão sujeitos a uma lógica centrada na análise, na síntese e no controle.

3 AS TEORIAS PSICOLÓGICAS

Para Aguiar (2000), o mundo subjetivo das coisas, o mundo social das normas e instituições e o mundo subjetivo das vivências e sentimentos, propostos por Habermas, situam uma ação comunicativa que coordena suas diferentes naturezas.

> A ética discursiva está fundamentada no imperativo categórico de Kant, que norteia o julgamento moral da razão prática, onde o ser humano jamais deve ser visto ou usado como meio, mas somente como fim em si mesmo (Aguiar, 2000).

A **QVT** (Qualidade de Vida no Trabalho) requer uma reflexão sobre o trabalhador enquanto indivíduo que cria expectativas de emancipação pautada na teoria da ação comunicativa, baseada na Ética Discursiva, que define o homem como um ser capaz de refletir e analisar isoladamente, sem deixar de estabelecer relações dialógicas com outras pessoas, fundamentado na justiça, na verdade e na autenticidade. Essa corrente define, portanto, que o indivíduo como ser social não consegue viver fora do seu contexto. Por outro lado, outra corrente da psicologia entende que o acontecimento social, decorrente das relações interpessoais, exerce um poder coercitivo da autoridade para quem se deve obediência, ocasionando discussões nas relações empregado-empregador.

A psicologia organizacional preocupa-se com os indivíduos, quando da sua seleção e admissão, em saber se estão adequados à ideologia da organização. Preocupa-se, pois, com as questões organizacionais, procurando adaptar o indivíduo à organização. Explora o estudo da sua personalidade, seus valores, sentimentos, de certa forma aplicando processos manipuladores que eximem o indivíduo de ter pensamentos próprios, para que possa, mais facilmente, incorporar a filosofia da organização. A Ética Discursiva defende, entretanto, o princípio de que o homem é um ser com desejos e necessidades, e a Escola das Relações Humanas aponta para as necessidades de auto-realização como de maior importância e as leva para além das fisiológicas e psicológicas. Leva a entender ser esse o princípio da fé, da luta, do desenvolvimento, da ética e da moral humana.

Os conflitos existentes entre o trabalho e a mente das pessoas devem ser resolvidos quando o resultado dessa relação exercer influência prejudicial à felicidade dos indivíduos, à produtividade e à motivação para o trabalho (Aguiar, 2000). Destarte, o homem, como elemento essencial ao processo produtivo, não pode ser vítima dessa relação conflituosa entre a organização do trabalho e o seu aparelho mental, porquanto poderá comprometer seu desempenho, visto que a maior ou a menor produtividade pode estar vinculada ao seu estado motivacional.

O trabalho, para alguns, é fator de salvação, de equilíbrio psíquico e de satisfação afetiva, de maneira que, aliado à sublimação passa ser responsável por recuperações da saúde mental (Aguiar, 2000). Diante do exposto, o trabalho passa a ter grande importância para a vida de cada indivíduo, pois, quando é possível aliá-lo à satisfação pessoal, sem confundi-lo com felicidade, o indivíduo está a um passo da excelência da qualidade de vida, uma vez que não se pode distanciar uma da outra. É preciso que os trabalhadores tenham suas necessidades satisfeitas pelas organizações, pois só assim elas os estarão provendo de clima e cultura propícios para que eles tenham consciência do seu papel na sociedade e de exercerem a sua cidadania.

> É de responsabilidade das organizações a resolução dos conflitos existentes nos trabalhadores, permitindo-lhes, enquanto indivíduos que fazem parte do sistema criado por elas, melhor relação com o trabalho e tornando-o mais intelectual e menos repetitivo, para incentivar a sua criatividade e capacidade de inovação. Para isso, faz-se necessário oferecer melhor ambiente a fim de que o trabalhador possa vivenciar a sublimação do seu trabalho, que se caracteriza pelo reconhecimento do seu esforço. E ele é feito por meio de um julgamento que se constitui de uma retribuição que exerce grande importância na concretização da sua identidade.

4 O TRABALHO E A QUALIDADE DE VIDA

> Qualidade de vida é a avaliação qualitativa da qualidade relativa das condições de vida, incluindo-se atenção aos agentes poluidores, barulho, estética, complexidade etc. (Drucker, 1997).

É sabido que a maior parte da vida de um trabalhador está no seu local de trabalho, restando pouco tempo para o convívio com a família, para com os amigos, entretenimentos e outras atividades sociais. Sabe-se também que os fatos acontecidos nesse local transcendem as muralhas da empresa, tendo grande influência em sua vida pessoal e familiar. Por outro lado, os desentendimentos familiares também são levados ao ambiente de trabalho (Schermerhorn Jr., 1999).

Por conseguinte, a qualidade de vida no trabalho constitui-se na qualidade de vida de cada um, uma vez que não se pode dissociá-la da essência do próprio homem. A maneira como as organizações tratam as pessoas pode gerar conseqüências que são refletidas em ambientes externos, para muito além das fronteiras do espaço do trabalho. Portanto, cabe às organizações a preocupação com as práticas motivacionais, a fim de que o indivíduo encontre nesse ambiente um motivo para melhor desempenhar suas habilidades profissionais.

Para Vasconcelos (2001), nesse contexto, vale ressaltar que outras ciências têm dado grande contribuição ao estudo do desenvolvimento da QVT, tais como: Saúde, Ecologia, Ergonomia, Psicologia, Sociologia, Economia, Administração e Engenharia, todas empenhadas em desenvolver processos que beneficiem a relação trabalhador-organização, em prol da melhoria das condições humanas do trabalho, visando à maior produtividade aliada à satisfação do homem. Isso só é possível quando o trabalhador encontra no ambiente de trabalho categorias conceituais que podem ser transformadas em fatores motivacionais que impliquem os critérios a seguir:

1. *Compensação justa e adequada:* visa medir a qualidade de vida no trabalho, tendo como parâmetro o salário recebido pela tarefa realizada, observando-se a sua eqüidade a outros membros que desempenhem as mesmas funções tanto na organização onde trabalha como também de profissionais de outras empresas.
2. *Condições de trabalho:* responsáveis pela medição da QVT, de acordo com as condições que se apresentam no local de trabalho, com base nos seguintes critérios:
    2.1. Jornada de trabalho: mede o número de horas trabalhadas, dentro ou não da legislação trabalhista, e sua relação com o trabalho desempenhado.
    2.2. Carga de trabalho: mede a quantidade de trabalho exercido em cada turno.
    2.3. Ambiente físico: avalia as condições de bem-estar e conforto do local de trabalho e organização para seu desempenho.
    2.3. Material e equipamento: avalia a qualidade e a quantidade dos materiais disponíveis para a execução do trabalho.
3. *Uso e desenvolvimento de capacidades:* verifica a QVT referente às oportunidades que o trabalhador tem de aplicar, no desenvolvimento das suas tarefas, os seus talentos, habilidades e competências profissionais.
4. *Oportunidade de crescimento e segurança:* verifica a QVT quanto às oportunidades oferecidas pela instituição para o desenvolvimento e crescimento pessoal do trabalhador e para a segurança do emprego, tendo como base perspectivas de ascensão profissional e grau de permanência (segurança).
5. *Integração social na organização:* examina o grau de integração social na organização, observando igualdade de oportunidades, apoio social, trabalhos em equipe em detrimento do individualismo.
6. *Constitucionalismo:* fiscaliza o grau de cumprimento dos direitos do empregado na organização, como direito trabalhista, privacidade, liberdade de expressão e aplicação de normas e rotinas e suas influências no trabalhador.

7. *Trabalho e espaço total de vida:* responsável pela medição do equilíbrio existente entre a vida particular do empregado e sua e a vida no trabalho, observando-se a jornada de trabalho e vida em família, além de horários de chegada e saída na empresa.

8. *Relevância social da vida no trabalho:* responsável pela medição da QVT quanto à percepção e compreensão do empregado com relação à responsabilidade social da organização com a comunidade, seu relacionamento com os seus empregados quanto à qualidade de prestação de serviços, além de medir qual a visão do empregado sobre a instituição (imagem) etc.

Tabela 11.1 Categorias conceituais de Qualidade de Vida no Trabalho – QVT

Critérios	Indicadores de QVT
1. Compensação justa e adequada	Eqüidade interna e externa Justiça na compensação Partilha de ganhos de produtividade
2. Condições de trabalho	Jornada de trabalho razoável Ambiente físico seguro e saudável Ausência de insalubridade
3. Uso e desenvolvimento de capacidades	Autonomia Autocontrole relativo Qualidades múltiplas Informações sobre o processo total do trabalho
4. Oportunidade de crescimento e segurança	Possibilidade de carreira Crescimento pessoal Perspectiva de avanço salarial Segurança de emprego
5. Integração social na organização	Ausência de preconceitos Igualdade Mobilidade Relacionamento Senso comunitário
6. Constitucionalismo	Direitos de proteção ao trabalhador Privacidade Liberdade de expressão Tratamento imparcial Direitos trabalhistas
7. O trabalho e o espaço total da vida	Papel balanceado no trabalho Estabilidade de horários Poucas mudanças geográficas Tempo para lazer com a família
8. Relevância social do trabalho na vida	Imagem da empresa Responsabilidade social da empresa Responsabilidade pelos produtos Práticas de emprego

Fonte: Caderno de Pesquisas em Administração, SP, v. 8, n. 1, p. 27, jan./mar. 2001.

Conforme Sucesso (apud Vasconcelos, 2001), pode-se deduzir que a QVT abrange:

- ❏ Renda capaz de satisfazer às expectativas pessoais e sociais.
- ❏ Orgulho pelo trabalho realizado.
- ❏ Vida emocional satisfatória.
- ❏ Auto-estima.
- ❏ Imagem da empresa/instituição junto à opinião pública.
- ❏ Equilíbrio entre trabalho e lazer.
- ❏ Horários e condições de trabalho sensatos.
- ❏ Possibilidade de uso do potencial.
- ❏ Respeito aos direitos.
- ❏ Justiça nas recompensas.

Os programas de saúde muito contribuem também para a qualidade de vida no trabalho, pois proporcionam aos indivíduos o combate ao estresse, além de maior estabilidade emocional, melhor relacionamento, auto-estima e mais eficiência no trabalho, o que vem agregar valores ao sistema, uma vez que, como é do conhecimento geral, indivíduos saudáveis produzem com mais satisfação e imprimem melhor qualidade às tarefas e aos produtos sob suas responsabilidades.

Apesar da QVT não ter o valor e o destaque merecidos nos processos da qualidade total, é de bom senso que seja considerada como o primeiro passo. Todos os outros processos dependem da intervenção do trabalhador, porque, mesmo os processos automatizados, sempre requerem sua atenção e capacidade de acompanhamento e observação.

As organizações empenhadas em implantação de programas de QVT estarão eliminando os conflitos internos existentes e caminhando para a perfeita implantação da qualidade total, pela qual seus produtos ou serviços terão garantias que marcarão suas imagens, tanto no ambiente interno, integrado pelos seus empregados, como externamente, pelos consumidores.

No Brasil, existem empresas empenhadas em desenvolver programas de qualidade de vida no trabalho, por entenderem que somente dessa maneira é possível pensar-se em qualidade dos produtos ou serviços. Todavia, maior número de outras empresas não possui qualquer estratégia voltada à QVT. Confundem, muitas vezes, benefícios exigidos por lei com qualidade de vida dos trabalhadores. Enquanto isso, não desenvolvem nenhum tipo de melhoria para seus funcionários porque estão, como no passado, centradas somente no lucro e não vêem o trabalhador como aliado e sim como mão-de-obra passageira, desvinculada do seu desenvolvimento.

Considerações Finais

Levering (apud Vasconcelos, 2001) relata que um local de trabalho saudável possibilita aos indivíduos outros compromissos que não o trabalho, como a família, o lazer, os *hobbies* pessoais etc.

O empregado deve ter perspectivas no seu próprio projeto de vida e as organizações devem incentivá-lo na busca dos seus objetivos, concedendo-lhe oportunidades de ascender pessoal e profissionalmente e integrá-lo à sociedade como elemento produtivo, criativo e capaz de entender o seu papel como indivíduo, no sentido de participar ativamente dos processos desenvolvimentistas dos espaços em que vive.

A qualidade de vida no trabalho, portanto, constitui-se na peça-chave do desenvolvimento humano enquanto profissional, pois é nas organizações que ele, como trabalhador, encontra seu sucesso ou sua frustração. Cabe às instituições o cuidado da criação de mecanismos capazes de proporcionar ao trabalhador uma esperança de vida melhor.

Dessa maneira, qualquer programa de qualidade terá sucesso nas organizações porque ela se torna intrínseca e, conseqüentemente, todo o produto ou serviço que passe por pessoas que tenham QVT terá o embrião desse bem-estar e satisfação.

Questões para Discussão

1. A preocupação sobre as questões que envolvem o trabalhador no seu ambiente de trabalho deve ser incentivada pelo Estado ou pelas empresas?
2. Em sua opinião, Taylor teve uma visão totalmente mecanicista ou se preocupou com a QVT?
3. Quais as vantagens da implantação de programas de QVT nas empresas?
4. Estabeleça um comparativo entre as relações empregado/empregador no período da Revolução Industrial com o período atual.
5. Que reflexos sociais provoca a QVT no trabalhador, na sociedade e nas empresas?

Referências Bibliográficas

ABDUL, D. N. A. *Administração em diálogo*. São Paulo: Educ, 1999.

AGUIAR, M. A. F. *Psicologia aplicada à administração*. São Paulo: Excellus, 2000.

CARVALHO, V. R. de. *A formação do administrador nas instituições privadas localizadas na cidade de São Paulo*: uma análise reflexiva. 1998. Dissertação (Mestrado em Administração) – Universidade Mackenzie, São Paulo.

CHANLAT, J.-F. *O indivíduo na organização*: dimensões esquecidas. São Paulo: Atlas, 1996.

CHIAVENATO, I. *Introdução à teoria geral da administração*. São Paulo: Makron Books, 1993.

DRUCKER, P. *Fator humano e desempenho*. São Paulo: Pioneira, 1997.

FERNANDES, E. C. *Qualidade de vida no trabalho*: como melhorar. São Paulo: Casa da Qualidade, 1996.

MARTINO, M. A. *O mundo do trabalho e a formação profissional*: a difícil adequação. 2001. Dissertação (Mestrado em Administração) – PUC, São Paulo.

SHERMERHORN Jr., J. R. *Administração*. São Paulo: LTC, 1999.

TAYLOR, F. W. *Princípios de administração científica*. São Paulo: Atlas, 1995.

TOZZI, M. P. *História moderna e contemporânea*. São Paulo: Atlas, 1985.

VASCONCELOS, A. F. QVT: origem, evolução e perspectivas. *Caderno de Pesquisas em Administração*. São Paulo, v. 8, n. 1, jan./mar. 2001.

VERGARA, S. C.; BRANCO, P. D. Empresa humanizada: a organização necessária e possível. *RAE – Revista de Administração de Empresas*. São Paulo: FGV, abr./jun. 2001.

Capítulo 12

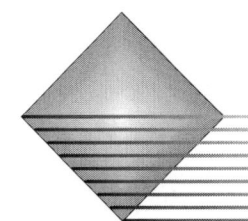

Inovações Tecnológicas e Qualidade: Considerações Éticas

Angelo Palmisano

INTRODUÇÃO

A atual era do conhecimento é assim denominada em parte pelo grande volume de inovações tecnológicas que têm sido implementadas ao longo do tempo e que afetam a vida das pessoas em seu lar, no trabalho, no convívio social e na sua individualidade. Essas inovações trazem consigo julgamentos sobre o quanto, de fato, podem incorporar melhorias em nossa sociedade. Em outras palavras, essa abordagem passa pelo viés dos conceitos da qualidade intrínseca e extrínseca ao produto ou serviço criado.

No primeiro conceito, qualidade intrínseca, as métricas existentes podem nos auxiliar a verificar a posição que ocupam na escala da qualidade que se espera ter em relação à função que esse produto ou serviço se propõe a cumprir. Já no segundo, qualidade extrínseca, essa constatação não pode ser realizada com tanta facilidade, pois dependerá da análise de diversos fatores que cercam esse produto ou serviço, do contexto em que ele será utilizado e de como afetará o meio no qual será utilizado.

> Os resultados advindos da utilização de inovações tecnológicas nos mais variados ramos da atividade humana são freqüentemente avaliados. Nesse processo, a qualidade desempenha importante instrumento para auxiliar essa mensuração.

A sociedade sempre foi afetada pelas inovações tecnológicas. Do surgimento dos primeiros artefatos rudimentares utilizados como ferramentas, passando pelas grandes transformações nos séculos XVIII e XIX, causadas pela Revolução Industrial e pela difusão das tecnologias de informação iniciada em meados do século XX, chegamos aos dias atuais, segundo Castells (1999), a uma sociedade informacional, fazendo parte de uma grande aldeia global. Sem dúvida toda essa evolução foi possível graças à curiosidade e ao impulso que move o ser humano na busca do novo, tornando-o assim um ser criativo. A discussão dos aspectos da qualidade se faz necessária, uma vez que, por seu intermédio, podemos avaliar como essas inovações afetaram a vida das pessoas.

Não se pretende aqui justificar todas as mudanças sociais centradas no fator tecnológico. Entretanto, entre a multiplicidade de fatores que envolvem essas mudanças, é inegável que as inovações tecnológicas exercem um importante papel.

1 QUALIDADE DE VIDA E TRABALHO

No mundo do trabalho, são constantes as transformações decorrentes da utilização de novas tecnologias, de automação, robotização e informatização. Essas transformações afetam diretamente as empresas, pois aumentam sua produtividade e eficiência, características, aliás, fundamentais para seu desempenho e permanência em um mercado cada vez mais globalizado e altamente competitivo, ao mesmo tempo em que afetam também os seus trabalhadores, na medida em que deles se exigem novos conhecimentos, habilidades e atitudes, para que se mantenham nesse mercado de trabalho e a serviço dele.

As previsões feitas no passado eram de que as inovações tecnológicas iriam, a partir da década de 80, contribuir de forma considerável para a melhoria da qualidade de vida das pessoas com relação ao trabalho, especialmente no que refere ao número de horas trabalhadas.

Resgatando três visões profetizadas sobre o aumento do tempo livre do trabalhador em face das novas condições das sociedades industriais, Kahn e Wiener (1958) acreditavam que o capitalismo produtivista e humanitário reduziria o tempo de trabalho na sociedade norte-americana, de forma a não se trabalhar mais do que sete horas e meia por dia, durante três dias por semana. Mandel (1971) previa ser possível uma semana de 20 ou 24 horas, divididas em cinco ou seis horas diárias, com base em um crescimento anual de 5% na economia.

Contrapondo as opiniões anteriores, Galbraith (1968) afirmou:

> Há um quarto de século, a média do trabalho hebdomadário[1] na indústria elevou-se moderadamente (40,6 horas em 1941 para 41 horas em 1965) (...) À medida que sua renda se eleva, os homens passam mais tempo no trabalho e reclamam menos lazer. A idéia de uma nova era de lazer consideravelmente extensa é, na realidade, um assunto banal de conversa; as pessoas se servirão dele, aliás, cada vez menos.

Essa última opinião revela-se como uma tendência verificada no mundo do trabalho. Em pesquisa divulgada pelo IBGE (2000) sobre o volume de horas trabalhadas por semana nas regiões metropolitanas de São Paulo, Recife, Rio de Janeiro, Salvador, Porto Alegre e Belo Horizonte, verifica-se que, entre 1991 e 1999, houve um aumento médio, nessas capitais, de uma hora de trabalho por semana, conforme pode ser verificado na tabela a seguir:

---

[1] Termo pouco utilizado em nosso vocabulário para designar o período de uma semana.

Tabela 12.1   Número de horas trabalhadas por semana

Regiões Metropolitanas	1991	1999
São Paulo	40	41
Recife	39	41
Rio de Janeiro	39	40
Salvador	39	40
Porto Alegre	39	40
Belo Horizonte	38	39

Fonte: IBGE (2000).

Nesse contexto, o suposto incremento na qualidade de vida das pessoas, que seria proporcionado por um tempo livre maior em decorrência da implementação de inovações tecnológicas aplicadas ao trabalho, acabou não se verificando. Cada vez mais há uma submissão do ser humano ao trabalho, pois essas novas condições, criadas pelas modernas tecnologias incorporadas nas organizações, em vez de libertarem o homem, acabam por lhe exigir maior tempo para se dedicar a atividades relacionadas ao trabalho, uma vez que necessita acompanhar o ritmo cada vez mais acelerado que lhe é imposto. Nessa análise, é importante considerarmos que há outros motivos que prendem as pessoas à esfera do trabalho, como a necessidade de adquirir novos conhecimentos para manutenção da empregabilidade, o medo de perder o emprego ou de se tornar um excluído funcional. Tudo isso faz que ele dedique mais tempo às atividades e necessidades relacionadas ao trabalho.

> A introdução de inovações tecnológicas no mundo do trabalho, opostamente ao que se supunha, não liberou mais tempo para o trabalhador.

É natural que essas circunstâncias de insegurança venham provocando novas atitudes no trabalhador. Uma delas foi o surgimento do fenômeno do *overtime*, que indica o hábito consolidado dos executivos, ao longo dos anos, de permanecerem no escritório muito mais tempo que o estritamente necessário, mesmo quando não são remunerados pelas horas extras, fato que, dentre outras conseqüências, acarretará seu estresse. Sobre o *overtime*, De Masi (2000) afirma que, depois de um certo tempo, ele se torna uma exigência do chefe, ao mesmo tempo em que se transforma em dependência psicológica do empregado: ele se habitua a tal ponto a passar todo o dia no escritório que, se saísse antes, se sentiria perdido, desorientado, inútil.

2 PRODUTIVIDADE EMPRESARIAL E QUALIDADE DA MÃO-DE-OBRA

> As tecnologias incorporadas ao mundo do trabalho objetivaram fundamentalmente implementar maior produtividade.

O fato é que possibilitaram uma melhoria nas condições de realização de um grande número de tarefas inerentes aos mais diferentes postos de trabalho, seja pela eliminação de atividades insalubres, arriscadas e repetitivas, agora executadas por máquinas, seja pela transferência de parte de determinadas tarefas ao processo tecnológico de produção e/ou prestação de serviços.

Com a evolução verificada no campo da informática, pelo desenvolvimento de novos softwares e hardwares e a constante redução de seus preços, esses recursos tornaram-se cada vez mais acessíveis às pessoas e empresas. A sua utilização pressupõe que se aumentem os níveis de produtividade tanto pessoal como profissional. Entretanto não é sempre essa a constatação que se tem, principalmente nas empresas. Seus custos não-mensuráveis atingem volumes altíssimos. Parte do tempo de funcionários que trabalham em áreas administrativas é despendido para reorganizar arquivos de computador, pesquisas em *sites* na Internet sobre assuntos que não se relacionam com sua atividade profissional, utilizar correio eletrônico para troca de mensagens pessoais, guardar conteúdos particulares em meios magnéticos, usufruir de recursos de impressão incluindo tinta, papel, toner e utilizar computadores com finalidade de diversão (jogos).

O aumento de produtividade que os recursos computacionais deveriam proporcionar às empresas não atinge o nível esperado, pois atitudes como as mencionadas acabam retirando parte do tempo que deveria ser destinado a atividades produtivas. Enfocamos a necessidade de se trabalhar o *peopleoware*,[2] ou seja, analisar, interferir e alterar a cultura organizacional das empresas, embora a questão central passa a ser comportamental e não tecnológica. A qualidade esperada não mais diz respeito somente ao aperfeiçoamento tecnológico, mas sim ao preparo das pessoas perante a uma nova realidade, verificada no contexto do trabalho. Esse aspecto foi aqui ressaltado, para demonstrar que não basta a qualidade que determinada tecnologia permite implementar; é preciso que se tenha uma melhora na qualidade representada pela parcela do trabalho que cabe a quem o executa – o trabalhador.

É inegável, no entanto, que as inovações tecnológicas introduzidas nas organizações aumentaram sua produtividade, seja pelas melhorias que incorporaram aos processos produtivos, seja pela racionalização da mão-de-obra empregada. Essa constatação pode ser verificada pela análise das séries históricas de diversas empresas quanto ao seu faturamento, volumes de produção e número de trabalhadores empregados. Um indicador muito significativo de produtividade diz respeito à relação lucro ou faturamento por trabalhador, obtido pela divisão do volume de faturamento anual da empresa, pelo número médio de funcionários no ano.

3 TECNOLOGIA DE INFORMAÇÃO E PRIVACIDADE DO INDIVÍDUO

> O lado cruel das tecnologias é a possibilidade de controle que elas permitem exercer sobre a individualidade e privacidade das pessoas. Tecnologias relacionadas à informação e à comunicação são as mais significativas nesse contexto.

---

[2] Termo utilizado para designar o grupo de pessoas que trabalham com recursos computacionais.

Somos parte integrante de uma grande rede de informações, entre as quais muitas só dizem respeito a nós mesmos. No entanto, pela forma como podem ser obtidas nesse ambiente, seja de maneira lícita ou não, acabamos ficando expostos quanto à nossa privacidade.

Analisemos a demonstração das arquiteturas de redes hoje existentes. Todas as redes de computadores integrantes da Internet, sejam os superservidores ou os microcomputadores de uso doméstico, que se conectam ao sistema, estão baseadas na teoria dos conjuntos, onde se "A" está ligado a "B", "B" está ligado a "C" e "C" ligado a "D"; logo A, B, C e D estarão logicamente ligados, mesmo que fisicamente isso não esteja ocorrendo ("A" não está fisicamente ligado com "C" e "D"). Por exemplo: se "D" precisa de uma informação que está em "A", ele irá solicitá-la a "C" que, por sua vez, irá solicitá-la a "B" que, por sua vez, a obterá em "A"; então será feito o caminho de volta até "D". Tecnicamente falando, isso é simples e disponível com ferramentas de softwares hoje existentes e de hardware (independentemente de quais sejam: telefonia, fibra óptica, rádio, satélite, dentre outras).

Qual é a grande questão nesse cenário? Para viabilizar toda facilidade em obter informação de qualquer ponto, ela acaba passando por vários computadores que fazem o papel de "ponte" e podem interceptar, analisar, modificar ou censurar essas mensagens. Isso implica que, apesar da evolução das novas tecnologias de informação, podemos estar caminhando para um nível de controle absoluto sobre as pessoas, seus atos e seu patrimônio.

E a questão da qualidade, como pode ser tratada, nesse caso? Depende a qual qualidade estamos nos referindo. Se for à voltada a quantidade, confiabilidade e atualização dos dados que trafegam na rede, pode ser considerada boa. Mas, se o foco da análise é a qualidade de vida das pessoas, já não podemos afirmar o mesmo. Há um monitoramento tecnológico ocorrendo, indesejado pelo cidadão, que não consegue saber nas mãos de quem e para que finalidades serão utilizados seus dados cadastrais ou a filmagem de um controlador de tráfego ou o circuito interno de lojas e bancos, além de que, por meio de uma compra paga com cartão de crédito, "o sistema" sabe onde você está localizado. A ficção da obra *Admirável mundo novo*, de Aldous Huxley, tornou-se realidade.

Atualmente, com o pouco tempo livre que nos resta, somos surpreendidos com ligações de centrais telefônicas eletrônicas nos oferecendo produtos ou serviços, altos volumes de correspondências (eletrônicas ou não), que tomam nosso tempo, mesmo que seja simplesmente para descartá-las. Esse fato representa um exemplo concreto da utilização de informações particulares e confidenciais por pessoas ou instituições para as quais não demos permissão de fazê-lo.

Essas questões aqui analisadas têm merecido a atenção de algumas pessoas, no sentido de alertar para o uso que pode vir a ser feito sobre formas de controle social, baseadas nas informações que hoje podem ser obtidas em frações de segundos. Outro ponto importante a observar é que essas informações acabam, de certa forma, sendo de domínio público. O que fica de toda essa situação é a questão da vulnerabilidade a que estamos sujeitos, no que se refere à nossa individualidade e privacidade, fruto do cenário tecnológico em que vivemos.

4 AS MÉTRICAS DA QUALIDADE

As métricas utilizadas para assegurar ou atribuir qualidade a um produto têm sofrido alterações drásticas ao longo do tempo, e nos anos 20, o termo estava associado a um controle estatístico de defeitos, na década de 40, a um controle de processos, na de 50, a instrumentos de garantia de qualidade. No início dos anos 60, foi introduzido o conceito de qualidade total, que evoluiu, implementando novas formas de abordagens relacionadas aos clientes. Índices e indicadores passaram a ser utilizados, para que se pudesse verificar a qualidade. Isso passa a ser particularmente relevante quando tratamos de inovações tecnológicas incorporadas à sociedade e que agora passam a ser medidas quantitativas.

> É preciso sempre contextualizar os números da qualidade e da não-qualidade.

Exemplificando a afirmação acima, vamos utilizar a mesma métrica (valor) em duas empresas de diferentes naturezas que estabelecem como percentual de qualidade em seus produtos/serviços o índice de 99% sem defeitos ou falhas. Conseqüentemente, 1% representará descarte ou perda, geralmente sem a possibilidade de aproveitamento ou reutilização.

Aplicando esse parâmetro a uma fábrica de velas de parafina que produz 10.000 unidades/ano, temos uma perda anual de 100 velas. Utilizando o mesmo conceito em um centro cirúrgico que realiza 10.000 procedimentos/ano, 100 vidas poderão ser perdidas por ano. Para uma mesma quantidade, 100 passam agora a assumir uma dimensão assustadora. Portanto, faz-se necessário contextualizar e principalmente definir métricas para a elas se associar qualidade, com base nos impactos provocados quando ocorrer uma falha. É nesse sentido que um dos princípios da qualidade total é estabelecer defeito ou falha zero, evitando, dessa forma, as armadilhas que podem conter o simples uso de métricas. Entretanto, ressaltamos a atuação dos institutos de normalização que, pela especificação, função e uso de um produto, atribuem-lhes requisitos mínimos necessários para que a ele possa ser atribuído o conceito de qualidade.

> Ter a qualidade, e os princípios que a fundamentam, expressa pelo estabelecimento de métricas, que possam mensurá-la e permitir que seja avaliada, representa importante instrumento para a sua aplicação e gestão.

5 QUALIDADE NO CONTEXTO MERCADOLÓGICO E TECNOLÓGICO

Considerando que há certa relação entre preço e qualidade de produtos e serviços, é importante destacarmos a influência que o ritmo acelerado da economia exerce sobre o preço final de um produto. Uma vez que a formação do preço conterá os investimentos que foram necessários ao desenvolvimento, fabricação e distribuição, sob a perspectiva dos custos, quanto menores eles forem, menores também serão os preços finais. Essa colocação é feita mais no sentido de alertar para os reflexos sobre a qualidade que podem advir de uma política de produção que deve levá-la em conta.

> Uma das conseqüências provocadas pela velocidade de criação e implementação de inovações tecnológicas é o encurtamento do ciclo de vida de um produto ou serviço, pela sua substituição por outro que, ao ser lançado, apresentará um conjunto de características superiores ao anterior, capaz de despertar o interesse dos compradores.

Esse curto ciclo de vida imposto nos leva a duas considerações importantes. A primeira, de ordem econômica, relaciona-se aos volumes de investimentos necessários para sua produção e comercialização, na qual o preço a ser pago pelo consumidor também é determinante. E a segunda consideração é decorrente da primeira: por uma necessidade de baixos preços, os produtos poderiam ser produzidos com baixa qualidade, para que seu preço final pudesse ser competitivo no mercado.

Com o grande número de concorrentes atuando no mercado, o desenvolvimento de um novo software ou hardware é tratado como um produto que deve chegar ao mercado o mais rápido possível. O tempo que deveria ser destinado à concepção, projeto, protótipo, fabricação e testes acabam sendo sensivelmente reduzido, para que a empresa possa comercializá-lo rapidamente, por questões estratégicas de mercado. Esse procedimento afeta sobremaneira os aspectos de qualidade relacionados ao produto. E isso ocorre em todos os campos do conhecimento.

Em dois extremos, podemos citar o uso da talidomida, medicamento comercializado nas décadas de 60 e 70, para atenuar o desconforto de gestantes que acabou por interferir na formação genética dos fetos, provocando deformações físicas. No outro extremo, podemos citar os lançamentos do software Windows, no qual todas as versões (95, 98, NT e 2000) apresentaram diversos tipos de falhas. Nesses dois casos de origem, natureza e conseqüências bastante diferentes, dentre tantos outros motivos, não seria negligente afirmar que uma fase de testes mais exaustiva, antes da sua comercialização, poderia ter evitado os problemas ocasionados, sendo o primeiro bem mais grave que o segundo, por razões óbvias.

Corroborando a afirmação acima, ainda podemos citar os constantes *recall´s* praticados pelas empresas automobilísticas, que convocam os proprietários de seus carros, em geral recém-adquiridos, a procederem à troca de peças, pois constataram que apresentam ou podem vir a apresentar defeitos que, em alguns casos, colocariam a vida de seus usuários em risco. Se a colocação desses produtos no mercado fosse retardada pela realização de um número maior de testes, talvez esses problemas pudessem ter sido diagnosticados antes da sua comercialização.

> O aspecto mercadológico acaba, portanto, por influenciar de forma marcante o tecnológico, podendo interferir negativamente sobre as questões que afetam a qualidade.

Cabe lembrar ainda que, ao mesmo tempo em que se reduz a vida útil de um produto, fomenta-se o conceito de descartabilidade e, por conseguinte, teremos um volume maior de resíduos, dos quais precisaremos saber como tratar.

No sistema capitalista em que vive o mundo ocidental, a tecnologia também é tratada como uma mercadoria e, como tal, possui valor de comercialização, muitas vezes definido não pelas características intrínsecas que essa tecnologia possui, mas pelos potenciais benefícios que pode proporcionar, quando aplicada a determinado ramo de atividade da sociedade, isto é, pelo valor que pode agregar à produção de bens e serviços.

6 IMPLICAÇÕES ÉTICAS NO USO DE NOVAS TECNOLOGIAS

Observa-se um constante e crescente aumento da aplicação de novas tecnologias aos mais diversos campos da sociedade. A par de todo o progresso das ciências, força motriz que impulsiona as novas criações, faz-se necessário analisar os efeitos de sua utilização. É inquestionável o progresso que elas têm possibilitado no campo das organizações. No entanto, é preciso também que se verifique o quanto podem afetar negativamente o ser humano. Não se trata de uma visão que objetive o retrocesso ou a redução do ritmo desse progresso, mas sim um processo de reflexão mais abrangente dos impactos sociais que podem causar em função de como são utilizadas.

Em uma palestra, o engenheiro José Carlos de Figueiredo Ferraz, no início da década de 80, na Escola Politécnica da Universidade de São Paulo (Poli, USP), na qual eu estava presente, relatou a visita que havia feito à China, no início da década de 70, quando era prefeito da cidade de São Paulo. Disse que, ao se encontrar com o responsável pelas obras públicas de determinada cidade, foi visitar a construção de um túnel. Chegando lá, o então prefeito se deparou, conforme seu relato, com uma cena incomum para o estágio tecnológico disponível para a construção de túneis: centenas de chineses cavavam com ferramentas rudimentares uma montanha. Esse fato fez que ele comentasse com o responsável pela obra que em São Paulo utilizávamos um equipamento apelidado de "tatuzão", que escavava o solo, retirava a terra e ao mesmo tempo procedia à colocação da estrutura metálica para sua sustentação. Perguntou ao responsável se ele conhecia esse equipamento e por que eles não o utilizavam. A resposta foi: "Se utilizar o 'tatuzão', o que faço com essas centenas de trabalhadores que não terão o que fazer?" Completou ainda: "Minha técnica é melhor: coloco duas equipes cavando, uma de cada lado da montanha; se elas se encontrarem, muito bem, tenho um túnel; se ocorrer um desencontro, melhor ainda: terei dois túneis".

Desconsiderando o tom hilário que esse fato possa ter, ele nos leva a uma reflexão da pertinência da utilização de novas tecnologias e dos impactos causados por ela na sociedade. Ainda utilizando esse caso, sob que ótica se quer discutir a qualidade? Sob o enfoque da técnica empregada, do investimento necessário, do tempo despendido na construção, da mão-de-obra empregada, da qualidade de vida dos trabalhadores ou dos postos de emprego gerados? Devemos notar que, dependendo do enfoque, e ele será seguramente comparado com uma métrica existente, obteremos um resultado de qualidade ou não-qualidade.

A idéia central não representa uma objeção ou rejeição às novas tecnologias, mas sim uma visão ampliada de sua utilização, pela avaliação dos impactos positivos e negativos que possam trazer à sociedade, isto é, uma discussão ética das tecnologias face à sua aplicação. Exemplos recentes dessas discussões estão relacionados à produção de alimentos transgênicos e da aplicação das técnicas de clonagem em seres humanos.

> A tecnologia em si não representa nem representou ameaça à humanidade. Ao contrário, ela se apresenta como uma real possibilidade de trazer algum tipo de benefício para a sociedade. É preciso, portanto, avaliar como será utilizada. O uso da ética nessa avaliação se faz imprescindível.

No entanto, a forma como ela é empregada é que determinará o quanto seu uso pode ser perverso ou não. Basta lembrar o caso da tecnologia nuclear, útil para diagnóstico e cura de algumas enfermidades, para a produção de energia ou para a produção de bombas que podem aniquilar o planeta.

Considerações Finais

A análise dos impactos das inovações tecnológicas não pode estar restrita a um único campo da ciência. É preciso, pois, analisá-la de forma transdisciplinar e sob os impactos que causará em nível planetário. As implementações de novas tecnologias, sejam elas de que naturezas forem, devem passar por análises éticas da sociedade, pois essa mesma sociedade será seguramente afetada por elas.

Isoladamente, os modelos tradicionais de definição de métricas com o propósito de conferir qualidade a um produto ou serviço podem não se mostrar suficientes para a análise que estamos propondo. Há, no entanto, um cenário, se não otimista em seu todo, é pelo menos promissor na medida em que se propõe a rever conceitos, ampliar sua abrangência e criar novas formas de aplicação da qualidade. Como exemplo disso, citamos as normas ISO da série 9000, cuja estrutura possibilitou a construção de um modelo de gestão ambiental culminando nas normas ISO da série 14000.

Pode-se reconhecer a eficiência das novas tecnologias em relação a tempo, confiabilidade e economia, tanto é que são criadas e adquiridas rápida e constantemente por organizações e pessoas no mundo todo. As transformações no mundo dos negócios ocorrem em uma velocidade jamais imaginada pelo homem. Tratamos aqui de conquistas competitivas para pessoas jurídicas, mas que também são ferramentas de trabalho e sonhos de consumo para pessoas físicas. Logo, não podemos reduzir nossa análise somente a um contexto mercadológico.

Seja qual for a forma, empresarial ou pessoal, o importante é termos em mente que inovações tecnológicas devem ser utilizadas em prol da humanidade, melhorando a qualidade de vida em nosso planeta, e das relações sociais, seja no trabalho ou fora dele.

> O sucesso de um empreendimento pode estar na forma como ele coleta e utiliza o conhecimento para criar ou melhorar produtos e serviços que realmente atendam às necessidades dos clientes e agreguem valor à humanidade. Assim sendo, tecnologia e qualidade formam um par indissociável para se alcançar esse objetivo.

O que se pretendeu com as reflexões acima não foi criar um clima de desesperança ou um cenário caótico de nossa realidade, mas demonstrar que é preciso, cada vez mais, fazer uso das abordagens interdisciplinares e transdisciplinares do conhecimento e o tratamento ou resgate de valores universais e socialmente éticos e morais. As ciências sociais representam importante caminho para a aproximação e integração das outras diversas ciências. É dessa forma que o termo qualidade pode assumir uma dimensão realmente valiosa para a humanidade.

Questões para Discussão

1. Por que se faz necessário introduzir uma abordagem ética na discussão do uso de novas tecnologias na sociedade?

2. A tecnologia em si não é boa nem má. Explique essa afirmativa.

3. Qual a importância em se estabelecer métricas para mensurar a qualidade?

4. Cite exemplos que justifiquem a necessidade de uma abordagem interdisciplinar e multidisciplinar na implementação de inovações tecnológicas.

5. Por que, em determinadas circunstâncias, a introdução de novas tecnologias no mundo do trabalho causa insegurança no trabalhador?

6. De que forma a produtividade das organizações é afetada pelas questões que envolvem a qualidade?

Referências Bibliográficas

CASTELLS, M. *A sociedade em rede*. São Paulo: Paz e Terra, 1999.

DE MASI, D. *O ócio criativo*. 2. ed. Rio de Janeiro: Sextante, 2000.

DRUKER, P. O futuro já chegou. *Revista Exame Digital*. São Paulo: Abril, 710. ed. 22 mar. 2000.

DUMAZEDIER, J. *Sociologia empírica do lazer*. São Paulo: Perspectiva Sesc, 1999.

GALBRAITH, J. K. Le Nouvel État Industriel – Essai su le Système Economique Américain. Paris: Gallimard, 1968. In: DUMAZEDIER, J. *Sociologia empírica do lazer*. São Paulo: Perspectiva Sesc, 1999.

GOMES FILHO, R. P.; CUNHA FILHO, W. G. *Aspectos da reestruturação produtiva no Brasil*. São Paulo: Revista da APG – Associação dos Pós-graduados da PUC-SP, ano IX, n. 22, ed. O. L. M, jun. 2000.

HUXLEY, A. *Admirável mundo novo*. São Paulo: Abril Cultural, 1974.

IANNI, O. *A sociedade global*. 4. ed. Rio de Janeiro: Civilização Brasileira, 1996.

KAHN, A.; WIENER, A. J. L'An 2000, Paris: Laffont, 1958. In: DUMAZEDIER, J. *Sociologia empírica do lazer*. São Paulo: Perspectiva Sesc, 1999.

MANDEL, E. Socialist economy. In: HEILBRONNER, R. L.; FORDS, A. M. (Eds.). *Is economics relevant?* Pacific Palisades (Cal.) Goyyear Pub. Co., 1971. In: DUMAZEDIER, Joffre, *Sociologia Empírica do Lazer*. São Paulo: Perspectiva Sesc, 1999.

PAIVA, V. Inovação tecnológica e qualificação. In: *Educação & Sociedade*, São Paulo, n. 50, p. 70-92, abr. 1995.

SCHAFF, A. *A sociedade informática*. 5. ed. São Paulo: Unesp, Brasiliense, 1996.

TOFFLER, A. H. "Terceira Onda" é uma realidade irreversível. *O Estado de S.Paulo*. p. B10, 9 jul. 2000.

Parte III

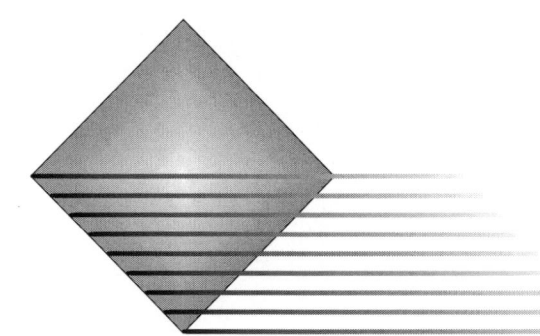

Estudo Setorial da Qualidade

Capítulo 13

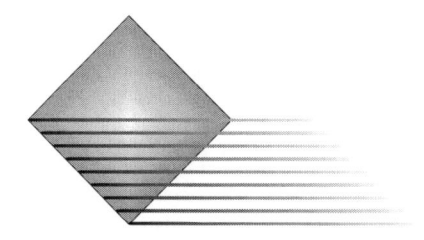

Qualidade na Indústria Aeronáutica

Márcio Cardoso Machado

INTRODUÇÃO

A questão da qualidade tem-se mostrado assunto de interesse em todas as áreas de operações. Na produção de bens ou serviços, a demanda por literaturas a respeito do assunto tem propiciado o surgimento de várias teorias que, por vezes, não representam algo realmente inovador, mas sim evoluções das teorias existentes. É nesse contexto que aparece a qualidade aeronáutica.

A preocupação com a qualidade na **indústria aeronáutica** segue modelos cuja origem coincide com a própria origem do avião. Na evolução da aviação, rapidamente descobriu-se que a qualidade, em todos os itens que compõem a aeronave, era fator primário para um vôo seguro e confiável. Diferentemente do que acontecia com outros tipos de projetos mecânicos, o avião não poderia falhar em nenhuma de suas partes, já que um acidente aéreo é, certamente, fatal. Seja na parte estrutural, seja na parte mecânica, o avião precisaria ter uma confiabilidade acima dos padrões normalmente exigidos, visto que vidas humanas estariam expostas a uma situação de risco muito grande.

A indústria aeronáutica evoluiu, mas está longe de ser considerada de produção em massa. Ainda possui traços muito fortes do trabalho artesanal, embora a qualidade exigida seja muito alta. Mesclando equipamentos eletrônicos de navegação de última geração a elementos estruturais, muitas vezes ajustados manualmente pelo próprio operário responsável pela execução da montagem, o avião é considerado uma máquina de alta tecnologia. Juran e Gryna (1980) esclarecem que a indústria aeronáutica enquadra-se na categoria *job-shop* (loja de serviços) do tipo I, ou seja, responsável pela fabricação de equipamentos grandes e complexos, com porcentagem de serviços repetidos de moderada a alta. Ainda segundo Juran e Gryna, as fábricas do tipo *job-shop* e as de produção em massa diferem de modo considerável, principalmente no que diz respeito aos problemas de criação, controle e aperfeiçoamento da qualidade.

> As *job-shops* (lojas de serviço) são fábricas que possuem características próprias no que diz respeito a serviços por funcionário, quais sejam: grande variedade de projetos (devido a uma série de diferentes configurações, opções, tamanhos, formas e modelos) e curto tempo de produção. (Juran e Gryna, 1980)

Partindo do princípio de que os operadores das aeronaves precisam ter em mãos um suprimento mínimo de *spare parts* (peças sobressalentes) e de que, por motivos alfandegários e financeiros, alguns deles fazem uso do mercado local para aquisição desses componentes, é natural o surgimento de empresas especializadas no projeto e confecção de itens aeronáuticos.

As especificações para a manufatura de peças aeronáuticas são estabelecidas dentro dos mais rigorosos padrões de material, tipo de acabamento, dimensões e tratamentos protetores. Essas exigências demandam grande esforço das empresas, não só no sentido de manterem-se fiéis a elas, como também no sentido de criarem processos administrativos que possibilitem atingir esses objetivos.

Nesse ponto, a qualidade deixa de ser uma meta isolada a ser atingida para se tornar parte de um processo em que o gerenciamento da produção assume papel preponderante. Hegedus (2000) expõe que a importância do atrelamento de um sistema de manufatura ao atendimento estrito das especificações é um dos conceitos básicos que norteiam a implantação e certificação de sistemas de qualidade. Portanto, não há por que tentar mudar a visão que a gerência tem nesse sentido, o que não significa que o gerente da função manufatura deva ficar limitado a essa visão. Precisa ampliá-la. E aí reside a importância das informações vindas do consumidor e sua incorporação ao projeto e ao sistema de manufatura, com novos enfoques e posturas, dentre os quais se destacam a velocidade e a flexibilidade.

No período da garantia da qualidade, anos 50, a qualidade passou de uma disciplina restrita e baseada na produção fabril à disciplina com implicações mais amplas para o gerenciamento. A prevenção de problemas continuou sendo seu objetivo fundamental, mas os instrumentos da profissão se expandiram para muito além da estatística (Garvin, 1992).

Assim, a qualidade deixou de ser abordada somente como uma matéria essencialmente técnica e passou a ser observada sob o foco de quatro elementos distintos: quantificação dos custos da qualidade, controle total da qualidade, engenharia de confiabilidade e zero defeito.

A produção *jobbing* (praticada pelas *job-shops*), por suas características, exige do sistema de produção uma visão muito mais administrativa e técnica do que estatística.

Nessa linha de raciocínio, as empresas da indústria aeronáutica encontram-se em duas situações: as de grande porte, que trabalham com produção de grandes lotes, e as que, normalmente, trabalham com pequenos lotes e ao mesmo tempo com grande variabilidade de itens, utilizando-se, portanto, de um sistema de produção *jobbing*. Em ambos os casos, a qualidade do produto deve ser a mesma.

As características da manufatura de itens aeronáuticos podem ser definidas conforme a tabela a seguir:

Tabela 13.1 Características da produção de itens aeronáuticos

Aspectos	Descrição
Sistema de produção	*Jobbing*, ou seja, dentro de uma relação volume/variedade. Esse sistema trabalha com uma variedade muito grande de itens e, normalmente, com baixos volumes de produção.
Produto	Produtos *high-tech* e de alta confiabilidade.
Qualidade	A qualidade esperada dos produtos está muito ligada à conformidade das exigências de projeto.
Homologação	Os itens aeronáuticos estão sujeitos à homologação por diversos organismos reguladores.
Mão-de-obra	A manufatura de itens aeronáuticos exige mão-de-obra altamente especializada e treinada.
Matéria-prima	Além de materiais comuns, são utilizados materiais especiais, tais como, titânio, alumínio aeronáutico etc.
Tecnologia de produção	Normalmente são exigidos equipamentos de alta tecnologia para produção desses itens.

Considerando essas características, a garantia da qualidade dos produtos em cada um dos sistemas deve ser tratada de forma diferente. No caso da *job-shop*, a qualidade envolve um controle efetivo do processo, alto grau de especialização dos funcionários, grande investimento em tecnologia e, em especial, um tratamento diferenciado na comunicação. Segundo Juran e Gryna (1980), em conseqüência do grande volume de comunicação gerado em uma *job-shop*, o problema do controle da qualidade é questão da qualidade da comunicação, tal qual um problema de controle convencional da qualidade do processo e do produto.

Os sistemas voltados para a produção de itens aeronáuticos dependem, normalmente, de um alto aparato tecnológico, treinamento especializado e matéria-prima especial. Segundo Dreikorn (1995), durante o processo de manufatura e inspeção de produtos aeronáuticos, as indústrias desse setor utilizam instrumentos, equipamentos e ferramentas especiais com o intuito de garantir a conformidade com as especificações.

Esse tipo de produção depende, então, de que seus administradores sejam profundos conhecedores do sistema de produção em questão e capazes de criar os controles realmente pertinentes ao processo. A garantia da qualidade está, nesse caso, alicerçada não só nas normas e padrões já estabelecidos por fabricantes e órgãos homologadores, como também pelo conhecimento criado dentro da própria empresa.

1 ALGUNS CONCEITOS E DEFINIÇÕES DE QUALIDADE

Por mais reconhecida que seja a importância da qualidade por gerentes e empresários, muito se tem a discutir sobre o seu real significado, ou seja, o que cada pessoa entende e reconhece por qualidade. A qualidade, em si, é um termo muito subjetivo, que poderia receber até interpretações de cunho filosófico; mas, em linhas gerais, seu primeiro estágio é extremamente técnico e merecedor de estudos aprofundados.

Para Garvin (1992), é essencial um melhor entendimento do termo para que possa assumir um papel estratégico. A dificuldade está em se estabelecer uma cobertura adequada para ele. Diferentes áreas da literatura acadêmica vêm analisando extensamente a qualidade, porém de forma, muitas vezes, isolada e estanque. Nas disciplinas de filosofia, economia, marketing e gerência de operações existem muitos estudiosos discutindo a questão. A filosofia tem-se concentrado nas questões de definição; a economia, na maximização dos lucros e no equilíbrio de mercado; o marketing, nos determinantes do comportamento dos compradores e na satisfação do cliente; e a gerência de operações, nas práticas de engenharia e no controle da produção. O resultado tem sido uma série de perspectivas que competem entre si, cada uma baseada em um esquema de análise diferente e empregando sua própria terminologia.

Main (1994) escreve que muitas vezes enxergamos somente as coisas que deram errado, porque nossa visão da qualidade é confundida pela nostalgia. Gostamos de dizer: "Não se fazem mais coisas como antigamente". Quando ficamos nostálgicos em relação à qualidade, provavelmente estamos pensando em coisas excepcionais que os privilegiados sempre tiveram: um Rolls-Royce, um jantar em um restaurante em Paris ou o gerente do banco que lhe chama pelo nome. Ou estamos pensando no trabalho de mãos habilidosas e carinhosas: a cadeira de balanço feita por um avô, a forma como um fazendeiro ceifava o campo, a excelência das frutas frescas colhidas em um pomar. Esse tipo de qualidade ainda existe, embora restrito, principalmente, aos afazeres domésticos (cozinha) e *hobbies*; mas vamos chamá-la de "antiga qualidade".

Já a "qualidade moderna" pode ser encontrada na fabricação de um avião pela Boeing, em uma visita ao Disney World, em um *Digital Video Disc* (DVD) ou em um processador Intel. O avião da Boeing possui todo o aparato tecnológico e toda a confiabilidade necessária ao transporte aéreo de pessoas e carga; no Disney, encontramos funcionários solícitos, amigáveis, prestativos e nunca vistos com uniforme sujo; um DVD consegue reproduzir gravações com extrema perfeição de imagem e som, a partir de um *compact disc*; o *chip* da Intel tem inacreditável poder em um espaço minúsculo e raramente falha.

Para Main (1994), a diferença entre a antiga e a nova qualidade é que a antiga é produto de um artesão e a nova, de um sistema. A antiga qualidade era obra de poucos para poucos. A nova qualidade é obra de muitos para uso de muitos.

Segundo Evans (1993), definições da terminologia da qualidade foram padronizadas em 1978, pelo American National Standars Institute (ANSI) e pela **American Society for Quality Control (ASQC)**. A qualidade é definida como: "A totalidade das características de um produto ou serviço em que se pode confiar quanto à sua capacidade de satisfazer a uma necessidade implícita ou declarada". Ele completa dizendo que essa definição implica que devemos ter a capacidade de identificar todas as características dos produtos e serviços que se relacionam com a qualidade e formar as bases para a sua medição e controle. A "capacidade de satisfazer a uma necessidade" reflete o valor do produto ou serviço para o consumidor, incluindo não só valor econômico, como também segurança, confiabilidade e manutenção. Apesar de essa definição operacional ser amplamente utilizada, não descreve completamente os diversos pontos de vista da qualidade freqüentemente utilizados.

O relatório da American Society of Quality Control (ASQC), citado por Garvin (1992), define a qualidade a partir de quatro pontos essenciais:

1. Não são os fornecedores do produto, mas aqueles para quem eles o servem – os clientes, usuários e quem os influencia ou representa – que têm a última palavra quanto ao grau de satisfação proporcionado.

2. A satisfação relaciona-se com o que a concorrência oferece.

3. A satisfação, nesse sentido, é conseguida com o uso do produto e não apenas na ocasião da compra.

4. É preciso um conjunto de atributos para proporcionar o máximo de satisfação a quem o produto atende.

Garvin (1992), no intuito de melhor explicar o que é qualidade, procura decompor seu conceito em oito dimensões ou categorias:

1. *Desempenho* – Refere-se às características operacionais básicas de um produto.

2. *Características* – São os "adereços" dos produtos, características secundárias que suplementam seu funcionamento básico.

3. *Confiabilidade* – Reflete a probabilidade de mau funcionamento de um produto ou de falha em um determinado período.

4. *Conformidade* – Representa o grau em que o projeto e as características operacionais de um produto estão de acordo com os padrões preestabelecidos.

5. *Durabilidade* – É medida de vida útil do produto, possuindo dimensões econômicas e técnicas. Tecnicamente, pode-se definir durabilidade como o uso proporcionado por um produto até que se deteriore fisicamente. Economicamente, representa o custo de reparos necessários à sua manutenção.

6. *Atendimento* – Considera-se a rapidez, eficiência e facilidade dos serviços associados.

7. *Estética* – Diz respeito à subjetividade da análise; representa a aparência do produto.

8. *Qualidade percebida* – Assim como a estética, é muito subjetiva e são levadas em consideração as medidas indiretas que os clientes utilizam para avaliar um produto.

Kerzner (1998) escreve que as organizações hoje maduras admitiram rapidamente que não se pode definir com precisão o que é qualidade, porque ela é definida pelo consumidor.

A tabela a seguir representa os diversos pontos de vista sobre a qualidade em dois momentos distintos.

Tabela 13.2 Diferentes visões da qualidade

Passado	Presente
■ Qualidade é responsabilidade dos operários e trabalhadores considerados mão-de-obra direta.	■ Qualidade é responsabilidade de todos, incluindo gerentes, mão-de-obra indireta e direção.
■ Defeitos de qualidade podem ser escondidos dos clientes (e se possível da gerência).	■ Defeitos devem ser plotados e trazidos à tona para ação corretiva.
■ Problemas de qualidade são motivos para culpa, justificativas e desculpas.	■ Problemas de qualidade são motivos para soluções cooperativas.
■ Problemas de correção da qualidade devem ser acompanhados com o mínimo de documentação.	■ Documentação é essencial para o aprendizado de forma que os erros não se repitam.
■ O aumento da qualidade elevará os custos do projeto.	■ O aumento da qualidade economiza dinheiro e melhora os negócios.
■ Qualidade é focada internamente.	■ Qualidade está focada no consumidor.
■ Qualidade não ocorre sem o acompanhamento próximo da supervisão.	■ As pessoas querem produzir produtos com qualidade.
■ Qualidade ocorre durante a execução do projeto.	■ A qualidade ocorre no início do projeto e deve ser planejada em conjunto com o projeto.

Fonte: Kerzner (1998).

Para Juran e Frank (1991), a qualidade tem múltiplos significados, porém, seu uso é dominado pelos dois seguintes:

❏ A qualidade consiste nas características do produto que vão ao encontro das necessidades dos clientes e dessa forma proporcionam a satisfação em relação ao produto.

❏ A qualidade é a ausência de falhas.

Juran e Frank (1991), citando o Glossário da Organização Européia para o Controle da Qualidade, dizem que ele define a qualidade da seguinte forma: "A totalidade das características de um produto ou serviço relacionado com a sua aptidão em satisfazer uma determinada necessidade, no que diz respeito à qualidade dos produtos manufaturados, é determinada principalmente pela qualidade do projeto e pela qualidade da fabricação".

Paladini (2000) esclarece, portanto, que levando em conta que o termo qualidade é bem conhecido, e até mais do que isso – trata-se de uma palavra de domínio público e uso comum –, passa a ser importante considerar, em sua definição técnica, dois aspectos fundamentais:

❏ Qualquer que seja a definição proposta para qualidade, espera-se que não contrarie a noção intuitiva que se tem sobre ela, isto é, o que já se sabe a respeito do assunto.

❏ Como a questão da qualidade faz parte do dia-a-dia das pessoas, não se pode identificar e delimitar seu significado com precisão.

2 A QUALIDADE NA INDÚSTRIA AERONÁUTICA

O padrão de qualidade na indústria aeronáutica tem no seu contexto particularidades que o tornam singular entre outros padrões dos diferentes segmentos produtivos, tais como: automotivo, eletroeletrônico, construção civil etc. Na indústria aeronáutica, identificam-se segmentos produtivos que diferem consideravelmente nos tipos de produtos gerados (equipamentos eletrônicos de navegação, componentes hidráulicos e pneumático, motores, componentes de borracha, itens usinados e conformados etc.), mas que trazem consigo as mesmas exigências quanto ao padrão de qualidade.

2.1 Breve História da Indústria Aeronáutica

Dois prisioneiros do rei Mino da ilha de Creta, Dédalus e seu filho, Ícaro, ficaram durante muito tempo estudando o vôo dos pássaros, o que possibilitou a Dédalus construir um par de asas para ambos. Na construção, foi utilizada uma estrutura de madeira, forrada com tecido e recoberta com cera na qual foram fixadas as penas. Dédalus orientou seu filho no sentido de que seria importante para o seu vôo que ele se mantivesse afastado do mar, pois os respingos da água poderiam imbuir as penas, o que dificultaria seu vôo. Ícaro foi aconselhado, também, a manter-se afastado do sol, pois seu calor derreteria a cera que fixava as penas e tornaria o vôo impossível.

Na sua escapada, Ícaro voou muito perto do mar e molhou suas penas. Então reorientou seu vôo para tão alto, que o sol derreteu a cera, fazendo que ele perdesse as penas e encontrasse a morte no mar.

Para Dreikorn (1995), esse pode ter sido o primeiro alerta sobre a necessidade de um controle de procedimentos sobre o processo. Ele escreve ainda que as pessoas da indústria da aviação foram sempre consideradas diferentes das outras. Esse conceito pode ser devido às centenas de milhares de anos em que tentaram fazer o que para muitos poderia ser considerado impossível.

Assim era Alberto Santos Dumont, brasileiro, nascido a 20 de julho de 1873, o qual, após conquistar o mundo com suas proezas nos aparelhos mais leves que o ar, voltou-se para um desafio maior: o do aparelho mais pesado que o ar. Seu plano era inicialmente a construção de um helicóptero, mas não demorou muito para que ele o mudasse e se dedicasse à construção de algo que, futuramente, seria o avião.

Em 13 de outubro de 1906, ocorreu a primeira decolagem da história da aviação. Com um avião de nome 14 Bis, Santos Dumont percorreu 13 metros e, em seguida, fez um pouso violento, danificando a hélice.

Em 23 de outubro, já mais preparado e diante de uma multidão na Praça Campo de Bagatelle, Santos-Dumont fez sua grande apresentação. Após rolar pela grama por 100 metros voou cerca de 60 metros, pousando sem maiores problemas. Esse vôo trouxe ao homem um novo e desconhecido horizonte a ser alcançado.

Com o contínuo desenvolvimento da aeronave, empresários encontraram várias aplicações úteis para ela. Apenas oito anos após o vôo de Santos Dumont, em janeiro de 1914, o norte-americano P. E. Fasler começou a primeira linha aérea.

Em julho de 1914, sob a direção da Divisão de Equipamentos do Exército Americano, foi criado o Conselho de Produção de Aeronaves.[1] Essa foi a primeira ação do governo norte-americano para controlar a qualidade e o planejamento na indústria da aviação.

---

[1] O Conselho de Produção de Aeronaves, chamado de *Aircraft Production Board (PBA)*, tinha o objetivo de orientar as forças armadas nos métodos de produção e prover informações sobre materiais a serem utilizados em aeronaves.

> Alberto Santos Dumont, brasileiro, nascido a 20 de julho de 1873, após conquistar o mundo com suas proezas nos aparelhos mais leves que o ar, voltou-se para um desafio maior: o do aparelho mais pesado que o ar.

No Brasil, após uma tentativa fracassada de se criar um serviço de aviação da Marinha brasileira, foi criada, em 1914, a Escola Brasileira de Aviação, inaugurada no Campo dos Afonsos.

Em 1915, o presidente dos Estados Unidos criou o Conselho Nacional Consultor para Assuntos Aeronáuticos.

Em julho de 1917, foi criada a Associação de Fabricantes de Aeronaves.[2] A associação era livre para quem desejasse participar. Porém, com a influência da indústria como um todo, os não-membros certamente encontravam a falência. (Dreikorn, 1995).

Do final dos anos 20 até início dos anos 40, a aviação teve grande desenvolvimento, no que diz respeito às linhas de transporte de cargas e de passageiros.

Com a Segunda Guerra Mundial, em 16 de maio de 1940, o presidente norte-americano Roosevelt, solicitou a produção de 50.000 aeronaves. Anteriormente a esse drástico aumento de produção, diversas ações tiveram de ser executadas pela indústria. Fábricas se expandiram, instalações foram construídas, pessoal teve de ser contratado e treinado, e novos processos de produção desenvolvidos (Dreikorn, 1995).

Segundo Main (1994), os equipamentos norte-americanos tiveram desempenho espetacular na Segunda Guerra Mundial, devido ao controle estatístico da qualidade. Em sua nota, Main escreve que, na Segunda Guerra Mundial, a Grumman[3] fez o primeiro teste de vôo do F6F Hellcat, em junho de 1942; começou a produzir o avião no mês de janeiro do ano seguinte e a Marinha enviou-o para o combate em agosto de 1943. Avião simples e robusto, o Hellcat desbancou a ameaça do Zero da Mitsubishi. A Grumman, além de levar o Hellcat da fase de teste para o combate em 14 meses, construiu uma fábrica para produzi-lo no mesmo tempo. O avião foi construído principalmente por mulheres que nunca tinham trabalhado em uma fábrica e ela estava na vanguarda da administração. Foi criado um serviço chamado "serviço do carro verde", que pretendia resolver todos os problemas que pudessem manter seu funcionário afastado do local de trabalho. Exemplo: resolver um problema de cano furado na residência. A empresa possuía também uma creche.

> A fábrica da Grumman, além de tudo, praticava um sistema rudimentar de *just-in-time* muito antes de este ser inventado pela Toyota.

---

[2] A associação *Manufactures of Aircraft Association (MAA)* tinha o objetivo de administrar os problemas relacionados com patentes, entre seus fabricantes e detentores.

[3] Empresa norte-americana fabricante de aeronaves.

Dreikorn (1995) escreve que o método de produção, naquele tempo, era primeiramente a *job-shop*, o que significava que uma máquina era usada por vários operadores e para diversas atividades e exigia um considerável tempo de *set-up* para cada item trabalhado. Isso provocava numerosas inconsistências nos lotes produzidos. Para uma produção pequena, esse método era aceitável. Contudo, devido ao incremento da produção, no início dos anos 40, seria necessário um método mais veloz. A indústria rapidamente mudou para o método de linha de montagem. Em razão da necessidade de produzir aeronaves em escala, produtores foram obrigados a fazer uso de fornecedores que nunca haviam imaginado, de modo que os problemas de qualidade afloraram. Fabricantes tiveram de lidar com o controle da qualidade de seus fornecedores de várias maneiras. A empresa Wright Aircraft insistia que toda a montagem deva ser feita na própria planta da empresa, para garantir que a qualidade final do produto estivesse de acordo com os padrões. A empresa Pratt & Whitney lidava com esse problema de forma diferente. Procurava licenciar seus subcontratados para a montagem e enviava especialistas seus para assisti-los dentro dos padrões de qualidade estabelecidos, postura que representou o primeiro controle formal sobre as operações de fornecedores exercido pelos fabricantes de aeronaves.

Conforme Bernardes (1998), no Brasil, a instalação do sistema produtivo industrial nacional foi possível com o treinamento propiciado a engenheiros brasileiros no exterior (em quase toda a sua totalidade, oficiais das Forças Armadas Brasileiras), por intermédio de contratos de cessão de tecnologia com empresas estrangeiras, de fomento e manutenção de centros de P&D ou ainda de professores e técnicos estrangeiros convidados. Em todas essas formas de iniciativa, o Estado brasileiro buscava estimular o domínio da tecnologia aeronáutica.

O início do processo, que culminaria com o surgimento da Embraer, se dá com a criação do Centro Tecnológico de Aeronáutica (CTA), em 1945. Seu primeiro instituto, idealizado pelo tenente-coronel Montenegro, foi o Instituto Tecnológico de Aeronáutica (ITA). Após quatro anos de operação em caráter provisório, no Rio de Janeiro, na praia Vermelha, o CTA é transferido definitivamente, em 1950, para São José dos Campos, São Paulo. Em 1954, foi criado o Instituto de Pesquisa e Desenvolvimento (IPD), com a finalidade de realização de pesquisas nas áreas fundamentais de aplicação aeronáutica (projeto de aeronaves, eletrônica, materiais, ensaios em vôo e motores) (Bernardes, 1998). Todos esses movimentos demonstram claramente a necessidade de desenvolver uma política, mesmo que implícita, de produto com qualidade assegurada. Em 1967, com o objetivo de atuar como órgão homologador e certificador de todos os aviões nacionais e estrangeiros que voassem em território nacional, é criado o **Instituto de Fomento e Coordenação Industrial (IFI)**, que, posteriormente, atuaria também como órgão qualificador das empresas fornecedoras para a Embraer.

Fora do Brasil, é observado que atividades militares também começaram a criar seus próprios padrões para processos e sistemas de controle, o que ocorreu, de forma mais efetiva, durante a Segunda Guerra Mundial. Esses padrões foram estabelecidos para controlar fornecedores de pneus, vidros, plásticos, chapas de metal e praticamente qualquer item relacionado com aeronave e tinham o objetivo de controlar os sistemas de qualidade de seus subcontratados. O Departamento de Defesa norte-americano controla seus fornecedores por meio do padrão militar MIL-Q-9858A.

2.2 Os Padrões de Qualidade

2.2.1 A Especificação MIL-Q-9858A

Essa norma, desde sua primeira edição em 9 de abril de 1959, procurou estabelecer padrões de qualidade para os fornecedores do Departamento de Defesa dos Estados Unidos, cuja estrutura se assemelha muito aos padrões internacionais de qualidade hoje estabelecidos pela aplicação das normas da série ISO 9000.

Segundo Dreikorn (1995), apesar de exigir dos fabricantes o desenvolvimento de um sistema de qualidade que garanta a qualidade adequada em todas as áreas de performance do contrato, o popular padrão de qualidade MIL-Q-9858A não encontra muita ênfase no meio gerencial, por não ser internacional.

Essa especificação foi aprovada pelo Departamento de Defesa dos Estados Unidos e relaciona os requisitos exigidos para a elaboração dos programas de qualidade de seus fornecedores. Seu uso é mandatório para os departamentos de Exército, Marinha e Aeronáutica dos Estados Unidos.

Em seu escopo, a norma estabelece sua aplicação a todo material (incluindo equipamentos, subsistemas e sistemas) ou serviço – quando referenciado na especificação do item, contrato ou pedido – fornecido ao Departamento de Defesa dos Estados Unidos.

2.2.2 As Normas ISO 9000

Para Dreikorn (1995), todo fornecedor, independentemente do tamanho, tipo ou localização de sua empresa, deverá distribuir produtos e/ou serviços que tenham qualidade aceitável. Se não a tiverem, gerentes falharam com a empresa, seus consumidores e seus investidores. Uma companhia pode manter-se por tanto tempo quanto seus clientes estejam desejosos de adquirir seus produtos. Por essas razões, as empresas estão adotando padrões de qualidade e estabelecendo sistemas internacionais para ela.

Na indústria da aviação, as empresas têm pouca escolha entre desejar ou não estabelecer um sistema de qualidade. Devido à sua adaptabilidade e aceitação global, os padrões de qualidade da série ISO 9000 têm-se tornado muito populares, inclusive na indústria aeronáutica, pois pode ser aplicado a qualquer processo ou produto. E, se adequadamente implementado, trará resultados positivos tanto na capabilidade como na capacidade.

A ISO (International Organization for Standardization), é uma entidade não-governamental criada em 1947, com sede em Genebra, Suíça, com o objetivo de promover, no mundo, o desenvolvimento da normalização e atividades relacionadas com a intenção de facilitar o intercâmbio internacional de bens e de serviços e desenvolver a cooperação nas esferas intelectual, científica, tecnológica e de atividade econômica.

Os membros da ISO (cerca de 90) são os representantes, em seus respectivos países, das entidades máximas de normalização como Ansi (American National Standards Institute), BSI (British Standards Institute), DIN (Deutsches Institut für Normung) e o Inmetro (Instituto Nacional de Metrologia).

O trabalho técnico da ISO é conduzido por comitês técnicos (TCs). O estudo sobre a emissão das normas da série ISO 9000 foi feito pelo TC 176 entre 1983 e 1986 (no Brasil, o comitê técnico responsável pelas normas da série NBR-ISO 9000 é o CB 25, da Associação Brasileira de Normas Técnicas – ABNT).

Como vimos, o sistema de qualidade aceito pela indústria aeroespacial norte-americana era tão-somente o padrão MIL-Q-9858A. Porém, a partir de 1993, o Departamento de Defesa, juntamente com a Nasa, anunciou que começaria a aceitar a certificação ISO 9001:1994 como evidência aceitável de sistema de qualidade, decisão que beneficiaria principalmente a exportação e em menor escala a importação, pois o padrão ISO 9000, diferentemente da MIL-Q-9858, recebera reconhecimento internacional.

2.2.3 AS 9100

Sistemas da qualidade para o Setor Aeroespacial – modelo para a garantia da qualidade em projeto, desenvolvimento, produção, instalação e serviço. Esse padrão de qualidade foi criado em 1997 e se tornou o principal sistema da qualidade aplicado ao setor aeroespacial.

Essa norma é baseada na ISO 9000:2000 e, além dos requisitos desse sistema de qualidade, adiciona os específicos para a indústria aeronáutica. Os requisitos do sistema da qualidade especificados por essa norma são complementares (não alternativos) aos requisitos dos organismos reguladores. No Brasil, a norma foi renomeada para NBR 15100.

Uma vez recebido o certificado nesse sistema da qualidade, a única atitude que se deve ter para manter o registro é continuar a usar seu sistema da qualidade, o qual será periodicamente checado pelo órgão certificador, a fim de verificar a continuidade do cumprimento dos requisitos desse padrão de qualidade.

A certificação nesse sistema da qualidade está associada aos seguintes benefícios:

- ❏ Melhoria da qualidade em produtos e processos.
- ❏ Aumento da confiabilidade nas exportações.
- ❏ Busca de fornecedores que contribuam ou melhorem a qualidade do produto.
- ❏ Aumento da consistência na cadeia de suprimento.
- ❏ Potencial redução das variações de qualidade e aumento da eficiência.
- ❏ Potencial redução das auditorias de segunda parte.
- ❏ Linguagem comum para o entendimento dos requisitos da qualidade.
- ❏ Atendimento dos sistemas exigidos pelos organismos reguladores.

Essa norma foi desenvolvida pelo **International Aerospace Quality Group (IAQG)**.

2.3 O IAQG – International Aerospace Quality Group

O International Aerospace Quality Group (Grupo Internacional de Qualidade Aeroespacial – IAQG), fundado em 1998, baseia-se na organização cooperativa das companhias de ponta da indústria aeroespacial mundial, que se reúnem e trocam experiências, objetivando a elaboração e o desenvolvimento de padrões para a produção de produtos de alta qualidade. Os membros do IAQG estão divididos geograficamente da seguinte forma: Américas, Europa e Ásia.

2.3.1 A Organização do IAQG

O IAQG possui um conselho que estabelece as políticas, os propósitos e os objetivos da organização e dirige iniciativas para alcançá-los.

O IAQG é patrocinado por três organismos: a Sociedade dos Engenheiros Automotivos (SAE), a Associação Européia da Indústria Aeroespacial (AECMA) e a Sociedade Japonesa de Indústrias Aeroespaciais (SJAC). Cada um desses organismos designou um comitê que se tornou responsável pela organização das regiões que os compõem:

❑ Grupo Americano de Qualidade Aeroespacial (AAQG), subordinado à SAE.
❑ Grupo Europeu de Qualidade Aeroespacial (EAQG), subordinado à AECMA.
❑ Grupo Japonês de Qualidade Aeroespacial (JAQG), subordinado ao SJAC.

O GA (*General Assembly*) é um fórum de comunicação da comunidade aeroespacial mundial no qual são apresentados metas, objetivos e iniciativas do IAQG e todos os participantes são encorajados a manifestar suas prioridades.

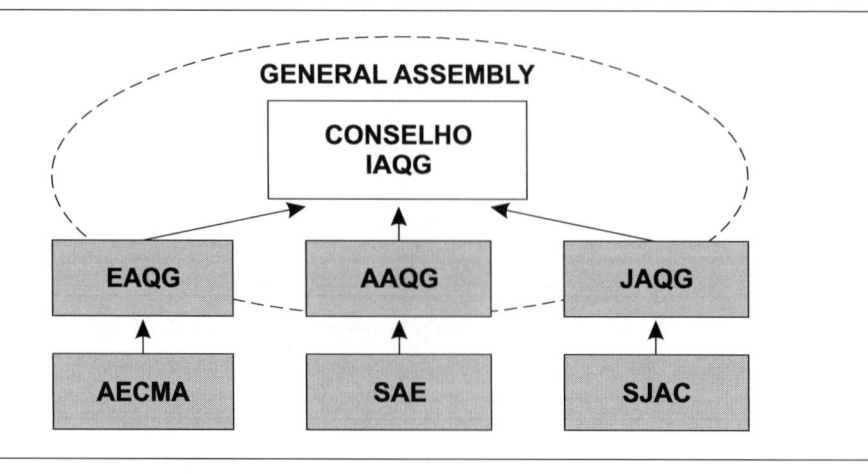

Fonte: IAQG.

2.3.2 Os Objetivos do IAQG

O objetivo geral do IAQG é estabelecer e manter uma dinâmica cooperação nos padrões internacionais de qualidade aeroespacial, realizar melhorias significativas na qualidade e reduzir custos na cadeia de valor. Seu foco está na melhoria contínua dos processos da cadeia de suprimentos, a fim de permitir o fluxo de produtos de alta qualidade.

Os objetivos específicos do IAQG são:

- Estabelecer requisitos e padrões de qualidade (por exemplo, sistemas básicos de qualidade aeroespacial que sejam comuns; melhores práticas na indústria aeroespacial etc.).
- Estabelecer um processo de melhoria contínua para produtos e processos.
- Estabelecer métodos para compartilhar resultados (por exemplo, auditorias).
- Implementar planos que possibilitem um ambiente propício à inovação.

2.3.3 Membros do IAQG

Seus membros, cerca de 50, são selecionados pelos três setores e cobrem as maiores empresas aeroespaciais do mundo. Todas as empresas de ponta da indústria aeroespacial podem-se candidatar a membro do IAQG.

Alguns membros do IAQG:

Tabela 13.3 Membros do IAQG

Américas	Europa	Ásia
■ GE Aircraft Engines	■ Airbus	■ Kawasaki Heavy Ind.
■ Pratt & Whitney	■ Dassault Aviation	■ Korean Air
■ Bombardier	■ Eurocopter	■ Fuji Heavy Industries
■ Vought	■ Israel Aircraft Ltd.	■ Aerospace Ind. Develop. Corp. (AIDC)
■ Boeing	■ Rolls-Royce	
■ Northrop Grumman	■ SAAB Aerospace	■ Korea Aerospace Industries (KAI)
■ Embraer	■ Volvo Aero	

Os membros desse grupo têm a possibilidade de:

1. Contribuir para o estabelecimento de padrões de qualidade que se refletirão na produção da próxima década.
2. Oportunamente prover os *inputs* para a melhoria das políticas, padrões e práticas relacionados com a qualidade, de forma a guiar a indústria aeronáutica internacional.
3. Aprender novos métodos e ferramentas de melhoria da qualidade aplicadas por empresas líderes da indústria aeroespacial mundial.
4. Expor-se a novas idéias e maneiras de pensar e agir.

Recentemente, o Inmetro obteve o reconhecimento do IAQG que o possibilita credenciar entidades de certificação de sistemas da qualidade para o setor aeroespacial.

3 O INSTITUTO DE FOMENTO E COORDENAÇÃO INDUSTRIAL – IFI

A qualidade na indústria aeronáutica é controlada por diversos órgãos distribuídos pelo mundo. No Brasil, o responsável por essa segurança é o Instituto de Fomento e Coordenação Industrial (IFI), localizado no Centro Técnico Aeroespacial (CTA), em São José dos Campos.

O IFI tem o objetivo de assegurar que todos os itens produzidos e fornecidos pelas empresas do ramo aeronáutico e comercializados no país estejam de acordo com os padrões e normas estabelecidos. Para isso, atua nas áreas de: confiabilidade metrológica, homologação aeronáutica e militar, normalização e qualidade industrial

A atividade de confiabilidade metrológica tem como objetivo a implantação do Sistema de Metrologia Aeroespacial (Sismetra), dentro do comando da aeronáutica. Cabe-lhe difundir a filosofia de confiabilidade, por meio dos preceitos da qualidade, para os laboratórios e parques de material aeronáutico do comando da aeronáutica e para as empresas pertencentes ao Catálogo de Empresas do Setor Aeroespacial (Cesaer), que prestam ou venham a prestar serviços à Aeronáutica nessa área. O CTA (Centro Técnico Aeroespacial) é o órgão central do Sismetra; o IFI, o encarregado da consecução desses objetivos, pela confecção de diretrizes, normas técnicas, avaliações, levantamento de necessidades, apoio metrológico, cadastramento etc. Para apoiar essa implantação, conta com o Laboratório Central de Calibração (LCC), que é o conjunto dos laboratórios mais capacitados, dentro da estrutura funcional do CTA, nas grandezas metrológicas de interesse do comando da Aeronáutica. O LCC detém padrões primários rastreados junto ao Inmetro e à USAF (United States Air Force) e está apto a prestar, sob consulta, serviços de calibração nas áreas de: corrente alternada (AC); corrente contínua (DC); resistência; força; massa; pressão; temperatura e dimensional de comprimento.

Outra atividade importante do IFI é a que diz respeito à homologação de itens aeronáuticos que tem por atribuição a execução de atividades relacionadas com produtos aeroespaciais para fins civis.

A homologação militar tem por atribuição verificar a adequação de produtos aeroespaciais de emprego militar para os fins previstos, tanto do ponto de vista da segurança, como da sua eficácia no cumprimento da missão (www.ifi.cta.br, mar. 2001).

Considerações Finais

Em época de globalização econômica e abertura de mercados, é fundamental que as empresas tenham controle sobre os custos de seus produtos e, principalmente, sobre a qualidade alcançada. O movimento do Departamento de Defesa norte-americano para a aceitação de um padrão externo ao seu controle representa integração mundial de clientes e fornecedores.

Se os padrões ISO 9000, em grande escala, são um sucesso, os consumidores podem ter certeza de que os produtos que estão comprando representam exatamente o que deles se espera. Porém é preciso salientar que possuir um padrão de qualidade como, por exemplo, ISO 9000, representa apenas uma conformidade com relação ao sistema de qualidade.

> Em 1993, o Departamento de Defesa, junto com a Nasa, anunciou que começaria a aceitar o padrão internacional ISO 9001 (ANSI/ASQC Q9001-1994) como evidência de um sistema de qualidade aceitável.

Na indústria aeronáutica alguns requisitos exigidos pela Agência Federal de Aviação (**Federal Aviation Administration – FAA**), nos Estados Unidos, ou pelo Departamento de Aviação Civil (DAC), no Brasil, não são alcançados pelos padrões internacionais de qualidade, ficando a garantia desses requisitos adicionais a cargo dos fabricantes. Para atingir esses requisitos particulares de qualidade, é necessário reconhecer as similaridades e diferenças entre eles e os padrões internacionais de qualidade e utilizar as ferramentas de qualidade necessárias.

Nos Estados Unidos, só podem voar aviões que tenham recebido a certificação da FAA. Após uma série de acordos e negociações, foi concedida, no segundo semestre de 1978, a homologação do bimotor brasileiro Bandeirante, no FAA, e o Instituto de Fomento e Coordenação Industrial (IFI), do CTA, passou a ser reconhecido como órgão homologador, mediante acordo bilateral Brasil-Estados Unidos.

Segundo Bernardes (2000), as atividades aeroespaciais estão relacionadas ao uso intensivo de uma força de trabalho de altíssima qualificação e remuneração decorrente, resistindo à automação em face de sua baixa escala de produção, criando emprego de alto nível em todas as suas etapas produtivas, incluindo projeto, fabricação e serviços pós-venda, ao passo que, na maior parte do setor industrial, tais processos produtivos ou são muito automatizados ou utilizam mão-de-obra pouco qualificada.

Na indústria aeronáutica, a capacitação tecnológica necessária para o design e a manufatura é substancial. Sua tecnologia é introduzida gradualmente, exigindo robusta infra-estrutura de pessoal e equipamentos. Esse processo é difícil de se estabelecer rapidamente; depende de experiência acumulada, especialmente quanto à integração de sistemas técnicos e gerenciais de grande complexidade (Bernardes, 2000).

A Embraer é atualmente o maior complexo técnico-industrial aeronáutico do Hemisfério Sul. A empresa possui processos associados a fabricação de peças referentes às tecnologias de conformação metálica, tratamentos térmicos e superficiais, pintura de acabamento em aeronave, materiais compostos, usinagem e ferramental. Possui ainda processos tecnológicos associados à montagem de conjuntos e de sistemas, instalações e testes.

Toda essa gama de processos tecnológicos não pode ser absorvida por completo pelos fornecedores nacionais, face à falta de capacitação específica para o setor. É preciso uma readequação dos parques industriais existentes e a qualidade passa a ser elemento motivador de um desenvolvimento tecnológico, visando ao alcance dos requisitos exigidos pela indústria aeronáutica.

É preciso, portanto, aprofundar essa discussão pela análise dos sistemas de qualidade no desenvolvimento do produto em empresas da indústria aeronáutica brasileira, identificando os aspectos peculiares, que impactam, tanto positiva como negativamente, o desempenho dessas organizações, e as maiores dificuldades no gerenciamento desse processo, de forma a dotar os gerentes dessa indústria de mais um instrumento para aumentar a competitividade organizacional.

Questões para Discussão

1. Identifique as principais características da manufatura de itens aeronáuticos.
2. Diferencie a "antiga" qualidade da qualidade "moderna", definidas por Garvin.
3. Qual a relação entre processo de produção *job-shop* e a manufatura de itens aeronáuticos?
4. Faça um breve resumo da história da qualidade na indústria aeronáutica.
5. O que representa a norma MIL-Q-9858A para a indústria aeronáutica militar norte-americana?
6. De que forma está constituído o IAQG e qual sua principal contribuição para a indústria aeroespacial?
7. Conceitue a qualidade na indústria aeronáutica.

Referências Bibliográficas

ABBOTT, L. *Quality and competition*. Nova York: Columbia University Press, 1995.

ANSI/ASQC Q9000. *Quality management and quality assurance standards* – guide lines for selection and use. Milwaukee: American Society for Quality Control, 1994.

ANSI/ASQC Q9001. *Quality systems* – model for quality assurance in design, development, production, installation and servicing. Milwaukee: American Society for Quality Control, 1994.

ANSI/ASQC Q9002. *Quality systems* – model for quality assurance in production, installation and servicing. Milwaukee: American Society for Quality Control, 1994.

ANSI/ASQC Q9003. *Quality systems* – model for quality assurance in final inspection and testing. Milwaukee: American Society for Quality Control, 1994.

ANSI/ASQC Q9004. *Quality management and quality systems elements* – guidelines. Milwaukee: American Society for Quality Control, 1994.

BERNARDES, R. C. *Os limites do modelo autárquico de competitividade*: análise dos fatores sistêmicos da competitividade a partir do estudo de caso da indústria aeronáutica brasileira. Dissertação (Mestrado) – Universidade de São Paulo, São Paulo, 1998.

_____. *Embraer*: elos entre o Estado e o mercado. São Paulo: Hucitec, 2000.

CABRAL A. S. *Análise do desempenho tecnológico da indústria aeronáutica brasileira*. Tese (Doutorado) – POT, ITA, São José dos Campos, 1988.

CROSBY, P. B. *Quality is free*. Nova York: New American library, 1995.

DAGNINO, R. *A indústria aeronáutica*. ECIB – Estudo de competitividade da indústria brasileira. Nota técnica setorial. Campinas: IE/Unicamp/MCT/Finep/pacdt, 1993.

DONAIRE, D. A utilização do estudo de casos como método de pesquisa na área da administração. *Revista IMES*, São Paulo, n. 40, p. 9-19, maio 1997.

DREIKORN, M. J. *Aviation industry quality systems*: ISO 9000 and the federal aviations regulations. Milwaukee: ASQC Quality Press, 1995.

EVANS, J. R.; LINDSAY, W. M. *The management and control of quality*. 2. ed. St. Paul: West, 1993.

GARVIN, D. A. *Gerenciando a qualidade*: a visão estratégica e competitiva. Rio de Janeiro: Qualitymark, 1992.

HEGEDUS, C. E. N. *A compreensão da percepção da qualidade pelo consumidor como base para a definição de estratégias pelas empresas e suas cadeias de fornecimento*. Dissertação (Mestrado) – Universidade de São Paulo, São Paulo, 2000.

INSTITUTO DE FOMENTO E COORDENAÇÃO INDUSTRIAL (IFI). <*http://www.ifi.cta.br*, mar. 2001>.

JURAN, J. M.; GRYNA F. M. *Quality planning and analysis*. Nova York: McGraw-Hill, 1980.

JURAN, J.; FRANK, M. *Controle da qualidade*: conceitos, políticas e filosofia da qualidade. 4. ed. São Paulo: Makron Books, 1991. v. 1.

_____. *Controle da qualidade*: componentes básicos da função qualidade. 4. ed. São Paulo: Makron Books, 1991a. v. 2.

JURAN, J.; FRANK, M. *Controle da qualidade*: ciclo dos produtos – do projeto à produção. 4. ed. São Paulo: Makron Books, 1991b. v. 3.

_____. *Controle da qualidade*: qualidades em diferentes sistemas de produção. 4. ed. São Paulo: Makron Books, 1993. v. 8.

KERZNER, H. *Project management*: a systems approach to planning, scheduling and controlling. 6. ed. Nova York: John Wiley & Sons, 1998.

KRAJEWSKI, L. J.; RITZMAN, L. P. *Operations management*: strategy and analysis. 4. ed. Estados Unidos: Addison-Wesley, 1996.

MAIN, J. *Guerras pela qualidade*: os sucessos e fracassos da revolução da qualidade. Rio de Janeiro: Campus, 1994.

MIL-Q-9858A. Quality programs requirements. *Military specifications*. 16 dez. 1963.

MOUBRAY, J. *Reliability-centered maintenance*. 2 ed. New Jersey: Industrial Press, 1997.

MACHADO, M. C. *A garantia da qualidade na manufatura de itens aeronáuticos*. Dissertação (Mestrado) – PUC-SP, São Paulo, 2001.

_____. Quality on aeronautical manufactured parts: a case study. *Anais do IV SIMPOI/POMS*. FGV-SP. 2001.

PALADINI, E. P. *Gestão da qualidade*: teoria e prática. São Paulo: Atlas, 2000.

PANHOCA, L. *A participação do Estado na indústria aeronáutica*: o caso da Embraer. Dissertação (Mestrado) – Departamento de Economia/PUC-SP, São Paulo, 1995.

SLACK, N. et al. *Administração da produção*. São Paulo: Atlas, 1996.

Capítulo 14

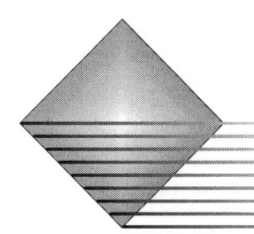

Qualidade no Setor da Construção

Roberto de Souza

1 CARACTERÍSTICAS DO SETOR DA CONSTRUÇÃO QUE INFLUEM NA QUALIDADE

A indústria da construção difere em muito da indústria de transformação, a partir da qual nasceram e se desenvolveram os conceitos e metodologias relativos à qualidade.

Nos últimos anos estão sendo realizados grandes esforços no sentido de introduzir no setor da construção os programas da qualidade que já predominam em outros setores. A construção tem características próprias que dificultam a utilização prática das teorias modernas da qualidade. Em outras palavras: a construção requer uma adaptação específica dessas teorias, devido à complexidade do seu processo de produção, no qual intervêm muitos fatores.

> Algumas peculiaridades da construção que dificultam a transposição de conceitos e ferramentas da qualidade aplicados na indústria:
> - A construção é uma indústria de caráter nômade.
> - Cria produtos únicos e não em série.
> - Não é possível aplicar a produção em cadeia (produtos passando por operários fixos), mas sim a produção centralizada (operários móveis em torno de um produto fixo).
> - É uma indústria muito tradicional, com grande inércia no que se refere a alterações.
> - Utiliza mão-de-obra intensiva e pouco qualificada, cujo emprego tem caráter eventual e as possibilidades de promoção são escassas, gerando baixa motivação pelo trabalho.
> - A construção, de maneira geral, realiza seus trabalhos sob intempéries.
> - O produto é único, ou quase único na vida do usuário.
> - São empregadas especificações complexas, quase sempre contraditórias e muitas vezes confusas.
> - As responsabilidades são dispersas e poucos definidas.
> - O grau de precisão com que se trabalha na construção é, em geral, muito menor que em outras indústrias, seja qual for o parâmetro que se contemple: orçamento, prazo, resistência mecânica etc.

Além desses aspectos, é importante ressaltar que a cadeia produtiva formadora do setor da construção é bastante complexa e heterogênea, contando com grande diversidade de agentes intervenientes e de produtos parciais gerados ao longo do processo de produção, os quais incorporam diferentes níveis de qualidade e afetarão a qualidade do produto final. O ciclo da qualidade, indicando as grandes etapas do processo de produção de um empreendimento de construção, encontra-se esquematicamente ilustrado na Figura 14.1.

Observa-se por esse ciclo da qualidade, que são vários os agentes intervenientes no processo de produção ao longo das várias etapas:

❑ Os usuários, que variam de acordo com o poder aquisitivo, as regiões do país e a especificidade das obras: habitações, escolas, hospitais, edifícios comerciais e de lazer, rodovias, infra-estrutura etc.

❑ Os agentes responsáveis pelo planejamento do empreendimento, que podem ser agentes financeiros e promotores, órgãos públicos, agentes privados, incorporadores, além dos órgãos legais e normativos envolvidos, dependendo do tipo de obra a ser construída.

❑ Os agentes responsáveis pela etapa do projeto: empresas responsáveis por estudos preliminares (sondagens, topografia, demografia etc.), urbanistas, projetistas de arquitetura, calculistas estruturais, projetistas de instalações e redes de infra-estrutura, além dos órgãos públicos ou privados responsáveis pela coordenação do projeto.

❑ Os fabricantes de materiais de construção constituídos pelos segmentos industriais produtores de insumos, envolvendo a extração e beneficiamento de minerais, a indústria de produtos minerais não-metálicos (cerâmica, vidro, cimento, cal), de aço para construção e outros produtos metalúrgicos, de condutores elétricos, da madeira, de produtos químicos e de plásticos para a construção.

❑ Os agentes envolvidos na etapa de execução das obras: empresas construtoras, empreiteiros, profissionais autônomos, autoconstrutores, laboratórios, empresas gerenciadoras e órgãos públicos ou privados responsáveis pelo controle e fiscalização das obras.

❑ Os agentes responsáveis pela operação e manutenção das obras ao longo da sua fase de uso: condomínios, administradores de imóveis, proprietários, usuários e empresas especializadas em operação e manutenção.

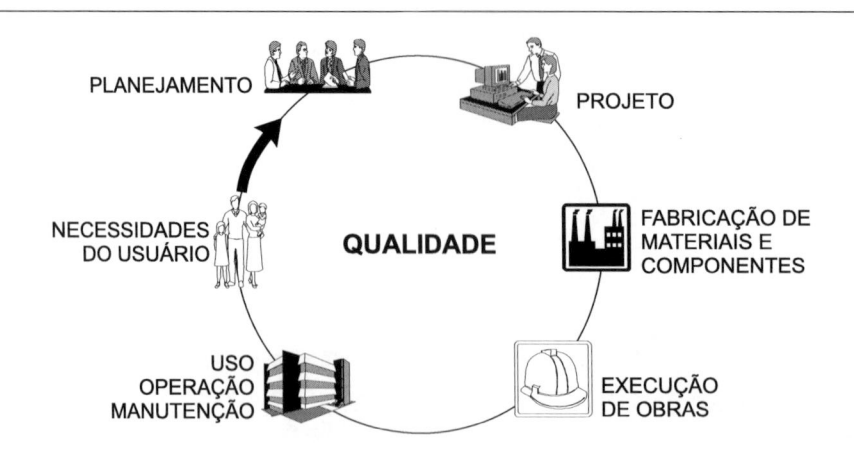

Figura 14.1 Ciclo da qualidade no setor da construção

Implementar ações que promovam a melhoria da qualidade do setor da construção pela normalização técnica, adoção de programas de gestão da qualidade e certificação de produtos e sistemas da qualidade, implica um longo e meticuloso trabalho de articulação entre esses diversos agentes do processo, visando comprometê-los com a qualidade de seus processos e produtos parciais e com a qualidade do produto final, cujo objetivo é satisfazer às necessidades do usuário.

A articulação de toda a cadeia produtiva coloca um grande desafio para o movimento da qualidade no setor da construção, pois vários desses agentes têm interesses muitas vezes conflitantes, devido às suas relações comerciais e contratuais. O desafio é ainda agravado em função do perfil das empresas do setor, caracterizado por grande número de micro e pequenas empresas e de sua distribuição espacial pelas várias regiões do Brasil.

Embora o setor da construção apresente todas essas complexidades, o movimento da qualidade vem se expandindo no Brasil e gerando muitos benefícios, em decorrência da relevância econômica do setor da construção. Dados do projeto denominado **"Construbusiness"**, conduzido pela Comissão da Indústria da Construção da Fiesp, indicam que a atividade econômica da construção representa 18% do PIB ou 99 bilhões de dólares e gera 14 milhões de empregos, considerando toda sua cadeia produtiva.

2 OS FATORES INDUTORES DA COMPETITIVIDADE E DA QUALIDADE NO SETOR DA CONSTRUÇÃO

Desde 1990, o país e o setor da construção têm passado por transformações aceleradas em seu cenário produtivo e econômico. São exemplos dessas transformações: a abertura do mercado nacional, a criação do Mercosul, a privatização de empresas estatais, a concessão de serviços públicos, a nova lei de licitações, a concorrência acirrada e a redução dos preços praticados pelo mercado imobiliário e pelos contratantes de obras públicas, industriais e privadas.

No campo econômico, depois de muitos anos de convivência com uma economia inflacionária, o país e as empresas começaram a trabalhar em uma economia estabilizada. A organização e a gestão da produção, antes relegadas a um segundo plano – pois a ênfase estava na "engenharia da ciranda financeira" –, passaram a ter importância fundamental no controle de custos, dos desperdícios e do **retrabalho** dentro das empresas.

> Por um longo período, as empresas do setor se acostumaram a uma economia em que o preço final da obra final era resultante da soma dos custos de produção da empresa e do lucro previamente arbitrado (pela inclusão do BDI – Bônus e Despesas Indiretas) sem grandes preocupações em questionar os custos, as margens de lucro e as despesas indiretas, pois tudo era repassado ao consumidor final. Ao longo desses últimos anos, as empresas do setor, pressionadas pelas alterações do mercado e pela intensa competição, passaram a trabalhar com uma nova formulação de preço das obras, em que o lucro passa a ser resultante do diferencial entre o preço praticado e pago pelo mercado e os custos diretos e indiretos incorridos na geração do produto. A lucratividade torna-se decorrência da capacidade da empresa em racionalizar seus processos de produção, reduzir seus custos, aumentar sua produtividade e satisfazer às exigências dos clientes.

Além dessas transformações no cenário econômico, outros fatores indutores da competitividade e da qualidade no setor da construção surgiram no ambiente nacional ao longo da última década.

No aspecto legal, entra em vigência, em 1990, o Código de Defesa do Consumidor, que estabelece uma série de regras para as relações entre produtores e consumidores. O Código impõe sanções pesadas aos projetistas, fabricantes e construtores, no caso de o produto apresentar falhas em uso ou vícios de construção, e veda a colocação no mercado de produtos e serviços em desacordo com as normas técnicas brasileiras elaboradas pela ABNT (Associação Brasileira de Normas Técnicas).

Em paralelo, o perfil do consumidor brasileiro começou a passar por alterações significativas na década de 90, com impacto especialmente sobre os bens de consumo duráveis, tendo em vista seus altos valores de aquisição em relação à renda. Inúmeros fatores contribuem para a mudança de perfil, tais como o maior acesso a informações generalizadas, a evolução política para uma situação de maior participação do cidadão nas questões que afetam a sociedade, a abertura econômica que o coloca em contato com produtos, serviços e realidades culturais, tecnológicas e econômicas dos países mais desenvolvidos. Essa mudança de perfil vem trazendo paulatinamente maior grau de exigência dos consumidores finais e novas necessidades a partir de mudanças de hábitos, cultura e comportamento.

Também os contratantes privados, ligados às mais diversas atividades produtivas, passaram a estabelecer novos parâmetros a serem atendidos para o projeto e execução de obras, para atender às novas necessidades de seus processos produtivos e do papel que os bens construídos passam a desempenhar, incluindo-se, por exemplo, maior preocupação com os aspectos que determinam o desempenho da obra ao longo de toda a vida útil.

O Estado, no seu papel de contratante e comprador de bens e serviços da construção civil em grande escala, passou a fazer uso de seu poder de compra, estabelecendo novos parâmetros a serem atendidos, rompendo com práticas e procedimentos que exerciam um papel inibidor da melhoria da qualidade. Destaca-se, nesse sentido, a atuação da Petrobrás, Eletrobrás e Telebrás que passaram a exigir qualificação de seus fornecedores a partir dos requisitos das normas ISO 9000. No Estado de São Paulo, ressalta-se a criação, em 1996, do programa Qualihab por parte da CDHU (Companhia de Desenvolvimento Habitacional e Urbano) que estabelece termos de cooperação com as várias entidades de classe setoriais, definindo prazos e requisitos da qualidade a serem cumpridos pelas empresas projetistas, fabricantes, gerenciadoras e construtoras, que fornecem serviços à CDHU, a fim de poderem participar das licitações públicas do órgão.

Destacam-se ainda, nesse período, as ações das entidades de classe do setor da construção civil, que têm pautado sua atuação com programas setoriais de melhoria da qualidade, tanto nos segmentos produtores de materiais quanto nos segmentos de empresas construtoras, com forte ênfase na conscientização setorial para a qualidade e produtividade.

Na realidade interna das empresas e dos seus canteiros de obras, ganhou corpo na década de 90 o combate ao desperdício, bastante relevante na construção e um dos principais indicadores dos custos da não-qualidade para as empresas do setor.

O próprio conceito de desperdício foi ampliado, e as empresas passaram a diagnosticá-lo por meio da identificação de falhas nas seguintes etapas do processo produtivo:

❑ Falhas ao longo do processo de produção, caracterizadas por: perdas de materiais que podem sair da obra na forma de entulho ou ficar agregados à obra; retrabalho feito para corrigir serviços em não-conformidade com o especificado; e tempo ocioso de mão-de-obra e equipamentos, seja por deficiência de planejamento de obras, seja por ausência de uma política de manutenção de equipamentos.

❑ Falhas nos processos gerenciais e administrativos da empresa, caracterizadas por compras feitas apenas na base do menor preço; deficiências nos sistemas de informação e comunicação da empresa; programas de seleção, contratação e treinamento de pessoal inadequados; perdas financeiras por deficiência de contratos e atrasos da obra; e retrabalho administrativo nas várias áreas da empresa.

❑ Falhas na fase de pós-ocupação das obras, caracterizadas por patologias construtivas com necessidade de recuperação e altos custos de manutenção e operação, com prejuízo da imagem da empresa junto ao mercado.

O diagnóstico desse conjunto de falhas, atuando na empresa, no processo de produção e mesmo na fase de pós-ocupação das obras e sua conversão em custos da não-qualidade, possibilitou a identificação de enorme potencial nas empresas construtoras para a introdução de programas da qualidade, visando à melhoria de produtos e processos.

Mas o grande indutor da competitividade e qualidade no setor da construção do Brasil é o PBQP-H (Programa Brasileiro da Qualidade e Produtividade no Habitat), que será melhor detalhado na seqüência, devido à sua importância estratégica para a melhoria da qualidade do setor.

3 O PBQP-H (PROGRAMA BRASILEIRO DA QUALIDADE E PRODUTIVIDADE NO HABITAT)

Em 1998, foi criado pelo Governo federal o Programa Brasileiro da Qualidade e Produtividade na Construção Habitacional que é coordenado pela Sedu (Secretaria Especial de Desenvolvimento Urbano) da Presidência da República.

Em 2000, expandindo o escopo do Programa, passou-se a considerar, além da Construção Habitacional, todo o conceito de *Habitat*, abrangendo também as áreas de saneamento, infra-estrutura e transporte urbano, passando o Programa a ser designado como Programa Brasileiro da Qualidade e Produtividade no Habitat.

O objetivo geral do PBQP-H é incentivar o esforço brasileiro pela melhoria da qualidade e produtividade do setor da construção, procurando aumentar a competitividade de bens e serviços, bem como estimular projetos que melhorem a qualidade do setor.

Seus objetivos específicos são:

❑ Estimular o inter-relacionamento entre agentes do setor.
❑ Promover a articulação internacional com ênfase no Cone Sul.

- Coletar e disponibilizar informações do setor e do PBQP-H.
- Fomentar a garantia de qualidade de materiais, componentes e sistemas construtivos.
- Incentivar o desenvolvimento e a implantação de instrumentos e mecanismos de garantia da qualidade de projetos e obras.
- Estruturar e animar a criação de programas específicos, visando à formação e à requalificação de mão-de-obra em todos os níveis.
- Promover o aperfeiçoamento da estrutura de elaboração e difusão de normas técnicas, códigos de práticas e códigos de edificações.
- Combater a não-conformidade intencional de materiais, componentes e sistemas construtivos.
- Apoiar a introdução de inovações tecnológicas.
- Promover a melhoria da qualidade de gestão nas diversas formas de projetos e obras habitacionais.

Para sua implementação, o PBQP-H conta com a parceria e colaboração dos agentes da cadeia produtiva e técnica do setor, destacando-se:

- Secretaria de Política Urbana da Secretaria Especial de Desenvolvimento Urbano da Presidência da República.
- Secretaria de Política Industrial do Ministério do Desenvolvimento, Indústria, Comércio e Turismo.
- Secretaria do Desenvolvimento Tecnológico do Ministério da Ciência e Tecnologia.
- Financiadora de Estudos e Projetos (Finep).
- Caixa Econômica Federal (CEF).
- Associação Brasileira de Cohabs (ABC).
- Associação Brasileira de Cimento Portland (ABCP).
- Instituto Brasileiro de Siderurgia (IBS).
- Associação Nacional de Tecnologia do Ambiente Construído (Antac).
- Comitê Brasileiro de Construção Civil da Associação Brasileira de Normas Técnicas (CB-02/ABNT).
- Câmara Brasileira da Indústria da Construção (CBIC).
- Serviço de Apoio às Micro e Pequenas Empresas (Sebrae).
- Sindicato Nacional das Empresas de Arquitetura e Engenharia Consultiva (Sinaenco).
- Instituto Nacional de Metrologia, Normalização e Qualidade Industrial (Inmetro).
- Associação Nacional de Fabricantes de Cerâmica para Revestimento (Anfacer).
- Conselho Federal de Engenharia, Arquitetura e Agronomia (Confea).
- Associação Brasileira dos Produtores de Cal (ABPC).
- Associação Brasileira dos Fabricantes de Materiais e Equipamentos para Saneamento (Asfamas).

❑ Instituto Brasileiro da Qualidade e Produtividade (IBQP).
❑ Associação Nacional da Indústria Cerâmica (Anicer).
❑ Associação Nacional dos Comerciantes de Materiais de Construção (Anamaco).

Atualmente o Programa está estruturado em doze grandes projetos envolvendo ações de normalização, gestão da qualidade, certificação, capacitação laboratorial, desenvolvimento e difusão de tecnologia, que atingem todos os segmentos da cadeia produtiva, com maior ênfase em construtoras, projetistas, fabricantes de materiais e agentes financeiros (CEF – Caixa Econômica Federal) e órgãos públicos contratantes de projetos e obras.

Dentre esses projetos, o que tem tido maior destaque e relevância no setor é o Sistema de Qualificação Evolutiva de Empresas Construtoras – SIQ-C.

No âmbito desse projeto, foi aprovada uma norma de referência que define um sistema evolutivo de gestão da qualidade baseado na NBR ISO 9002:1994 e que estabelece um conjunto de requisitos específicos a serem atendidos pelas empresas construtoras que executam obras de edificações. Instituído pela Portaria Ministerial nº 67 de 21 de novembro de 2000, o SIQ–Construtoras procura estabelecer os parâmetros técnicos que orientam as empresas construtoras na implantação de seus sistemas de gestão da qualidade e as certificadoras na realização de auditorias da qualidade e concessão dos atestados de qualificação evolutiva.

De um modo geral, as principais características do SIQ–Construtoras são:

❑ Os requisitos da qualidade propostos são baseados na norma NBR ISO 9002:1994.
❑ O sistema da qualidade tem um caráter evolutivo e estabelece quatro níveis progressivos de qualificação (Níveis D, C, B e A), sendo o nível D o menos abrangente e o nível A o mais completo e equivalente à norma NBR ISO 9002:1994. Esses níveis são implantados ao longo do tempo, conforme ilustrado no gráfico a seguir:

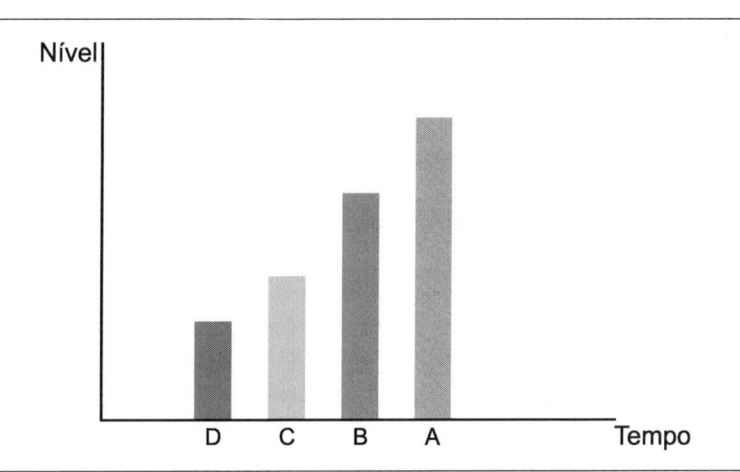

❑ O SIQ-C define uma lista de 25 serviços de execução de obras que precisam ser controlados obrigatoriamente pela empresa construtora.
❑ Além disso, estabelece que a empresa precisa definir e controlar pelo menos 30 materiais de construção que utiliza em suas obras.

❑ O SIQ-C abrange todo o território nacional e serve de referência para o estabelecimento de acordos setoriais entre a CEF (Caixa Econômica Federal) e órgãos públicos contratantes de obras e as entidades de classe das construtoras. Nesses acordos são definidos os prazos a partir dos quais a CEF e os órgãos contratantes passam a exigir os níveis evolutivos de qualificação das construtoras para que recebam financiamento da CEF ou participem de licitações públicas dos órgãos contratantes.

❑ Após implantar o sistema evolutivo de gestão da qualidade exigido pelo SIQ-C, com auxílio de uma empresa de consultoria ou por conta própria, a construtora necessita de um atestado de qualificação que só pode ser concedido por Organismos de Certificação Credenciados (OCCs) pelo Instituto Nacional de Metrologia, Normalização e Qualidade Industrial (Inmetro). Para concedê-lo, os OCCs realizam auditorias externas a fim de verificar a conformidade do sistema da qualidade da construtora aos requisitos de cada nível evolutivo (D, C, B e A). Para cada nível é emitido um atestado.

Em 2002, os principais estados do Brasil já haviam aderido ao PBQP-H e estabelecido acordos setoriais entre a CEF, os órgãos públicos contratantes de obras e os sindicatos da indústria da construção (Sinduscons), representando as construtoras. Essa forte adesão do setor da construção ao Programa permitiu o desenvolvimento de um amplo movimento da qualidade, capitaneado pelas construtoras e que atingiu todo o país.

4 RESULTADOS OBTIDOS COM O MOVIMENTO DA QUALIDADE NA CONSTRUÇÃO

Esse amplo movimento da qualidade que vem sendo implementado no setor da construção tem apresentado resultados significativos para as empresas construtoras, para os contratantes, para os consumidores e para a sociedade. Em pesquisa realizada pelo CTE (Centro de Tecnologia de Edificações) em fevereiro de 2002 na Coordenação Nacional do PBQP-H, na Secretaria Executiva do Programa Qualihab – SP e com mais de 600 construtoras que implantaram os sistemas evolutivos de gestão da qualidade, foram identificados os seguintes resultados:

4.1 Resultados Obtidos pelas Empresas Construtoras

4.1.1 Certificação ISO 9000 e Qualificação Evolutiva no Nível A

Em fevereiro de 2002 aproximadamente 2 mil empresas construtoras haviam aderido, nos vários estados do Brasil, aos sistemas evolutivos de gestão da qualidade.

Desse total, 180 delas já estavam certificadas de acordo com a ISO 9000 e 250 já estavam qualificadas no nível A do Programa Qualihab ou do PBQP-H. As demais estavam em processo de implantação e/ou qualificadas nos vários níveis do PBQP-H. A CBIC (Câmara Brasileira da Construção) estima em 20 mil o número de empresas construtoras existentes no Brasil. Embora as 2 mil construtoras que aderiram ao movimento da qualidade representem 10% do total de empresas, trata-se de empresas líderes de mercado, tanto do ponto de vista financeiro como do tecnológico, respondendo por mais de 50% do volume total de negócios de construção.

4.1.2 Resultados Relacionados aos Fatores Mercado e Clientes

Quanto aos fatores relativos ao mercado e aos clientes, as construtoras identificam como relevantes a obtenção dos seguintes resultados:

- ❏ Imagem diferenciada da empresa em relação aos concorrentes.
- ❏ Maior satisfação dos clientes externos com os produtos entregues e com os serviços de atendimento prestados.
- ❏ Melhoria e padronização do processo de entrega da obra, elaboração do manual de uso e manutenção do imóvel e assistência técnica pós-entrega.
- ❏ Redução do índice de reclamação de clientes.
- ❏ Visibilidade maior por parte da área comercial da empresa das necessidades dos clientes e do mercado, permitindo a definição de novos negócios e novas estratégias competitivas no mercado da construção.
- ❏ Redução de custos de produção e indireto, permitindo margens de lucratividade compatíveis com a realidade do mercado e com as necessidades dos acionistas.

4.1.3 Melhoria na Relação com Fornecedores

Quanto aos resultados obtidos com os fornecedores, as empresas identificam como relevantes os seguintes resultados:

- ❏ Melhoria do sistema de qualificação e avaliação de fornecedores.
- ❏ Redução das falhas de recebimento de projetos, materiais e serviços de execução de obras.
- ❏ Desenvolvimento de parcerias com os projetistas, fornecedores de materiais e equipamentos e empreiteiros.

4.1.4 Melhoria na Organização da Empresa e do Canteiro de Obras

Nesse aspecto, as empresas destacam os seguintes resultados positivos:

- ❏ A definição de um modelo de gestão empresarial, montado a partir do sistema de gestão da qualidade com clara definição de autoridades e responsabilidades tanto dentro da empresa como nos canteiros de obras, permitindo aumento da eficácia do processo de gestão empresarial e das obras.
- ❏ A racionalização e padronização dos processos empresariais.
- ❏ A integração da cadeia de fornecedores e clientes internos.
- ❏ A informatização da empresa, possibilitando a geração de indicadores de desempenho empresarial.

4.1.5 Melhoria dos Processos Técnicos e de Produção

São destacados pelas empresas, em relação aos processos técnicos e de obras, a obtenção de resultados de melhoria de qualidade, o aumento de produtividade, a redução de desperdícios e de custos nos seguintes processos:

- ❑ Suprimentos de materiais e contratação de serviços.
- ❑ Recebimento e armazenamento de materiais.
- ❑ Planejamento físico-financeiro de obras.
- ❑ Contratação e coordenação de projetos.
- ❑ Gerenciamento de obras.
- ❑ Planejamento e projeto do canteiro de obras e da logística das obras.
- ❑ Segurança do trabalho e saúde ocupacional.
- ❑ Processos executivos de obras.

4.1.6 Melhoria nos Aspectos de Gestão de Pessoas

Os resultados destacados pelas empresas, quanto a esse aspecto, dizem respeito a um aumento da percepção da importância das pessoas no desempenho do sistema de gestão da qualidade. Os seguintes resultados foram destacados pelas empresas:

- ❑ Maior comprometimento e motivação dos colaboradores.
- ❑ Implementação de programas de treinamento.
- ❑ Melhoria na comunicação interna e na difusão de informações.
- ❑ Maior comprometimento e preocupação da alta administração e das gerências com os aspectos humanos e com a gestão das pessoas que trabalham na empresa e nas obras.

4.2 Resultados Obtidos em Outros Segmentos da Cadeia Produtiva da Construção

A partir da implantação dos sistemas de gestão da qualidade nas construtoras, outros segmentos da cadeia produtiva passaram a se mobilizar e implementar seus programas de qualidade.

As empresas de projeto de arquitetura, estruturas e sistemas prediais – instalações hidráulicas, elétricas, de telefonia e de ar-condicionado – passam a ser exigidas pelas construtoras a partir de suas ações de qualificação e avaliação de fornecedores, pois o projeto é elemento essencial para a obtenção da qualidade do produto final – a obra pronta e em funcionamento.

Por iniciativa de suas entidades de classe, as empresas de projeto passam a implementar Programas de Gestão da Qualidade e Certificação ISO 9000, a partir de 1999, em vários estados do Brasil. Em fevereiro de 2002, o número de empresas de projeto certificadas e em processo de certificação ultrapassava 100 empresas, havendo forte tendência de o PBQP-H aprovar o Sistema de Qualificação Evolutiva de Empresas de Projeto – SIQ–Projetistas, à semelhança do que ocorreu com as construtoras.

As empresas fabricantes de materiais passam também a sofrer exigências por parte das construtoras que implementam seus sistemas da qualidade na área de suprimentos, onde são definidas especificações técnicas para compra de materiais, assim como procedimentos e critérios de inspeção e recebimento de materiais nas obras, sempre em conformidade com as normas técnicas da ABNT.

Em consonância com as diretrizes do PBQP-H os sindicatos e as entidades de classe representativas dos fabricantes de materiais passam a criar, a partir de 1999, os PSQs (Programas Setoriais da Qualidade) cujo principal objetivo é definir as regras e os procedimentos para o combate à não-conformidade dos produtos fabricados para cada segmento às normas estabelecidas pela ABNT.

Nesse modelo, a entidade de classe de um determinado segmento de fabricantes contrata uma empresa independente que recolhe amostras do produto nas fábricas e nas revendas, ensaia essas amostras e verifica sua conformidade às normas técnicas da ABNT. Os resultados obtidos são publicados pela entidade na forma de listas de empresas que estão em conformidade e em não-conformidade.

Em fevereiro de 2002, já estavam em funcionamento 22 programas setoriais da qualidade no âmbito do PBQP-H, envolvendo os principais segmentos produtores de materiais de construção.

Considerações Finais

Os órgãos públicos contratantes de obras de vários estados passaram a exigir a qualificação evolutiva das construtoras para que participassem das licitações públicas. Essa interação com os programas da qualidade das construtoras fez que alguns órgãos públicos dos estados do Pará e da Bahia implantassem, a partir de 2001, programas internos de gestão da qualidade, a fim de melhorar seus processos de licitação, contratação, gerenciamento, fiscalização e recebimento de projetos e obras.

Esse movimento da qualidade nos órgãos públicos tende a se ampliar com a provável aprovação por parte do PBQP-H do Sistema de Qualificação Evolutiva de Órgãos Públicos Contratantes de Projetos e Obras – SIQ–Órgãos Públicos.

Em outros segmentos da cadeia produtiva da construção – incorporadoras, imobiliárias, administradoras de condomínios, gerenciadoras, consultorias, empreiteiros, laboratórios, prestadores de serviços, fornecedores de equipamentos – também se observa a implementação de programas da qualidade, em consonância com as normas ISO 9000 e com o conceito de qualidade evolutiva, à semelhança do movimento originado nas construtoras.

Como tendência futura e resultado desse amplo movimento pela qualidade no setor da construção, algumas empresas construtoras líderes iniciam a implantação de sistemas de gestão ambiental e certificação ISO 14000 e de sistemas de gestão da segurança e saúde ocupacional e certificação OHSAS 18000.

Questões para Discussão

1. Quais as principais características do setor da construção e quais suas implicações na aplicação dos conceitos e metodologias da qualidade?

2. Quais os principais fatores indutores do movimento da qualidade no setor da construção do Brasil?

3. Em que consiste o PBQP-H e quais suas principais ações?
4. Quais os resultados dos programas de gestão da qualidade obtidos pelas empresas construtoras?
5. Quais as principais ações e resultados obtidos pelas empresas de projeto e pelos fabricantes de materiais de construção?

Referências Bibliográficas

SILVA, M. A. C. *Metodologia de seleção tecnológica na produção de edificações com o emprego do conceito de custos ao longo da vida útil*. Tese (Doutorado) – Escola Politécnica, Universidade de São Paulo, São Paulo, 1996.

SOUZA, R. *A contribuição do conceito de desempenho para a avaliação do edifício e suas partes*: aplicação às janelas de uso habitacional. Dissertação (Mestrado) – Escola Politécnica, Universidade de São Paulo, São Paulo, 1983.

SOUZA, R. et al. *Sistema de gestão da qualidade para empresas construtoras*. São Paulo: Pini, 1995, CTE, SindusCon-SP, Sebrae-SP, 247p.

SOUZA, R.; MEKBEKIAN, G. Os entraves comportamentais e de gestão na implementação de sistemas da qualidade em empresas construtoras. In: *Anais do ENTAC/95* – Qualidade e Tecnologia na Habitação. ANTAC/URFJ/UFF, Rio de Janeiro, 20-22 de nov. 1995.

_____. *Qualidade na aquisição de materiais e execução de obras*. São Paulo: Pini, 1996. 275p.

SOUZA, R.; SILVA, M. A. C. *Estudo da competitividade da indústria brasileira*: nota técnica do complexo de materiais de construção. Campinas: Finep/Unicamp/ UFRJ/FDC, FUNCEX, 1993.

SOUZA, R.; TAMAKI, M. *Especificação e recebimento de materiais de construção*. São Paulo: O Nome da Rosa, 2001. 125p.

Capítulo 15

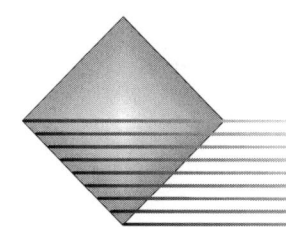

Gestão da Qualidade na Indústria Farmacêutica

Walter dos Reis Pedreira Filho e Rosana Barroco

INTRODUÇÃO

A indústria farmacêutica enfrenta vários desafios na segurança e no controle das validações, devidos ao cumprimento dos regulamentos exigidos pelo governo e à implementação de boas práticas de manufatura. Empresas farmacêuticas necessitam de uma solução que as ajude a cumprir as normas de assinaturas e registros feitos na manutenção, reparação, inspeção, graduação ou outros processos que afetem a qualidade ou segurança do produto. Os órgãos de rastreamento exigem que as empresas assegurem a integridade, segurança e confiabilidade dos seus produtos. Depois de ter dado o devido tempo na preparação para implantação dos sistemas de qualidade, os esforços são focalizados na segurança do cumprimento das normas.

A qualidade do medicamento[1] não é de exclusiva responsabilidade do setor industrial farmacêutico. Estão incluídos, como parceiros nessa missão, os fornecedores e todos os demais segmentos envolvidos até o consumidor final. O conteúdo deste capítulo descreve conceitos e definições de controle de qualidade e documentação necessários à avaliação preliminar para implantação e inspeção/auditoria da qualidade. A falta de qualidade acarreta custos tais como reclamações, perda de clientes, reposições de produtos que devem ser efetuados sem custo para o cliente, defesa em tribunais, quando os consumidores promovem ações judiciais contra a empresa que forneceu produtos sem qualidade etc.

A preparação de medicamentos obriga a uma verificação tão profunda e rigorosa quanto seja possível, dados os aspectos morais e legais que se relacionam intimamente a esses produtos. De fato, qualquer erro por desatenção ou ignorância cometido no decurso da fabricação pode traduzir-se em risco para o paciente, incluindo,

---

[1] Produto farmacêutico, tecnicamente obtido ou elaborado, com finalidade profilática, curativa, paliativa ou para fins de diagnóstico. É uma forma farmacêutica terminada que contém o fármaco, geralmente em associação com adjuvantes farmacotécnicos.

eventualmente, a morte. Sendo assim, o controle farmacêutico deve garantir a conformidade do medicamento com as especificações que lhe dizem respeito, bem como a inocuidade e eficácia, de modo que cada lote preparado tenha características idênticas às do lote-padrão, seja estável durante o período que previamente foi determinado como seu **prazo de validade** e principalmente eficaz do ponto de vista farmacológico. Apesar de essas exigências sempre estarem presentes na mente de técnicos e legisladores, só nas últimas décadas, mais concretamente a partir dos anos 40, foi possível avançar de forma clara e decisiva no controle de qualidade das formas farmacêuticas.

1 MELHORIA DA QUALIDADE

> A melhoria da qualidade se faz pela prevenção de defeitos. Qualidade é um conceito com muitos significados. Podemos defini-la como um grau de excelência, a conformidade de um produto à sua especificação; qualidade é fazer certo desde a primeira vez, sempre.

Por meio do processo de melhoria da qualidade, busca-se todas as maneiras possíveis para o aprimoramento das atividades e dos produtos, garantindo um futuro promissor e competitivo para a empresa e principalmente para o público consumidor em geral. A melhoria da qualidade é um processo contínuo, em que as alterações e mudanças resultam em produtos e processos aprimorados.

Os objetivos do processo de melhoria da qualidade são: refinar a qualidade; estimular o envolvimento no trabalho; facilitar a comunicação; evitar ações regulatórias negativas tal como o recolhimento de lote; reduzir erros, minimizando custos; gerar a capacidade para resolução de problemas; construir uma atitude de prevenção de problemas; despertar trabalhos em equipe; melhorar a qualidade de vida, dentre outros.

Para conseguir a melhoria da qualidade, necessita-se compreender melhor as atividades, o processo e principalmente conhecer os clientes. Pode-se conceituar cliente como a pessoa que utiliza ou necessita de um determinado trabalho ou produto para que ela possa realizar seu trabalho. Fornecedor é a pessoa que guarnece o que se utiliza ou se necessita para dar continuidade à atividade de produção.

Processo industrial é o ato de transformar os materiais em produto ou serviço final. Os insumos constituem a entrada e, pelo processo industrial, obtemos o produto e/ou serviço final. A melhoria da qualidade procura atuar nos agentes que participam do processo e podem nele interferir, tais como mão-de-obra, métodos, meio ambiente, máquinas, dentre outros.

O trabalho em equipe constitui importante componente de qualquer processo de melhoria contínua da qualidade, pois a maioria dos problemas encontrados nas atividades rotineiras é complexa e pode envolver várias pessoas e departamentos, tornando impossível a resolução individual.

Caso não se trabalhe na melhoria contínua da qualidade, pode-se passar a vida inteira apenas consertando problemas.

2 CONSCIENTIZAÇÃO PARA A QUALIDADE

É responsabilidade da indústria farmacêutica a conscientização dos seus funcionários para a importância da qualidade, a qual não é feita apenas no laboratório de controle, que atua mais como uma auditoria do que propriamente interferindo diretamente na qualidade do produto. Acredita-se que nas etapas de produção a maior parcela da qualidade do produto seja garantida. Além disso, verifica-se que todos os setores da empresa diretamente ligados à produção são responsáveis pela qualidade do produto final e, portanto, precisam ser conscientizados dessa importante contribuição.

Podem-se enumerar e exemplificar a contribuição dos diversos setores do ramo industrial farmacêutico para a qualidade:

❑ *Planejamento*: quando o departamento de planejamento prepara o programa da produção, está contribuindo para a qualidade; se uma máquina de comprimidos, que normalmente produz 220 unidades por minuto, recebe uma programação para produzir 350 por minuto, certamente poderá ter conseqüências na qualidade do produto final, pois o aumento da velocidade da máquina acima da sua especificação, para atender a essa nova programação, acarretará alteração da qualidade do produto final. Portanto, nesse caso, o setor de planejamento deve ser conscientizado sobre importância de seu trabalho para a qualidade do produto final.

❑ *Compras*: quando o departamento de compras seleciona um fornecedor, está colaborando com a qualidade. Quando o comprador deixa de adquirir um produto por R$ 22,00 o quilo e adquire o mesmo material por R$ 25,00, porque esse material cumpre a especificação de controle de qualidade, está contribuindo para qualidade.

❑ *Produção*: já foi dito que uma grande parte da qualidade do produto final se deve à produção. Não adianta a indústria farmacêutica adquirir matérias-primas de primeira linha, se o processo de manufatura não for bem-feito, seguindo rigorosamente os critérios preestabelecidos. Nada adianta um processo industrial perfeito que utilizou matérias-primas de boa qualidade, se esse excelente produto a granel recebe, em etapa posterior, acondicionamento falho. Temos, portanto, que as duas funções básicas da produção – manufatura e acondicionamento – são fatores importantes para a qualidade do produto.

❑ *Laboratório de controle de qualidade (GLP):*[2] os analistas não fazem qualidade, mas constatam-na no produto final. Além disso, o controle de qualidade colabora diretamente na excelência do produto final, atuando paralelamente às diversas etapas de produção com testes químicos e físicos, permitindo à área de produção corrigir pequenos desvios do padrão previamente estabelecido. O controle de qualidade tem papel preventivo na perda da qualidade, uma vez que antes de iniciar a produção há uma inspeção no local, nos equipamentos a serem utilizados, nas matérias-primas, a fim de verificar se todas estão aprovadas e de acordo com o método utilizado.

---

[2] *GLP (Good Laboratory Practices)* – As boas práticas de laboratório são mais recentes que as GMP (*Good Manufacturing Practices*) e originalmente estavam relacionadas com os laboratórios biológicos ou de animais de experimentação. Hoje em dia o conceito se estende também aos laboratórios de controle de qualidade em todos os seus aspectos e setores.

❑ *Manutenção*: quando a engenharia de manutenção ajusta uma máquina de compressão, certamente está colaborando diretamente para a qualidade do produto. Por exemplo: em uma máquina de xarope perfeitamente ajustada, para que o volume desejado não sofra variação, é necessária uma atividade típica de controle de qualidade. Assim sendo, a engenharia de manutenção, permitindo a perfeita manufatura dos produtos e possibilitando o seu acondicionamento adequado, é um fato ponderável na qualidade.

❑ *Engenharia industrial*: ao balancear uma linha de acondicionamento, o engenheiro industrial está criando condições para que o produto a granel seja embalado no menor prazo de tempo, porém mantendo a qualidade. Algumas vezes a engenharia industrial interfere nos setores produtivos, melhorando esse processo e contribuindo também diretamente para a melhoria da qualidade.

❑ *Projetos especiais*: algumas vezes iniciamos uma produção que exige condições ambientais especiais, tais como baixa umidade ou baixa temperatura. Nesses casos específicos, em algumas instalações industriais, o local de fabricação não é responsabilidade do setor de manutenção, mas de outro departamento dentro da engenharia, chamado projetos especiais, que também deve estar praticando qualidade total.

3 FORMAÇÃO E TREINAMENTO DO PESSOAL DA QUALIDADE

> O ingrediente mais importante de um programa de qualidade é o ser humano. Pode consistir em centenas de indivíduos em uma grande fábrica ou em alguns poucos trabalhadores em uma fábrica menor. Mas, em todas as operações, o ser humano é a parte mais importante de um programa de garantia e controle de qualidade. A maioria dos trabalhadores se orgulha de uma tarefa bem-realizada. Esse interesse pessoal é um fator importante que inspira os empregados a cumprir um programa efetivo com baixos níveis de erros.

Outro aspecto importante é proporcionar um ambiente adequado de modo que o empregado que reconheça uma possível causa de erro não se sinta inseguro em comunicá-la a seu supervisor e muito menos que esse tipo de comunicação necessite de forte apoio da administração superior para ser efetivo. Quando a administração toma parte e demonstra seu interesse nesse gênero de programa, seu entusiasmo se transmite ao restante da organização. Desde logo, os resultados de um programa livre de erros estão em relação direta com o interesse e o esforço com os quais contribuem os empregados e a administração. Os benefícios de um programa de qualidade total eficiente, somados à motivação entusiasta dos empregados, são numerosos. Entre eles se incluem evitar a retirada de certos produtos de circulação, coisa sempre custosa, melhor reputação da comunidade farmacêutica, aumento da produtividade, aumento do moral dos empregados, maior satisfação e confiança por parte do público, no que diz respeito à qualidade dos produtos e outros mais que se possa conhecer. O treinamento do pessoal técnico, uma vez que constituirá a base de toda a estrutura, torna-se vital. A qualidade de um **produto farmacêutico** não depende apenas do bom nível das instalações ou equipamentos disponíveis nas indústrias. Ela depende, sobretudo, da boa qualificação dos técnicos que as comandam.

A integração universidade-indústria, em longo prazo, é essencial no que tange à formação de técnicos aptos ao desempenho e à direção de qualidade dos laboratórios industriais, incentivando e modificando, paulatinamente, uma estrutura antiga composta de técnicos com fraca formação acadêmica.

A formação universitária e a experiência adquirida no campo de trabalho são requisitos ideais para o sucesso na carreira industrial, uma vez que há contato direto com a função escolhida por um tempo razoável, além de treinamentos programados.

Em curto prazo, o treinamento dos técnicos habilitados pode ser efetuado por uma equipe previamente designada nos setores de farmacotécnica, produção e controle farmacêutico, físico, biológico e microbiológico.

4 PRODUÇÃO: AS METAS

Até pouco tempo, quantidade era a meta fundamental da produção. O objetivo principal era produzir muito. Em seguida, foi a vez do tempo; e a preocupação era produzir quantidade em curto prazo, o que não era suficiente, uma vez que o ideal era fazê-lo com custos reduzidos. Há alguns anos o setor de produção passou a ser conscientizado sobre a importância da obtenção da qualidade final dos produtos. As metas da produção passaram a ser atingidas partindo-se da premissa maior: a obtenção e a manutenção da qualidade.

Quantidade ainda é uma meta da produção, que deve, entretanto, produzir o máximo possível dentro da qualidade previamente estabelecida. A produção deve ser a maior possível dentro do menor tempo, desde que seja mantida a qualidade do produto. A produção deve ter o menor custo, desde que não haja a menor ameaça de redução da qualidade do produto. É certo que qualquer produto poderá ser produzido mais barato. Porém esse custo reduzido chegará ao ponto de atingir diretamente a qualidade; cabe, portanto, aos departamentos ou setores de produção e de desenvolvimento de produtos a consciência de reduzir seus custos, até o limiar em que a qualidade estará assegurada. O departamento ou setor de produção, ciente de seu importante papel na moderna indústria farmacêutica, tem, portanto, como meta a quantidade com qualidade no menor tempo e pelo menor custo.

É função específica do controle de qualidade conscientizar os demais departamentos para que compreendam a sua imprescindível participação na composição da qualidade final do produto.

5 OBJETIVOS DO PROGRAMA DE CONTROLE DE QUALIDADE

O objetivo final de um programa para total controle de qualidade em uma indústria farmacêutica é ater-se à perfeição ao atingir as especificações para um produto de alta qualidade. É um programa destinado a assegurar ao usuário profissional ou ao consumidor final que todos os lotes de um produto estão de acordo com as especificações e que cada dose ministrada preencherá as informações contidas no rótulo, atendendo a todas as exigências legais, assim como a alguns padrões adicionais que possam ser adotados pela administração de uma firma.

O controle total de qualidade envolve todos os setores da empresa.

A auditoria no sistema de avaliação e controle pertence ao programa de qualidade. Para que se possa levar a bom termo os objetivos, deve-se seguir o programa:

1. Matérias-primas são controladas por meio de:
   - ❏ Estabelecimento adequado das especificações.
   - ❏ Desenvolvimento de procedimentos adequados para testes.
   - ❏ Marcas de identificação específica.
   - ❏ Condições apropriadas de armazenagem.
   - ❏ Amostragem adequada.
   - ❏ Testes apropriados.
   - ❏ Exigir conformidade com as especificações.
   - ❏ Prover a liberação pelo controle de qualidade.
   - ❏ Manter registros e amostras sempre que for conveniente.

2. Operações de fabricação são controladas por:
   - ❏ Uso de um sistema adequado de numeração de cada lote.
   - ❏ Preparação de fórmula adequada de numeração do lote.
   - ❏ Inspeção dos ingredientes, identificação, pesos e medidas.
   - ❏ Manutenção da identidade durante o processamento.
   - ❏ Inspeção da qualidade durante o processamento.
   - ❏ Inspeção do rendimento real contra o teórico.
   - ❏ Testes e amostragens adequados (armazenamento).
   - ❏ Exigência de conformidade com as especificações.
   - ❏ Manutenção de relatórios e amostras apropriados.
   - ❏ Controle de umidade e temperatura.

6 AS BOAS PRÁTICAS DE FABRICAÇÃO (BPF) COMO FERRAMENTA NA INDÚSTRIA FARMACÊUTICA

> As normas são imprescindíveis, tanto para estabelecer uma linguagem comum entre as partes de uma operação comercial ou jurídica como para a educação, manutenção dos processos sob controle, uniformização de procedimentos, regulamentação das atividades e muitas outras situações. As normas, dentro da indústria, constituem-se de guias para a organização e ordenamento dos processos produtivos, que asseguram com alto grau de probabilidade a produção de bens e serviços que satisfaçam aos clientes. Os processos assim normalizados devem levar à produtividade esperada, perfeita contabilidade do produto, custos aceitáveis e excelente rentabilidade.

Existem duas classes de normas: as obrigatórias e as voluntárias. As primeiras envolvem produtos, processos e serviços e podem afetar a segurança e a vida das pessoas, sendo portanto subordinadas ao poder controlador do país. As normas voluntárias referem-se aos produtos, processos e serviços que não sofrem regulamentações governamentais, porém não isentam o fabricante da responsabilidade perante os direitos dos consumidores e clientes.

Quando um medicamento é dado a um paciente, presume-se que ele contenha precisamente os insumos preestabelecidos, em forma apropriada, que produzirá a resposta fisiológica esperada. Isso pressupõe que o medicamento deverá:

❑ Estar na forma farmacêutica em que é estável e biologicamente ativo.

❑ Ser produzido em um meio que não permitiu a entrada de qualquer material químico e/ou biológico estranho.

❑ Estar em embalagem que o proteja de qualquer modificação que possa ser causada pelo meio ambiente.

Na fabricação de medicamentos, o controle é essencial em todas as etapas para assegurar que o consumidor receba medicamentos de alta qualidade. Operações que não sejam criteriosas não podem ser permitidas na fabricação de substâncias que eventualmente serão necessárias para salvar vidas, restituir ou preservar a saúde.

Sem dúvida, surgirão dificuldades durante o estabelecimento de critérios necessários para a fabricação de medicamentos, os quais deverão satisfazer às especificações estabelecidas, podendo, portanto, ser utilizados com segurança.

A observância dessas práticas, complementando os vários testes de controle seguidos do começo ao fim do ciclo de fabricação, contribuirá substancialmente para a produção de lotes de medicamentos consistentemente uniformes.

O fabricante deve assumir a responsabilidade pela qualidade dos medicamentos que produz. Somente ele pode evitar erros e prevenir acidentes, tomando as precauções adequadas tanto nos processos de fabricação como nos de controle.

As boas práticas de fabricação devem ser consideradas como um conjunto de ferramentas de orientação geral, podendo ser adaptadas quando necessário para atender às necessidades individuais, desde que os padrões estabelecidos para a qualidade dos medicamentos continuem sendo alcançados. Devem-se aplicá-las aos processos de fabricação desde a matéria-prima até os medicamentos em sua forma final de administração.

Denominadas oficialmente de GMP[3] ou BPF (*Good Manufacturing Practices* ou Boas Práticas de Fabricação), as boas práticas operacionais são um conjunto de normas obrigatórias que estabelece e padroniza procedimentos e conceitos de boa qualidade para produtos, processos e serviços, visando atender aos padrões mínimos estabelecidos por órgãos reguladores governamentais nacionais ou internacionais, cuja incumbência é zelar pelo bem-estar da comunidade. Na área da saúde, em especial na prestação de serviços e produção de medicamentos, os fatores qualidade e desempenho humano estão intimamente ligados à noção de atendimento às necessidades dos consumidores, garantindo-lhes eficácia e segurança no uso de produtos e/ou serviços que ajudem a recuperar/manter a saúde ou diagnosticar doenças.

---

[3] GMP (*Good Manufacturing Practices*) – Em 1978, a FDA (Food and Drug Administration) introduziu o conceito de validação (validação de processos) e a partir de então (mais usado a partir de 1987) começa a fazer distinção entre as antigas "Normas para a Boa Fabricação" de 1975 e as novas, acrescentando um "c" de *current* no início da sigla, que quer dizer "comuns, atuais, normais" – CGMP.

Dessa forma, as normas BPF se enquadram aos modernos conceitos de melhoria contínua da qualidade, nos quais vigoram os padrões de não-aceitação de defeitos, prevenção de riscos, estudos, eliminação de causas, erros e atitudes voltados para a eficiência dos processos. Embora tenham sido descritas inicialmente como elementos reguladores da fabricação de medicamentos, as normas estão hoje bastante disseminadas e se fazem valer nas diversas áreas de atuação de profissionais da saúde. Entre elas, constam: os estudos de casos clínicos e seus desenvolvimentos; o controle e a distribuição de medicamentos industrializados; as manipulações em farmácias magistrais; áreas cosméticas etc.

A Agência Nacional de Vigilância Sanitária (Anvisa),[4] órgão subordinado ao Ministério da Saúde, é responsável por toda a legislação pertinente à temática BPF, bem como sua distribuição por seções regionalizadas em todo o país. Qualquer empresa que atue na área de saúde de pequeno a grande porte deve primar pela aplicação das normas GMP/BPF, baseando-se nas portarias já existentes que instituem guias para as boas práticas de fabricação e roteiros de inspeção, utilizando o corpo de profissionais gabaritados de seu próprio estabelecimento para desenvolvimento e implementação das adequações que se fizerem necessárias.

Quando combinadas, as diversas ferramentas reguladoras da qualidade, entre elas as normas BPF, associadas a uma atuação ética alicerçada na responsabilidade e comprometimento, fazem que surjam produtos e serviços com elevado padrão de qualidade para os profissionais, empresas e comunidade.

7 AS BOAS PRÁTICAS DE FABRICAÇÃO NO BRASIL, A PARTIR DE 13 DE JULHO DE 2001

As BPF de medicamentos determinam os requisitos mínimos necessários que a indústria farmacêutica deve cumprir para obter o certificado, documento indispensável para fabricar medicamentos no Brasil. Os pontos a destacar nas BPF são: a necessidade de a indústria fabricante de medicamentos qualificar seus fornecedores de insumos, a infra-estrutura e os equipamentos, de avaliar os processos produtivos e de realizar auto-inspeções anuais.

Essas normas são um roteiro para orientar inspetores da agência e profissionais da indústria farmacêutica. A primeira parte das BPF enfoca a atividade de gerenciamento da qualidade e é fundamental que esteja estabelecida dentro da indústria. Esse é um dos itens das BPF, que também integra sanitização e higiene, validação, reclamações, recolhimento de produto, contrato de fabricação e análise, auto-inspeção, pessoal, auditoria, instalações, equipamentos, materiais e documentação. A segunda parte aborda as BPF no controle de qualidade e produção. Na terceira parte são descritas as diretrizes suplementares, detalhando produtos farmacêuticos estéreis, produtos biológicos e validação de processos de fabricação.

A necessidade de implementação de um sistema de qualidade efetivo para o bom andamento dos processos farmacêuticos é essencial para o cumprimento das novas

---

[4] Sua missão é proteger e promover a saúde da população, garantindo a segurança sanitária de produtos e serviços e participando da construção de seu acesso.

BPF. Os elementos básicos do gerenciamento da qualidade são o sistema da qualidade e a sua garantia, o que requer a estruturação de um departamento (instalações físicas e recursos humanos qualificados) e um sistema documental (Manual da Qualidade, POPs – Procedimentos Operacionais Padrões, Instruções de Trabalho, protocolos e especificações escritas e aprovadas).

A elaboração de uma política de qualidade adequada que norteie as ações da qualidade na organização é de fundamental importância para o sucesso do sistema de qualidade; essa política tem de ser divulgada a todos os níveis da organização e suportada pela alta administração.

A RDC (Resolução da Diretoria Colegiada) nº 134[5] define a garantia da qualidade como a totalidade das providências tomadas, com o objetivo de garantir que os medicamentos estejam dentro dos padrões de qualidade exigidos, cujos objetivos são:

❑ Direcionar o desenvolvimento de novos produtos cumprindo os requisitos das BPF.
❑ Identificar pontos críticos nos processos, definindo como e quando monitorá-los.
❑ Definir claramente as responsabilidades das ações de qualidade.
❑ Instituir os controles necessários de matérias-primas, materiais, produtos intermediários, a granel e terminados.
❑ Instituir adoções de medidas que garantam a manutenção da qualidade dos produtos durante o armazenamento, a distribuição e o manuseio.
❑ Promover capacitação profissional com base nas necessidades de treinamento.
❑ Implementar e manter atualizado um sistema documental, visando à padronização e ao controle das atividades críticas.
❑ Tratar e investigar adequadamente os contratos de consumidores e desvios da qualidade.
❑ Implementar um programa de inspeção periódica com base nos roteiros vigentes, estabelecendo um programa de adequação e acompanhamento dos itens não-atendidos.
❑ Estabelecer sistemática de recolhimento e tratamento de produtos devolvidos.
❑ Estabelecer um programa de qualificação de fornecedores, com base nas necessidades da empresa, prevendo inspeções nas plantas dos fornecedores.
❑ Facilitar e participar da implementação de um programa de validações e qualificações.

A nova resolução torna obrigatória a prática da validação[6] de processos na indústria farmacêutica. Como benefícios das atividades das validações, citamos:

❑ Conhecimento e manutenção do controle sobre os processos.
❑ Redução de riscos.
❑ Consolidação de base sólida para o treinamento técnico-operacional e para a melhoria contínua.

---

[5] RDC (Resolução da Diretoria Colegiada) nº 134, de 13 de julho de 2001. D. O. U. de 16 jul. 2001.

[6] Registro documentado de testes e procedimentos de fabricação do produto, obviamente baseado na GMP, portanto proporcionando alto grau de segurança.

- ❑ Diminuição de testes em processos e no produto acabado.
- ❑ Integração entre as diversas áreas de controle e produção.
- ❑ Redução de custos.

8 O CONTROLE DE MUDANÇAS NA INDÚSTRIA FARMACÊUTICA

As pessoas estão constantemente querendo fazer mudanças no seu estilo de vida, assim como no seu trabalho, com o objetivo de obter melhorias, o que é absolutamente natural. Mas devemos pensar sempre nas conseqüências. Muitas vezes, mudanças acontecem tão rapidamente que não conseguimos ter uma visão do quadro completo e de todos os resultados. Para visualizá-los, é necessário, em primeiro lugar, reconhecer que está ocorrendo uma mudança e utilizar uma sistemática para identificar todos os eventuais problemas associados a ela. No local de trabalho, isso envolve um sistema de gerenciamento adequado, para assegurar que todas as mudanças sejam reconhecidas e identificadas e se possa agir em conformidade com as normas das BPF. É importante obedecer aos cuidados que a indústria farmacêutica mantém para a segurança do produto e operação, para a proteção do meio ambiente, para a qualidade do produto e serviço, para a comunidade e para a manutenção do aproveitamento da empresa. Sem um sistema de controle de mudanças, uma crise brevemente surgirá na empresa. É fundamental compreender que controle de mudança é função do gerenciamento e os gerentes devem tomar a responsabilidade de assegurar que controles adequados sejam exercitados. Esse aspecto é provavelmente a parte mais importante da responsabilidade de gerenciar, pois, uma vez que a mudança tenha sido identificada como um problema, a batalha foi vencida. Sem pessoal de campo agindo como sensores eficientes para mudanças, elas nunca são identificadas e, conseqüentemente, são controladas isoladamente.

A mudança é aceita como parte diária das operações de práticas correntes e das Boas Práticas de Fabricação (BPF). Seu controle é também um elemento-chave das BPF, pois as autoridades reguladoras requisitam habilidade por parte das empresas para demonstrar a forma como o sistema está sendo gerenciado. Desde o final da Segunda Guerra Mundial, a indústria farmacêutica tem passado por experiências de enorme crescimento e expansão. Começando com os antibióticos, o processo de descoberta da droga introduziu dezenas de novos medicamentos. Avanços tecnológicos na área de equipamentos consolidaram a produção na indústria farmacêutica não só pelo aumento da velocidade de produção, como principalmente pela melhoria da qualidade dos produtos. Todas essas mudanças na fabricação farmacêutica aconteceram em cinqüenta anos, aproximadamente, e o processo continua.

A FDA[7] (Food and Drug Administration) e outras agências reguladoras no mundo aceitam o fato de que a mudança faz parte do negócio farmacêutico, mas exigem que a indústria tenha um sistema efetivo de controle das mudanças para assegurar que a qualidade e eficácia dos produtos não sejam comprometidas.

---

[7] Máxima autoridade sanitária dos Estados Unidos da América que controla tudo o que se refere a alimentos, drogas, medicamentos, cosméticos, reagentes de diagnóstico, produtos veterinários, equipamentos e dispositivos médicos.

Um Procedimento Operacional Padrão (POP)[8] de controle-mestre de mudanças detalha o básico do sistema-mestre de controle de mudança, define a responsabilidade geral e autoridade de registrar, investigar e decidir uma mudança crítica. O POP-mestre também define as classes gerais ou tipos de mudanças que poderiam ser encontradas em um processo de fabricação e quais mudanças são consideradas críticas, maiores ou menores.

Para os subsistemas de controles de mudanças, cada caso deveria ter um POP definindo uma determinada mudança e como gerenciá-la, com suas ações corretivas, preventivas etc. Alguns tipos de mudanças, tais como a formulação de produtos, condições ambientais de controle do fabricante, estabilidade, reparos e manutenção, mudanças de processo, procedimentos analíticos e outras, podem acontecer durante a pesquisa, o desenvolvimento ou a produção e devem ser controladas e documentadas de acordo com os procedimentos da empresa.

9 CONTROLE DE QUALIDADE NAS OPERAÇÕES DE FABRICAÇÃO

Em termos de controle de qualidade, pode-se salientar que, dentre todas as áreas responsáveis pela qualidade final do produto, a produção tem maior participação, pois as características desejadas de um produto são obtidas ou construídas durante a fase de sua fabricação. Assim, pode-se definir a fabricação (produção/elaboração) como todas as operações que intervêm na obtenção de um medicamento, conceito que necessariamente implica a compreensão quanto ao número e à definição de lote de um medicamento. Lote é a quantidade total de unidades de um determinado medicamento obtido em um ciclo de fabricação, cuja identidade se faz por um número ou combinação número-letra, ou letra-número, conforme o critério de cada empresa. Isso implica que a homogeneidade inerente a cada uma das unidades pertencentes a diferentes lotes seja sempre equivalentes.

Portanto, os procedimentos de produção ou fabricação devem ser devidamente estudados e padronizados, resultando no que chamamos de ficha de fabricação (ordem de fabricação, relatório de produção, manual de fabricação, relatório de elaboração etc.). Entretanto, dentro do aspecto de controle dos processos de fabricação, não podemos esquecer de outros itens importantes que estão diretamente relacionados com a qualidade final do produto: o estabelecimento (prédio, fábrica, indústria etc.) onde são efetuadas todas as operações de fabricação e armazenamento, bem como os equipamentos necessários à sua execução e ainda o elemento humano, que participa direta ou indiretamente da manipulação de substâncias componentes do produto e equipamentos. Os atributos de qualidade de uma preparação farmacêutica são, e sempre foram, o melhor cartão de visitas que uma empresa pode oferecer. Atestam a preocupação da indústria com o consumidor e reafirmam a capacidade profissional de seus funcionários. Além disso, exercendo as Boas Práticas de Fabricação, minimizam-se as possibilidades de erro que, geralmente, demandam pequenos prejuízos de ordem econômica, os quais, se somados, adquirem dimensões relevantes. Mas acima de tudo não podemos esquecer

---

[8] Registro de todas as ações efetuadas ou terminadas de tal forma que todas as atividades significantes referentes à fabricação do produto e manutenção dos equipamentos possam ser rastreadas.

que um erro pode passar despercebido e que as conseqüências advindas daí podem superar em muito a simples perda de capital.

Pela observação de um programa de BPF e um sistema da qualidade, é possível verificar algumas falhas que, quando correntemente sanadas, podem resultar em aumento da capacidade produtiva e no rendimento de trabalho, no sentido de minimizar perdas durante as etapas de processamento.

Atualmente, a legislação norte-americana preconiza que um produto obtido sem o atendimento às resoluções das BPF é simplesmente considerado adulterado, estando seu fabricante sujeito à força de leis federais e estaduais de grande severidade.

No Brasil, ainda cabe aos profissionais de qualidade zelar pelo atendimento dessas diretrizes. Sendo assim, ganham todos, profissionais e empresas, gerando melhor satisfação para o consumidor. O objetivo principal do sistema da qualidade é atender aos requisitos do cliente com menor custo possível. Esse objetivo é alcançado pela implantação de um sistema de qualidade que, por definição, inclui todas as atividades necessárias para prever confiança na qualidade de produtos e/ou serviços. Deve-se notar que o conceito de "produto" também engloba materiais e equipamentos, informações, materiais processados e serviços.

O sistema de controle da qualidade consiste nas atividades e técnicas operacionais usadas para atender, na totalidade, aos requisitos especificados. Como tal, o sistema é orientado para a proteção do cliente, com custo mínimo. Um sistema de controle de qualidade efetivo detecta e identifica produtos não-conformes. Consiste em um conjunto de processos de controle para assegurar a confiança adequada de que o item final atenda totalmente aos requisitos do cliente. Esse é portanto um sistema proativo que utiliza informação do processamento para prevenir a ocorrência de uma não-conformidade.

A qualidade total, criada anos atrás, tornou-se o principal fator na revolução nos negócios, provando ser um dos mais poderosos geradores de crescimento de receita, vendas, bons trabalhos e expansão constante.

O responsável pela garantia da qualidade do medicamento genérico é o fabricante, segundo as Boas Práticas de Fabricação e Controle (BPFC). Compete à vigilância sanitária não só autorizar o registro, como principalmente monitorar e fiscalizar sistematicamente e com rigor as práticas de fabricação. Os testes exigidos de bioequivalência (avaliação indireta da eficácia e segurança de qualquer medicamento que contenha a mesma substância ativa do medicamento original) e biodisponibilidade (teste que indica a velocidade e a extensão da absorção de um princípio ativo em uma forma de dosagem a partir da sua curva de concentração multiplicada pelo tempo na circulação sistêmica ou sua excreção na urina) são realizados em laboratórios credenciados pela Agência Nacional de Vigilância Sanitária (Anvisa).

Considerações Finais

Segundo a Organização Mundial da Saúde (OMS), o direito do consumidor quanto à saúde é um dos direitos humanos básicos e essenciais. A Agência Nacional de Vigilância Sanitária (Anvisa) do Brasil, pela legislação e fiscalização, tem o dever de garantir ao consumidor o direito a produtos e serviços com boa qualidade sanitária.

É dever da indústria manter o cuidado rigoroso com a qualidade e a segurança dos produtos industriais processados em suas instalações.

Na indústria farmacêutica, o programa da garantia da qualidade é reconhecido pelo conjunto de normas das Boas Práticas de Fabricação (BPF), importante ferramenta em todas as etapas do processo de fabricação. Esse conjunto de normas define e padroniza métodos que regulamentam todas as atividades de fabricação das linhas de produção no segmento farmacêutico.

O conjunto de normas das Boas Práticas de Fabricação (BPF) envolve: a participação de pessoas; a avaliação e implantação do processo produtivo; as condições de uso e manutenção dos equipamentos; o armazenamento e a aquisição das matérias-primas utilizadas; a segurança de todo o processo de produção; a proteção ambiental; a aquisição das embalagens (incluindo os rótulos); os produtos acabados (produção e armazenamento); a distribuição e o transporte dos produtos finais.

O atendimento de todas as normas das Boas Práticas de Fabricação (BPF) no processo produtivo garantirá, ao consumidor final, a elevada qualidade dos produtos, além de sua eficácia como fármaco-medicamento.

Questões para Discussão

Em relação à qualidade na indústria farmacêutica:

1. Quais são os desafios da qualidade no século XXI?
2. De que forma a automação tem beneficiado o aumento da produção?
3. De que forma o profissional farmacêutico avalia o conjunto de normas das Boas Práticas de Fabricação?
4. Como o empresário do ramo industrial farmacêutico deve encarar o conjunto de normas das Boas Práticas de Fabricação?
5. Quais garantias a indústria farmacêutica terá de que, aplicando o conjunto de normas das Boas Práticas de Fabricação, haverá melhor e maior aceitação de seu produto por parte do público consumidor?

Referências Bibliográficas

CROSBY, P. B. *Let's talk quality*. Nova York: McGraw-Hill, 1986.

DEMING, E. W. *Qualidade*: a revolução da administração. Rio de Janeiro: Marques Saraiva, 1990.

FEIGENBAUM, W. V. *Total quality control*. Nova York: McGraw-Hill, 1986.

Revista *Racine*, n. 47, ano VIII, nov./dez. 1998.

Revista *Controle da Qualidade*, n. 51, ago. 1996.

Revista *Banas Qualidade*, n. 78, nov. 1998.

Revista *Controle de Qualidade*, n. 41, out. 1995.

Revista *Controle de Contaminação*, editora RPA, ano V, n. 33.

Revista *Banas Qualidade*, n. 91, dez. 1999.

www.anvisa.gov.br/legislação

Capítulo 16

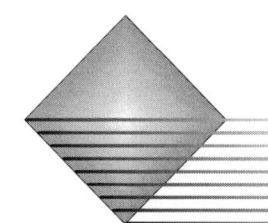

Evolução Qualitativa na Educação Superior

Raquel da Silva Pereira

1 EDUCAÇÃO SUPERIOR

Considerando que vivemos na sociedade do conhecimento, na qual o principal recurso econômico é o capital humano e toda a heterogeneidade do tema proposto, tanto no que se refere à qualidade e, sobretudo, à educação superior, que necessitam estar articuladas entre si, além de integradas em todos os seus níveis e segmentos, procuramos manter o espírito acadêmico-pedagógico sempre presente. Entendemos que a tarefa da melhoria contínua da qualidade na educação superior, embora seja uma discussão bastante antiga, ainda é muito atual, e cabe ao governo, aos dirigentes das Instituições de Ensino Superior (IES) aos **docentes, discentes** e até mesmo à sociedade civil acompanhar esse processo e contribuir para sua melhoria.

> A educação superior tem por finalidade desenvolver o espírito científico e o pensamento reflexivo, formar profissionais nas diferentes áreas de conhecimento, incentivar a pesquisa, promover a divulgação de conhecimentos, estimular o conhecimento dos problemas do mundo atual, prestar serviços e promover a extensão aberta à participação da comunidade.

Neste capítulo, procuramos oferecer aos leitores uma modesta reflexão sobre a evolução da qualidade na educação superior brasileira.

Entendemos por *ensino*, concordando com Viana (1998), a relação que envolve o professor (transmissor), o aluno (receptor) e os conhecimentos (mensagens). Entendemos que o termo *educação* nos remeta a um processo socializador que visa possibilitar ao indivíduo sua adaptação ao meio social, mediante valores universais e específicos, ensejando também, por sua dinâmica, a constante mudança e transformação da sociedade. Assim, utilizaremos o termo educação, por nos proporcionar uma perspectiva de cunho bem mais abrangente, nesse contexto.

Efetivamente desde 1996, com a aprovação da Lei nº 9.394, que estabelece as Diretrizes e Bases da Educação Nacional, a qualidade da educação superior vem sendo amplamente debatida. Essa lei obrigou docentes de universidade públicas a ministrarem um mínimo de oito aulas semanais, exigiu que no mínimo um terço dos professores tenha título de mestre ou doutor, a fim de elevar a qualificação do corpo docente e a capacidade das universidades na produção do conhecimento. Instituiu que um terço do corpo docente deve atuar em regime de tempo integral, possibilitou o ensino a distância, procurando abranger maior número de educandos, além de elevar o ano letivo regular para no mínimo 200 dias de trabalho acadêmico efetivo.

Segundo os últimos censos do ensino superior, considerados um retrato **fidedigno** do setor educacional no Brasil, o ensino superior saltou quantitativamente em número de alunos, melhorando o nível de escolaridade da população brasileira, estando cerca de um terço matriculados em instituições públicas e dois terços em instituições privadas, que absorveram a demanda de massa dessa expansão e tiveram maior liberdade para crescer, a qual, nos últimos anos, esteve atrelada ao bom desempenho nos provões, assunto que trataremos adiante.

Ao contrário do que se imaginava, a maioria desses alunos não vive nas capitais, pois houve descentralização de cursos e universidades, paralelamente à criação de novos campus. Atualmente, o interior concentra 53% do total das vagas do ensino superior.

Nas universidades federais, houve 9% de crescimento no número de matrículas e uma elevação no de cursos noturnos, que passaram de 18% para 23%, conseguindo-se manter o mesmo quadro de docentes. Com a imposição governamental de um mínimo de oito aulas semanais por docente, foi possível o atendimento de maior número de discentes, sem a necessidade de novas contratações, embora esse aumento de produtividade nas escolas federais tenha-se concentrado mais no Sudeste. O Nordeste, região mais carente de cursos gratuitos e noturnos, não foi igualmente privilegiado.

> A permissão de um crescimento quantitativo deve ocorrer, sobretudo, dentro de padrões mínimos de qualidade.

Aperfeiçoar mecanismos de controle qualitativo deve ser preocupação constante, uma vez que apenas disponibilizar vagas não representa concomitante melhoria no ensino superior brasileiro, embora a melhoria qualitativa venha ocorrendo, o que é desejável e extremamente necessário ao desenvolvimento do país.

Por outro lado, apesar desse enorme crescimento, segundo José Goldemberg (2001), apenas 13% dos jovens entre 18 e 24 anos estão nas universidades, um índice muito menor que os de outros países, nos quais mais de 50% dos jovens cursam nível superior. Essa exclusão social reduz as possibilidades de desenvolvimento do nosso país.

As vagas nas universidades públicas que, conforme Constituição Federal, devem ser gratuitas, são poucas, perante o contingente de jovens que estariam aptos a freqüentar um curso de nível superior, mas que, por questões financeiras, não conseguem fazê-lo.

O papel do Estado é fundamental no ensino. Em países mais desenvolvidos que o nosso, há muito mais ofertas de vagas. No Brasil, ainda são os filhos de famílias mais privilegiadas economicamente que conseguem ingressar nas instituições de ensino superior públicas, já que foram bem preparados em escolas secundárias de bom nível e com valores elevados de mensalidade, que os possibilitaram concorrer com larga vantagem a uma vaga em universidade pública e, portanto, gratuita. Os filhos de famílias menos abastadas, que estudaram em escolas secundárias públicas, não conseguem assegurar uma vaga para curso superior em instituições públicas, tendo de se submeter às instituições privadas.

Segundo dados do Inep (Instituto Nacional de Estudos e Pesquisas Educacionais) – órgão existente no país desde 1937, mas que nos últimos anos ganhou maior relevância por priorizar as políticas de desenvolvimento de sistemas de avaliação educacional, o que lhe valeu maior respeito público – em 2001, somente 9,7% dos alunos de famílias mais pobres conseguiram ocupar vagas em instituições públicas, quando deveria ocorrer o inverso. O Inep conseguiu, na última década, fornecer subsídios, não somente para o Ministério da Educação, como também, sobretudo, para as instituições de ensino de um modo geral, pela criação de novas políticas de avaliação educacional.

As limitações orçamentárias para a área educacional não possibilitam a criação de novas universidades públicas. Seria necessário pensarmos em alguma solução criativa que corrigisse essa distorção histórica do ensino superior no Brasil.

Uma forma de buscar soluções foi a criação de cursos superiores de tecnologia e de cursos seqüenciais de curta duração, denominados Cursos Superiores de Formação Específica, opção interessante para jovens que não podem investir tempo e, sobretudo, recursos financeiros por quatro ou cinco anos e também para adultos que, embora atuando profissionalmente, necessitam de qualificação e atualização rápidas.

Embora essa modalidade de cursos já tenha se consolidado nos Estados Unidos, por tratar-se de assunto novo no Brasil, há dúvidas por parte de algumas pessoas em optar por eles, até porque não há histórico sobre a aceitação de profissionais formados por eles no mercado de trabalho brasileiro, pois sua criação se deu no final da década da 90.

> Não há dúvidas de que a rápida expansão do ensino superior privado contribui para o crescimento da economia e para a melhoria do quadro social em nosso país.

Embora o governo tenha criado mecanismos de avaliação dos cursos e eles sejam também amplamente discutidos, parece-nos que cabe à sociedade civil organizar-se para que possamos, de alguma forma, suprir lacunas deixadas pelo governo, quanto ao controle e aperfeiçoamento do ensino superior brasileiro.

O Brasil tem reagido positivamente tanto no que se refere à quantidade de alunos ingressantes na educação superior, como na qualidade do ensino que oferece, embora a **dialética** quantidade/qualidade seja bastante efervescente no meio acadêmico.

No tocante à qualidade, como grande desafio, é necessária a busca constante de um nível de excelência cada vez maior; é preciso dedicação, esforço e comprometimento de todos, além da qualificação e **titulação** dos docentes, mas, sobretudo, de sua conduta, de seus valores, de sua forma de agir, pois "o que fazemos grita tão alto, que ninguém ouve o que dizemos".

O mercado de trabalho contemporâneo não seleciona mais somente pela profissão ou pelo diploma, mas pelo conhecimento. As empresas não querem saber apenas onde o profissional estudou; querem saber que valores ele pode efetivamente agregar aos negócios da empresa. O diploma não garante a competência.

2 A IMPORTÂNCIA DA AVALIAÇÃO PARA A MELHORIA DA QUALIDADE

Consideramos ainda que a atitude avaliativa é intrínseca ao ser humano. As comparações são inevitáveis, embora seja necessário termos em mente que avaliar por avaliar não nos leva a nada.

> É necessário avaliarmos para que os resultados obtidos sejam utilizados como importantes *feedbacks*, que sirvam de retroalimentação para todo o processo. A avaliação não pode ser um fim em si mesma, pois esvaziaria sua relevância.

A Avaliação das Condições de Ensino (anteriormente denominadas Avaliação das Condições de Oferta), feita periodicamente pelas comissões de especialistas *in loco*, é uma forma importante de garantir a qualidade nos cursos, uma vez que visa realizar uma espécie de auditoria, procurando verificar se todas as informações fornecidas pelas Instituições de ensino superior ao SESu/MEC efetivamente ocorrem em âmbito real, renovando o reconhecimento dos cursos superiores pela avaliação externa, que lhes confere inclusive maior credibilidade.

São avaliados vários quesitos que vão desde a execução do projeto pedagógico proposto para o curso, a titulação e dedicação do corpo docente, a coordenação do curso, até as instalações físicas. Docentes e discentes são ouvidos, separadamente, em reuniões com a comissão de avaliadores. São considerados o efetivo funcionamento dos órgãos colegiados deliberativos, que possuem representação docente e discente, a produção científica, a adequação dos **currículos** dos cursos, a existência de programas de extensão e integração social e o acervo bibliográfico, dentre outros.

Dessa forma, a instituição preenche previamente um formulário eletrônico com os dados referentes aos itens a serem avaliados. As informações são analisadas pela comissão, que procura comprovar se o que foi informado condiz efetivamente com a prática realizada.

Cada item avaliado recebe um conceito, e, ao final, a instituição recebe uma avaliação global para cada uma das três grandes dimensões avaliadas: projeto pedagógico; corpo docente e instalações. Esses conceitos são resultados da avaliação realizada pela comissão que visitou a IES e verificou as condições de ensino do curso.

Apesar de reconhecermos que esses mecanismos não poderiam avaliar da mesma forma instituições públicas, as quais possuem alta concentração de docentes com titulação de mestres ou doutores e **dedicação docente** integral, com instituições privadas, que trilham seu caminho, como qualquer organização com menor tempo de vida e sem incentivos governamentais, julgamos importante que esses mecanismos existam e consideramos ainda mais importante que sejam constantemente discutidos e aprimorados.

Se a titulação é um mecanismo utilizado para mensurar a qualidade da educação superior oferecida, torna-se necessário registrar que nem todos os mestres e principalmente doutores de uma IES estão ministrando aulas, pois muitos deles dedicam seu tempo quase que integralmente à pesquisa e/ou a ministrar aulas em cursos de pós-graduação.

O governo também criou a Lei nº 9.121/95 e o Decreto nº 2.026/96, que determinaram a realização do Exame Nacional de Cursos (Provão), visando mensurar, controlar e melhorar a qualidade dos cursos. Iniciado em 1996, adquiriu reconhecimento público e é hoje muito respeitado. Iniciou naquele ano com a avaliação de três cursos: Administração, Direito e Engenharia Civil, por serem àquela época os que possuíam maior número de alunos, dentre todos os cursos oferecidos pelo sistema nacional de ensino superior, que avalia, atualmente, um total de 24 cursos.

Embora saibamos que escolas que recebem alunos "A" têm infinitamente maiores probabilidade e obrigação de formar profissionais "A", enquanto escolas com ingressantes menos preparados recebem a grande e nobre missão de transformá-los em profissionais devidamente qualificados para atuarem com competência profissional, o fato é que o Provão causou certa revolução no ensino superior de nosso país.

Também não ignoramos o fato de que esse tipo de avaliação utilizado pelo governo para avaliar cursos de instituições públicas, com a mesma métrica que avalia as privadas, além de não reconhecer as diferenças existentes entre regiões tão distintas de nosso país, ainda compara universidades com outros tipos de instituições não-universitárias, como as faculdades isoladas, por exemplo. Tal situação merece uma percepção mais acurada para a melhoria do próprio processo avaliativo já em utilização.

A maioria dos cursos que obteve bom desempenho nos Provões é de instituições públicas que, apesar das dificuldades estruturais enfrentadas, têm grande parte do corpo docente titulado e com maior dedicação, além de alunos ingressantes melhor capacitados. Certamente não podemos esquecer de mencionar que algumas instituições menos privilegiadas conseguem tirar notas tão satisfatórias quanto qualquer universidade de prestígio, o que merece reconhecimento ainda maior pelo esforço empenhado.

Os resultados dos Provões são de domínio público e encontram-se no *site* <www.inep.gov.br>. Ao analisarmos os resultados por cursos, notamos melhoria nas médias nacionais obtidas nas avaliações ocorridas entre 1996 e 2002, o que nos remete à consideração de que a qualidade da educação superior vem sendo elevada ao longo desses anos.

Com os resultados dos Provões divulgados na mídia, as instituições ficaram mais expostas, permitindo que os candidatos aos cursos possam balizar suas escolhas pelos conceitos das faculdade e universidades. Essa democratização da informação facilita a fiscalização e o controle social, além de sua utilização para tomada de decisão do Ministério da Educação no momento de renovação, ou não, do credenciamento de cursos. O mercado de trabalho também se utiliza das mesmas avaliações para selecionar seus profissionais, solicitando aos candidatos que apresentem sua nota particular no Provão. Sim, o Provão divulga a nota que a instituição recebeu como um todo, mas envia somente ao aluno a sua nota pessoal, comparada com a média da instituição onde estuda e com a média do restante do país.

O mercado de trabalho reconhece que nas melhores instituições existem alunos de todos os níveis, bem como nas instituições que não conseguiram as melhores notas, existem alunos muito bem preparados. Por essa razão, usam não somente a nota da instituição, como também a nota individual para seleção de seus candidatos. É um instrumento de avaliação para a seleção que já vêm pronto, não representa custo para a empresa contratante e é confiável.

Além disso, a partir do momento em que os currículos dos cursos ganham maior flexibilidade, cada instituição de ensino superior os moldará com sua impressão digital, de forma a oferecer um diferencial em relação a cursos semelhantes dos concorrentes.

Outra métrica de avaliação que as instituições de ensino superior têm utilizado para se alinharem à rota da modernidade é a avaliação institucional, prática ainda recente no Brasil. Esse tipo de avaliação impõe uma mudança cultural, requerendo uma perspectiva diferenciada de mentalidade, que promove maior eficiência e eficácia na qualidade da prestação de serviços, com foco na qualidade e que se traduz em melhores resultados para a instituição e para a comunidade.

A avaliação institucional, importante instrumento de transformação, auxilia na identificação de problemas e, muitas vezes, apresenta soluções para eles. Sua implantação não é simples, como não o é qualquer mudança cultural. As resistências são naturais, porém, um trabalho bem-feito com todos os envolvidos, e nesse tipo de avaliação todos são envolvidos, pode auxiliar na quebra de paradigmas.

Instituições de ensino superior devem ser administradas como se estivéssemos gerindo qualquer outra organização, principalmente porque os resultados que apresentam para a sociedade denotam sua grande importância.

A sala de aula deve ser muito mais um laboratório de construção de novos conhecimentos do que uma **tribuna** de reprodução de conhecimentos já cientificamente comprovados. Hoje sabemos que avaliar o aluno pela capacidade de memorização é um meio tão ineficaz quanto avaliar um docente pelo mesmo critério.

Adequação, garantia de cooperação, sistemas transparentes de avaliação auxiliam a preservar e melhorar a qualidade.

3 A UTILIZAÇÃO DA TECNOLOGIA NA EDUCAÇÃO

Um grande avanço foi a utilização das tecnologias na educação surgidas na década de 50 com filmes sobre ambientes escolares, posteriormente com a televisão educativa nos anos 60, os videocassetes e os computadores nos anos 70, bem como as **teleconferências** e os sistemas de ensino por meio da inteligência artificial. Ocorre que análises têm demonstrado que a utilização dos novos meios (recursos) não tem sido absorvida tão rapidamente quanto sua criação e, quando utilizados, às vezes fogem aos fundamentos filosóficos e psicopedagógicos que os orientam, sendo usados muitas vezes indiscriminadamente, fora de contexto ou sem o mínimo de coerência com a aula proposta.

> A videoconferência, participação direta e em tempo real de aulas ou palestras a distância, e os *chats* proporcionam ao aluno deste início de século uma visão de mundo bem mais ampliada que aos de antigamente.

A evolução qualitativa é bastante grande quando comparamos a educação superior atual com o cenário de pouco mais de 20 anos atrás. A própria utilização de projeções em tela do conteúdo preparado pelo professor, contido em um disquete ou em transparências, evidencia que o professor hoje precisa estar bem mais preparado, pois, não necessitando transcrever no quadro-negro (ou verde, ou ainda branco) seus conhecimentos que posteriormente deveriam ser copiados pelos alunos no caderno, faz das aulas algo muito mais eficiente e eficaz, pois não há perda de tempo, podendo usar sua aula somente para explicações, conferindo maior dinamismo e participação dos alunos, além de que o conhecimento dos alunos hoje é bem maior que o dos de antigamente, pois as informações chegam rapidamente a todos os lugares, por meio de televisão, jornais, revistas e sobretudo pela Internet.

Devemos considerar que os alunos da atualidade questionam muito mais que os de antigamente. A distância entre professor e aluno foi reduzida, embora o respeito deva continuar sendo uma constante de mão dupla. Atualmente existe maior diálogo entre docentes e discentes, o que não ocorria com tanta freqüência em um passado não muito distante.

A criação de disciplinas com **ementas** abertas, tais como seminários e tópicos avançados, proporciona a abordagem de temas emergentes, podendo ser renovadas a cada ano ou semestre, propiciando, inclusive, o convite a palestrantes externos, que trazem sua contribuição para a disciplina, permitindo ao aluno a possibilidade de ter várias visões sobre um mesmo tema, em uma análise mais crítica. O maior acesso aos laboratórios de informática, à Internet, facilitando pesquisas secundárias, a inclusão de disciplinas como Jogos de Empresas, em que simulações de situações empresariais incentivam o aluno a pensar para poder tomar decisões, tal como ocorrerão em sua vida profissional, com alto grau de variabilidade, rapidez e competitividade, simulando situações, trazendo para a sala de aula um pouco do que ele vivenciará ao formar-se, também elevam a qualidade da formação dos alunos.

A inserção de estudos de casos também é um fator perceptível de melhora na qualidade dos cursos superiores. Com eles, podemos fazer os alunos refletirem sobre situações reais ou fictícias, nas quais são obrigados a pensar, analisar, opinar e tomar decisões, comparando seu raciocínio ao dos demais colegas, em uma troca de informações que oxigena e enriquece o aprendizado.

Essa flexibilidade vem sendo conquistada na medida em que as Diretrizes Curriculares vão sendo aprovadas e homologadas pelo Conselho Nacional de Educação, deixando a cargo da própria instituição maior responsabilidade pelo ensino que oferece. A lógica darwiniana do mercado se incumbe da seleção natural, fazendo que a busca por melhor qualidade seja uma constante.

A qualidade nas instituições de ensino superior deve ser entendida, como em qualquer outra área, como uma filosofia a embasar a gestão educacional, em um processo sistêmico que envolva todos os níveis hierárquicos seus.

Por tratar-se de questão estratégica, todo o contexto deve ser analisado, em um pensamento mais abrangente e complexo, discutindo-se o meio ambiente interno e externo, desde a aprovação dos candidatos no processo seletivo até o acompanhamento dos seus egressos e não somente em parte do processo ou no final dele.

A utilização do capital intelectual da instituição e de modernas tecnologias informacionais devem ser efetivamente adequadas em prol da melhoria contínua da qualidade.

Toda instituição deve trabalhar para a obtenção de um padrão de qualidade que supere as expectativas e necessidades dos clientes, extrapolando as avaliações de exigências legais.

> Qualidade não é mais assunto para um único departamento; todos precisam estar envolvidos no processo.

As próprias normas ISO, que antes eram sempre voltadas ao produto, enfatizando normatização, documentação, hoje estão mais amplas, considerando relacionamento com fornecedores, gestão de pessoal e qualidade do serviço prestado ao cliente, em certa convergência evolutiva às questões de responsabilidade social, em um conceito bem mais abrangente sobre a atuação ética de instituições e sua relação com seus *stakeholders*.

> *Stakeholders* são todos os envolvidos com a empresa: funcionários, fornecedores, comunidade, governo, consumidores, mercado e acionistas.

Transferindo o conceito de *stakeholders* do cenário empresarial para o educacional, facilmente podemos perceber a abrangência de nossa responsabilidade, ao lidarmos com docentes (dentre outros funcionários), discentes, comunidade, governo e fornecedores, incluindo aqui editoras, meios de comunicação etc. Ressaltamos que, no caso dos discentes, os quais não consideramos apenas clientes, mas parceiros, por fazerem parte do processo de construção do conhecimento e, portanto, não somente transmissão/recepção de conhecimentos, nossa responsabilidade é ainda maior, uma vez que suas ações refletirão a qualidade da formação e dos conhecimentos adquiridos em sua vida pessoal e profissional, que será refletida em tantas outras atividades e pessoas.

Concordamos com a afirmação de Mezomo (1993) de que "a solução é uma abordagem sistêmica do processo de melhoria da qualidade pela utilização dos princípios já incorporados pela indústria e pelo comércio que, sem grandes dificuldades, podem ser transplantados para a educação".

Outro aspecto de relevância para a melhoria da qualidade na educação superior é que conceitos de responsabilidade social estão sendo agregados aos critérios de avaliação das instituições de ensino superior, e as comissões incumbidas de visitá-las devem levar em consideração os projetos e práticas comunitários, que envolvem docentes e discentes, ampliando a transmissão de conhecimentos técnicos, transmitindo também conceitos sobre valores e aplicando-os na prática, com estímulo ao trabalho social dos alunos com a comunidade e conceitos teóricos inseridos nos conteúdos e disciplinas dos cursos, haja vista o grande crescimento do **terceiro setor** no Brasil.

> O engajamento do ensino superior em ações sociais contribui fortemente para a formação de um profissional mais preparado também para a cidadania.

É importante considerarmos também a existência de vulnerabilidade dos métodos de avaliação da qualidade na educação, em função da grande subjetividade que a envolve. Em educação não há "pacotes prontos", manuais a serem seguidos, porque cada aluno é um indivíduo que se diferencia dos outros e cada grupo (classe/escola) é uma situação única encontrada pelo professor ao adentrar a classe. Nesse sentido, não há duas aulas, mesmo que ministradas pelo mesmo professor, que sejam iguais, pois a interação da classe conduzirá para abordagens distintas, mais ou menos aprofundadas, sobre determinado tema.

Na certificação ISO, as organizações passam por auditorias semestrais, visto que recentemente considera-se que cada ponto avaliado precisa melhorar continuamente. Se um determinado índice é considerado bom, na próxima auditoria deverá apresentar-se melhor, não bastando permanecer bom. Tachizawa e Andrade (1999) sugerem que sejam adotados os critérios de excelência **PNQ**, como referencial de avaliação das IES.

O capital intelectual de uma instituição de ensino superior precisa ser melhor aproveitado. Poucas organizações conseguem reunir tantos profissionais com elevado grau de conhecimento como as de ensino superior. Profissionais brilhantes, com idéias geniais devem ser ouvidos. Afinal, não são eles que formam os futuros profissionais de mercado e que trarão maior competitividade às organizações em tempos de globalização? É preciso ampliar os investimentos no capital humano, não só financeiramente, como também em credibilidade no potencial das pessoas, incentivando sua capacitação e aperfeiçoamento constantes, bem como em suas condições de trabalho e remuneração adequadas, o que certamente assegura qualidade na execução dos projetos pedagógicos, pois são os professores que os executam e o profissional que tenha sua competência intelectual valorizada certamente realizará um trabalho de qualidade.

> É preciso ensinar preparando nossos alunos para o futuro, uma vez que, ao saírem da universidade, talvez já encontrem a realidade modificada em termos de inovações tecnológicas.

Obviamente nem sempre temos nas instituições de ensino superior, sejam públicas ou privadas, a mesma tecnologia de ponta que as empresas, mas são os alunos por nós hoje preparados que atuarão nessas mesmas empresas amanhã. E lá, mais que na universidade, precisarão ser muito criativos e flexíveis, pois o mundo já não é mais tão linear e previsível, apresentando-se cada vez mais complexo. Na verdade, estamos preparando jovens para atuarem em um mundo que não sabemos exatamente como será, não podemos prever com grande grau de certeza o futuro.

Outro fator a considerarmos é a diversidade de cursos e modalidades existentes na educação superior, incremento que demonstra abertura e capacidade de adaptação às diversas realidades do Brasil e do mundo. No censo de 2001 os dados apontam para 1.180 instituições e 10.585 cursos de graduação. Sabemos, contudo, que nem todos os cursos criados permanecem, havendo constante seleção natural pela sua demanda. O mesmo censo apresenta 50 centros universitários, um crescimento rápido no país, conseqüente da necessidade de modernização do ensino superior. Contrapondo, sabemos das dificuldades apresentadas pelas instituições públicas, sendo menores nas estaduais que nas federais.

No documento "Que Universidade para o Amanhã? Em busca de uma evolução transdisciplinar para a Universidade", projeto estratégico e transversal para a evolução transdisciplinar da universidade, elaborado pelo Centro Internacional de Pesquisas e Estudos Transdisciplinares – Cipet – em colaboração com a Unesco, consistindo no documento oficial do congresso internacional de mesmo nome, realizado em Locarno, na Suíça, entre 30 de abril e 2 de maio de 1997, encontramos uma proposta arrojada e inovadora. Embora transdisciplinaridade seja um conceito bastante recente, ainda internalizado pelos docentes, a formação transdisciplinar, que está entre as disciplinas, além delas e transpassando a todas, em um pensamento complexo, com visão ampliada, auxilia esse processo qualitativo, uma vez que o acesso à informação é rápido, mas sua validade é cada vez mais volátil.

A busca da excelência necessita ser uma premissa, se quisermos obter competitividade internacional. A educação para a cidadania deve estar sempre presente na formação de bons profissionais. A aprendizagem contínua precisa ser ensinada, face às rápidas mutações nas tecnologias e na própria ciência, cada vez mais complexas e com grau de incertezas elevado. Saber não somente ler um texto, mas compreendê-lo e abstrair dele uma análise crítica é básico para o sucesso de qualquer profissional. Para entendimento do mundo, não basta conhecer plenamente todas as técnicas da profissão escolhida; é necessário saber transferir os conhecimentos adquiridos para as diversas áreas do saber.

Incentivar, somente, as pesquisas das ciências "duras" ou "exatas" já não cabe nos dias atuais; constitui-se em ledo engano, uma vez que subsídios específicos para pesquisa intensiva nas ciências humanas nos auxilia na compreensão desse emaranhado e complexo contexto em que vivemos.

Considerações Finais

Finalizando, devemos considerar que no Exame Nacional do Ensino Médio (Enem), em 2001, a média foi de 40,5 pontos em uma escala de 0 a 100, denotando uma formação deficiente de nossos jovens. Difícil se faz avaliar a evolução na qualidade do ensino superior, quando os alunos ingressantes, vindos em sua grande maioria do ensino público, apresentam tão baixos índices.

Se tomarmos por base a filosofia de qualidade denominada Seis Sigma, que conduz a resultados na produção, com índices de defeitos tão baixos que na prática a aproxima da utópica e ideal teoria do zero defeito, que segundo José Abrantes (2001) pode resultar nos 8S, quais sejam: processos econômicos e sem desperdício (*setsuyaku*), exigindo muita determinação e união de todos (*shikari yaro*), muita educação e treinamento (*shido*), autodisciplina (*shitsuke*), ambientes otimizados (*seiri*), ordenados (*seiton*), limpos (*seiso*) e onde todos se sintam bem (*seiketsu*), precisamos considerar qualidade como a redução da variabilidade, ou seja, produção de uma educação superior perfeita ou com o mínimo de variação.

Sob esse aspecto, as instituições brasileiras de ensino superior têm ainda longo caminho a percorrer. Porquanto disseminamos dedicação à qualidade e a cultura de melhoria contínua, continuamos tendo como maior desafio o fator humano, pois, mesmo que todas as formalidades possíveis conduzam para a excelência, dependerá diretamente do comprometimento que cada um de nós tiver de construir uma sociedade melhor para nossos filhos e para nossa consciência.

O aumento de produção científica também é outro fator a ser considerado, sobretudo porque o Brasil nunca teve tantos mestres e doutores, embora saibamos que no ensino superior trabalhamos com iniciação científica e somente na pós-graduação é que a pesquisa propriamente se dá, o que cada vez mais corrobora com a integração do ensino superior com a pós-graduação.

> O importante é que haja crescimento do aluno, que ele saiba dos direitos e deveres de cidadania, aprenda uma profissão e aprenda a aprender. O importante é que haja coerência entre discurso e prática.

As sociedades mais desenvolvidas investiram fortemente no ensino superior, focando um percentual elevado do orçamento público à educação. O Brasil precisa priorizá-la para assegurar a melhoria qualitativa não só para ela, como para o próprio desenvolvimento do país. Não há que se considerar gastos, mas também investimentos.

> O papel da educação superior deve ser o de formadora legítima de agentes de transformação econômica e social.

Como acontece em todos os outros setores públicos ou privados, existem casos em que o sucesso da qualidade não existe, o que não nos confere o direito de generalizar ou rotular todo o ensino superior de nosso país. Talvez existam ilhas de excelência; mas que também nos sirvam como referencial.

O conhecimento gerado pela educação superior deve ser transformado em riqueza nacional, pois o país necessita de profissionais de sólida formação técnica e humanística para alavancar seu desenvolvimento. Articular tecnologia com política educacional pode ser uma equação interessante para a melhoria contínua da qualidade na educação superior e, conseqüentemente, para o desenvolvimento do Brasil. Em educação os investimentos são fundamentais bem como a consciência de que para colhermos frutos é necessário plantarmos as sementes e regá-las constantemente.

Obviamente muito distantes da intenção de aprofundamento no tema, esperamos apenas ter contribuído para a continuidade das discussões sobre a problemática da qualidade na educação superior.

É preciso que cada um acredite, emane vibrações positivas, dê sua parcela de contribuição para melhoria contínua na educação de nossos jovens, em vez de apenas criticar e ficar de braços cruzados, aguardando que alguém faça alguma coisa.

Questões para Discussão

1. De que maneiras uma instituição de ensino superior pode auxiliar na qualidade de vida da comunidade local em que está inserida?

2. Que ações podemos sugerir para a melhoria contínua da qualidade na educação superior?

3. Como podemos incentivar professores e alunos a contribuírem com a comunidade interna e externa, com atividades extensionistas?

4. Considerando que, além de ensino e extensão, a pesquisa faz parte do tripé da educação, que tipo de pesquisa as instituições de ensino superior têm feito sobre qualidade? Pesquise sobre o assunto.

5. Procure debater com seus colegas sobre a seguinte questão: *um crescimento quantitativo não reflete, por si só, crescimento qualitativo*. Sugerimos que se dividam em dois grupos, dos quais um deve defender a idéia de que é melhor o crescimento quantitativo, mesmo que não se reflita em aumento de qualidade, e o outro grupo deve defender a idéia de que de nada adianta crescer apenas quantitativamente, pois não haverá melhoria qualitativa na educação superior. Ao final do debate, procurem chegar a um consenso.

6. Em que medida o Exame Nacional de Curso – Provão – contribui para a melhoria de qualidade do ensino superior?

Referências Bibliográficas

ABRANTES, J. *Programa 8S* – a base da filosofia Seis Sigma. Rio de Janeiro: Interciência, 2001.

ABMES – Associação Brasileira de Mantenedores de Ensino Superior. www.abmes.org.br

ABMES. Desafios e caminhos para a construção do projeto institucional das IES em tempos de avaliação de qualidade. *Estudos – Revista da Associação Brasileira de Mantenedores de Ensino Superior*, ano 17, n. 24, jun. 1999.

BALADRIDGE, J. V. *Power and conflict in the university*. Nova York: John Wiley, 1971.

BARCELOS, E. S. A LDB e a responsabilidade social das instituições universitárias. *Estudos*, n. 18, p. 21-26, 1997.

BUARQUE, C. *A aventura da universidade*. São Paulo/Rio de Janeiro: Unesp/Paz e Terra, 1994.

CAPES – Coordenação de Aperfeiçoamento de Pessoal de Nível Ensino Superior. www.capes.org.br

CASTRO, M. H. G. et al. III Fórum Nacional: ensino superior particular brasileiro: os desafios da expansão do ensino superior. *Anais...* Rio de Janeiro: Semesp e Consultor, 2002.

CONGRESSO NACIONAL. *Lei de Diretrizes e Base da Educação* (Lei nº 9.394/96). São Paulo: Federação dos Professores do Estado de São Paulo, 1996.

CRUB – Conselho de Reitores Universitários do Brasil. www.crub.org.br

FÓRUM Mundial de Educação. www.forummundialdeeducacao.com.br

GOLDEMBERG, J. Como melhorar o ensino superior? *Agitação*. CIEE, Ano VIII, n. 41. set./out. 2001.

INEP – Instituto Nacional de Estudos e Pesquisas Educacionais. www.inep.gov.br

MEC – Ministério da Educação e Cultura. www.mec.org.br

MEZOMO, J. C. *Qualidade nas instituições de ensino* – apoiando a qualidade total. São Paulo: Cedas, 1993.

_____. *Educação de qualidade total* – a escola volta às aulas. 2. ed. Petrópolis: Vozes, 1997.

MORIN, E. *Os sete saberes necessários à educação do futuro*. 3. ed. São Paulo/Brasília: Cortez/Unesco, 2000.

PEREIRA, R. da S. *Responsabilidade social na universidade*: estudo de caso da Faculdade de Ciências Sociais da PUC-SP. Tese. (Doutoramento) – Departamento de Pós-Graduação em Ciências Sociais da PUC-SP, São Paulo, 2003.

SAMPAIO, H. *O setor privado de ensino superior no Brasil.* Tese (Doutoramento) – Departamento de Ciência Política da Faculdade de Filosofia, Letras e Ciências Humanas da Universidade de São Paulo, São Paulo, 1998.

TACHIZAWA, T.; ANDRADE, R. O. B. *Gestão de instituições de ensino.* Rio de Janeiro: Fundação Getúlio Vargas, 1999.

VIANA, F. B. *Ensino superior*: estrutura, funcionamento e atos legais. São Paulo: Lumen, 1998.

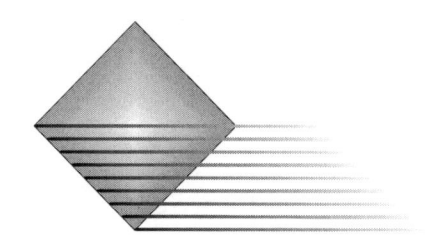

Glossário

Administração científica – Teoria da administração caracterizada pela ênfase na tarefa realizada pelo operário. Teve como seu fundador o engenheiro Frederick Winslow Taylor.

Ansi (American National Standard Institute) – Organização norte-americana que representa os Estados Unidos nas questões relacionadas com padronização.

Aspectos contingenciais – Enfatizam que não há nada de absoluto nas organizações. Há uma relação funcional entre as condições do ambiente e as técnicas administrativas para o alcance eficaz dos objetivos da organização.

ASQC (American Society for Quality Control) – Organização que representa os Estados Unidos nas questões relativas ao controle e garantia da qualidade.

Benchmarking – Processo estratégico de administração no qual são utilizados padrões das empresas concorrentes como referência para implementação de melhorias internas.

Blocos econômicos – União econômica de países com o intuito de viabilizar o livre-comércio entre si e, conseqüentemente, trazer benefícios pela negociação em grupo com outros países ou blocos.

Capital intelectual – Estudo das raízes do valor de uma empresa, as quais assumem duas formas: capital humano (conhecimento, experiência, poder de inovação) e capital estrutural (os equipamentos de informática, os softwares, as patentes, as marcas).

Chat – Forma de comunicação por rede de computadores, similar a uma conversação, na qual se trocam, em tempo real, mensagens escritas; bate-papo *on-line*.

Confiabilidade – Reflete a probabilidade de perfeito funcionamento de um produto ou de ele falhar em determinado período.

Conformidade – Atendimento aos requisitos (ver definição de requisito).

Construbusiness – Conjunto de negócios envolvendo as diversas atividades e participantes do setor de construção civil: construtoras, projetistas, fornecedores de materiais, subcontratados de forma geral, incorporadores etc.

Contratos coletivos de trabalho – Contrato que estabelece as regras da relação entre empregadores e empregados, consubstanciando o entendimento negociado pelas partes. É o resultado de um trabalho complexo e exaustivo que envolve dezenas de horas de reuniões entre representantes de sindicatos patronais e de trabalhadores, assessorados por advogados.

Controle de qualidade – Parte da gestão da qualidade focada no atendimento dos requisitos da qualidade.

Core business – Negócio ou atividade principal de uma empresa.

Currículo – As matérias constantes de um curso.

Dedicação docente – Tempo de permanência do docente na instituição de ensino, em horas semanais de trabalho.

Desenvolvimento sustentável – Sistema de produção de riqueza compatível com o ecossistema natural que gera e preserva a vida.

Desintegração vertical – A empresa transfere para outras pessoas físicas ou jurídicas a produção total de seus insumos básicos, componentes ou serviços auxiliares.

Desperdícios – Qualquer atividade desenvolvida durante o processo de produção que não agrega valor ao produto/serviço final.

Dialética – Arte do diálogo ou da discussão, como força de argumentação.

Discentes – O mesmo que alunos.

Docentes – O mesmo que professores.

Economia globalizada – Economia caracterizada pelo livre e intenso intercâmbio econômico internacional.

Ementas – Resumos do conteúdo programático das disciplinas.

Empreendedor – Aquele que empreende, monta e administra o próprio negócio.

Empregabilidade – Caracteriza-se pela capacidade de o homem criar atrativos para tornar-se empregável.

Empreitada – Execução de tarefa, obra ou serviço, contratualmente estabelecidos, relacionado ou não com a atividade-fim da empresa contratante, nas suas dependências, nas da contratada ou nas de terceiros, tendo como objeto um fim específico ou resultado pretendido. A empreitada será de lavor, quando houver somente fornecimento de mão-de-obra e mista, quando houver fornecimento de mão-de-obra e material, podendo ocorrer, em ambos os casos, a utilização de equipamentos ou meios mecânicos para sua execução

Estabilidade – Habilidade do produto em manter suas propriedades físicas, químicas, microbiológicas e biofarmacêuticas dentro dos limites especificados, no prazo de validade estabelecido.

Estrutura organizacional – Conjunto de responsabilidades, autoridades e relações entre pessoas em uma organização.

FAA (Federal Aviation Administration) – Formalmente conhecida como Agência Federal de Aviação, representa a autoridade federal norte-americana para assuntos relacionados com a segurança do transporte aéreo.

Feedback – Volta, a um sistema, de parte do que ele eliminou, de forma a obter algum controle sobre essa eliminação. Na administração, trata especificamente de informações provindas de algum tipo de avaliação de produtos ou processos que devem servir ao planejamento e execução de determinada atividade ou produto.

Fidedigno – Digno de fé; merecedor de crédito.

Flexibilização dos direitos trabalhistas – Criação de alternativas que possibilitem a isenção ou pagamento reduzido dos encargos sociais obrigatórios por lei.

Fordismo-taylorismo – Modo de produção com ênfase na mecanização, na produção em massa, nas linhas de produção, na divisão rígida de tarefas, na produtividade e na racionalização do trabalho. Principal característica: o trabalhador não precisa pensar (refletir) para executar a sua tarefa, sendo mais uma ferramenta que repete movimentos precisos aprendidos em procedimentos facilmente condicionados pelo organismo.

Garantia da qualidade – Parte da gestão da qualidade focada em prover confiança de que os requisitos da qualidade serão atendidos.

Gestão – Conjunto de princípios, normas e funções que têm por fim ordenar os fatores de produção e controlar sua produtividade e eficiência, para obter determinado resultado.

Gestão de perdas – Método de desenvolvimento produtivo que busca a otimização do uso dos ativos empresariais eliminando totalmente as perdas.

IAQG (International Aeroespace Quality Group) – Destinado, de forma cooperativa, a organizar troca de experiências com a finalidade de elaborar e desenvolver padrões para a produção de produtos de alta qualidade para o setor.

IFI (Instituto de Fomento e Coordenação Industrial) – Organismo nacional reconhecido como órgão homologador de produtos para a indústria aeronáutica.

Indústria aeronáutica – Conjunto de empresas que manufaturam e/ou prestam serviços em aeronaves, estrutura de aeronaves, motores, turbinas, equipamentos e componentes que compõem o avião.

Inputs – Recursos produtivos utilizados na produção de mercadorias e/ou serviços, tais como: matéria-prima, mão-de-obra, capital etc.

Integração vertical – Característica de uma empresa que mantém sob sua responsabilidade a produção de seus insumos básicos, componentes ou serviços auxiliares.

Job-shop – Fábricas que normalmente prestam serviço de fabricação de lotes de produtos encomendados por seus clientes, exigindo a implantação de um sistema de produção diferenciado, caracterizado por uma grande variedade de produtos e o compartilhamento de máquinas.

Just-in-time – Processo de produção no qual a quantidade de oferta do produto depende da quantidade de demanda do mercado.

Lote – Quantidade de produto que se produz em um único ciclo de fabricação, cuja característica essencial é a homogeneidade.

Manual da qualidade – Documento que especifica o sistema de gestão da qualidade de uma organização.

Manufatura – Todas as operações de compra de materiais e produtos, produção, controle de qualidade, liberação, estocagem, embarque e outros controles relacionados.

Momento da verdade – Momento em que o cliente entra em contato com algum aspecto da organização.

Outputs – Produto e/ou serviço disponibilizados para o mercado consumidor.

Paradigmas – Padrões de pensamento.

Planejamento da qualidade – Parte da gestão da qualidade focada no estabelecimento dos objetivos para obtê-la e que especifica os recursos e processos operacionais necessários para atender a esses objetivos.

PNQ – Prêmio Nacional da Qualidade

Política da qualidade – Intenções e diretrizes globais de uma organização relativas à qualidade, formalmente expressas pela alta direção.

Prazo de validade – Período de tempo no qual o produto se mantém dentro das especificações, se armazenado corretamente, como determinado pelos fabricantes.

Processo – Conjunto de atividades inter-relacionadas ou interativas que transforma insumos (entradas) em produtos (saídas).

Produto farmacêutico – Substância ou combinações de substâncias com fins terapêuticos, profiláticos e de diagnóstico ou para modificar funções fisiológicas; é apresentada na forma apropriada para administração a humanos.

Produto não-conforme – Produto que não atende completamente aos requisitos preestabelecidos, que está fora dos padrões.

Psicopatologia do trabalho – Análise dinâmica dos processos psíquicos mobilizados pela confrontação do sujeito com a realidade do trabalho. Investigação dos conflitos surgidos no trabalho.

Quarteirização – A contratação de uma empresa especializada que se encarrega de gerenciar as empresas terceirizadas.

QVT – Qualidade de Vida no Trabalho.

Registro – Documento que fornece evidência objetiva de atividades realizadas ou resultados obtidos.

Requisito – Necessidade ou expectativa expressa, geralmente, de forma implícita ou obrigatória.

Retrabalho – Ação sobre um produto não-conforme, a fim de torná-lo de acordo com os requisitos. Reexecução de um serviço no qual foi constatado defeito que impossibilita sua utilização.

Retroalimentação – Qualquer procedimento em que parte da energia do sinal de saída de um circuito é transferida para o sinal de entrada com o objetivo de reforçar, diminuir ou controlar a saída do circuito. Conceito similar ao de *feedback*.

Revolução Industrial – Período de profundas e rápidas mudanças de ordem política, econômica e social. Teve sua origem na Inglaterra em 1776.

Satisfação do cliente – Percepção do cliente de qual grau seus requisitos foram atendidos.

Sociedade industrial – Sociedade baseada na industrialização.

Sofrimento – Espaço de luta que cobre o campo situado entre o bem-estar e a doença mental ou loucura.

Sofrimento criador – Ocorre quando o trabalhador transforma uma tarefa monótona, rotineira e repetitiva em desafio. O trabalhador busca na criatividade a solução ou alternativa de seu conflito, descobrindo, assim, o sentido do seu sofrimento no trabalho.

Sofrimento no trabalho – Estado mental ocasionado pelas pressões de trabalho, tarefas repetitivas, pelo trabalho condicionado e automático que não exige reflexão por parte de quem executa tais tarefas.

Subempreiteiro – Pessoa física ou jurídica contratada para a execução de partes perfeitamente definidas do empreendimento com anuência e sob a responsabilidade do executante ou empreiteiro técnico.

Suprimentos – Fornecimento ou provisão de recursos físicos que serão incorporados ao produto – materiais – ou que servirão de auxílio a sua execução – mão-de-obra e equipamentos.

Teleconferência – Modalidade interativa de telecomunicação mediante a qual três ou mais pessoas, em diferentes locais, se comunicam ao mesmo tempo via linha telefônica, rede de computadores, radiofonia etc.

Teoria das relações humanas – Caracterizada pela humanização do trabalho, fundada pelo cientista social George Elton Mayo.

Terceiro setor – Sociedade civil organizada.

Titulação – Ato ou efeito de titular-se academicamente (mestre, doutor ou livre-docente).

Toyotismo – Filosofia de gestão baseada nos processos da indústria Toyota, implantada de 1950 a 1970. Modo de produção em que as organizações são consideradas como organismos interligados. Ênfase da teoria: o ambiente e suas inter-relações. A produção é flexível, o trabalhador se ocupa de uma série de tarefas e tem visão de conjunto do seu trabalho.

Trabalho flexível – Novas modalidade de exercício profissional. Refere-se à capacidade de o ser humano adaptar-se com facilidade às circunstâncias variáveis no ambiente de trabalho.

Tribuna – Lugar elevado de onde falam os oradores.

Zero defeito – Programa criado por Philip B. Crosby que pretendia reduzir os custos totais da qualidade.